統治される人びとのデモクラシー

サバルタンによる民衆政治についての省察

The Politics of the Governed

Reflections on Popular Politics in Most of the World

Partha Chatterjee

パルタ・チャタジー 著／田辺明生・新部亨子 訳

世界思想社

「頑固な民衆は最後まで屈服しない。
他の者たちは常にぐらつく」

――典拠不明（近世）

非凡の学者
エドワード・サイード（一九三五―二〇〇三）に捧ぐ

牛が引く荷車を避けながら進むロンドンスタイルの二階建てバス
（1952年，アフマド・アリ撮影）

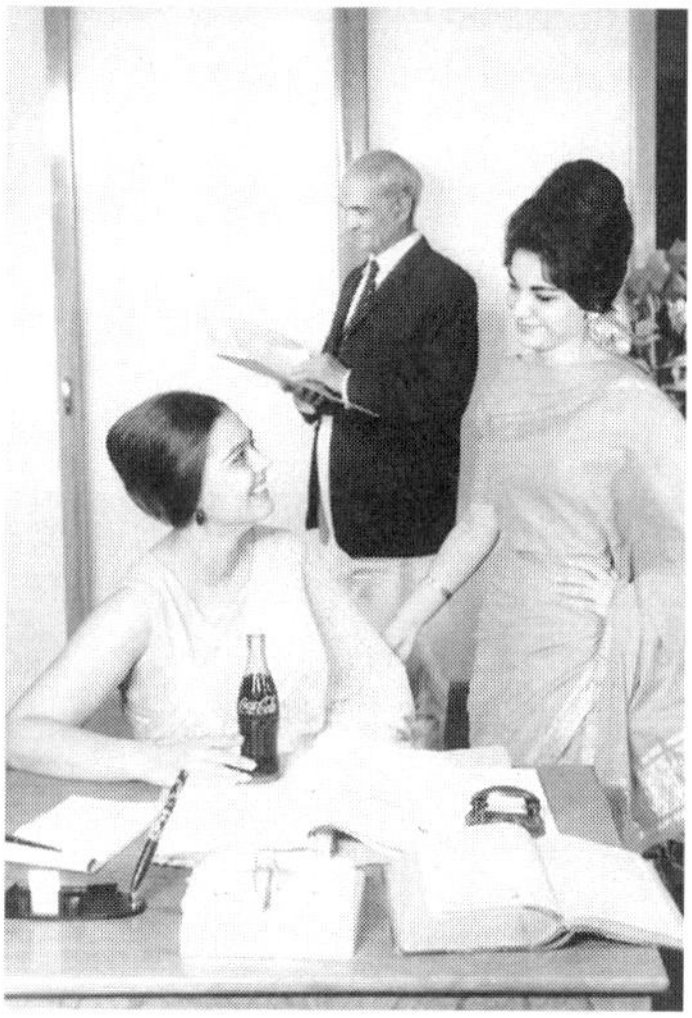

近代的な職場　コカコーラの広告より
（1953年，アフマド・アリ撮影）

道端の仕立て屋
（1977年，スブラト・ラヒリ撮影）

街頭の果物市場
（1977年，スブラト・ラヒリ撮影）

舗道に並ぶタイピストたち
（1977年，サリム・ポール撮影）

食べ物を売る露天商
（1977年，スブラト・ラヒリ撮影）

路肩でのジュース販売
（1977年，スブラト・ラヒリ撮影）

宝くじ売り場　商売繁盛とはいかない模様
（1977年，アミト・ダル撮影）

鉄道用地構内の不法占拠集落
(2003年，サブジ・ムコパッダエ撮影)

線路から，わずか数十センチの場所で家庭生活が送られている
(2003年，サブジ・ムコバッダエ撮影)

自分たちの住居の救済を訴える不法占拠コロニーの子どもたち
（2003年，サブジ・ムコバッダエ撮影）

製本所
（2003年，ビカーシュ・ボース撮影）

100年間ほとんど変わりなく使われている印刷機
（2003年，ビカーシュ・ボース撮影）

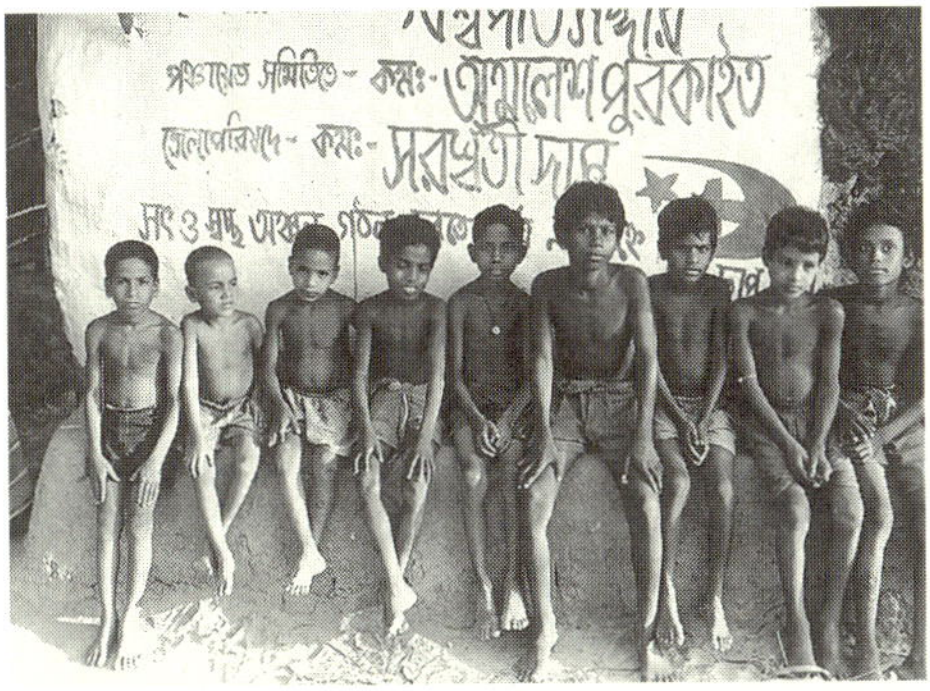

村落議会選挙に向けて壁に書かれたスローガン 1
（1993年，ディリップ・バナジー撮影）

村落議会選挙に向けて壁に書かれたスローガン 2
（1993年，ディリップ・バナジー撮影）

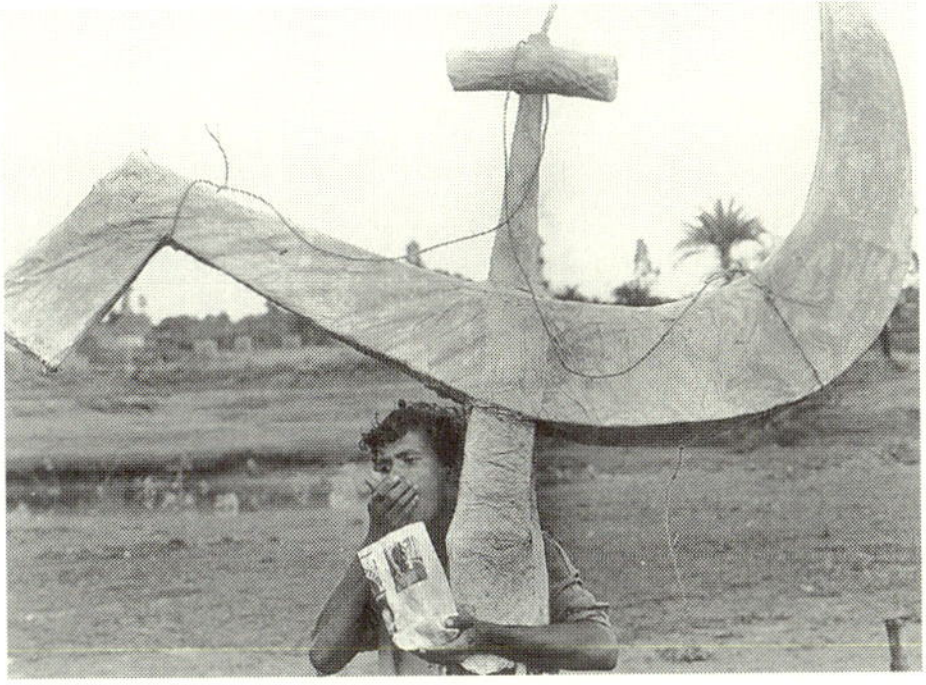

鎌と槌　ベンガル地方の田舎にて
（1993年，ディリップ・バナジー撮影）

新しい大都市でのライフスタイルを謳う広告1
（2003年）

新しい大都市でのライフスタイルを謳う広告2
（2003年）

足枷をかけられたインドの役人がIMFからのローンの負担に膝を屈している姿を描いた落書き
（1984年，アミト・ダル撮影）

『統治される人びとのデモクラシー』目次

第II部　グローバル／ローカル　九・一一の前と後

凡例

一、各種記号の転記は以下のように統一されている。

・原文中の引用符“　”は「　」で示した。

・原文中のイタリック体は傍点で示した。ただし、書名あるいは映像の作品名を示すイタリック体には『　』を用いた。インド諸語の単語をイタリック体にしている箇所については、カタカナ表記にして傍点は施さなかった。

・原文中のカッコ（　）、角カッコ［　］、ダッシュ——については、訳文においてもそのまま（　）、［　］、——で示した。

一、固有名詞をカタカナで表記する際に日本語の慣用的な表記が存在する場合には、それに従った。インドの人名、組織名、地名などの固有名詞の表記については、『新版　南アジアを知る事典』（辛島他監修　平凡社　二〇一二年）に準拠した。

一、〔　〕内に示された内容は訳者による補足や注書きである。なお、訳者による補足あるいは注書きは、内容により適宜、文中に記載されている場合と、巻末に別掲されている場合がある。

一、引用文は原則として訳者が訳出したが、既訳がある場合にはそれらを参考にした。

日本語版への序文

二〇〇四年に本書が出版されて以来、その内容、特に私が提唱した「政治社会」という考えについては、民衆闘争や民主政治に興味をもつ世界各地の研究者や活動家の方がたが、好意的な見方と批判的な見方の両面から多くの関心を寄せてくださった。翻訳版はすでに数カ国語で出版されている。私の考えについて、肯定および否定の両面からの多くの議論が今も重ねられていること、とりわけアジアやアフリカ、ラテンアメリカなどさまざまな国で実施された実証的研究を基にした議論が展開されていることを考えると、少なくとも私は、世界の多くの場において民衆政治が経験してきたことと呼応する一連の論点を指摘することができたと思いたい。

ポストコロニアル世界において民主政治の台頭とともに浮上した問題は、西洋民主主義の歴史的実践を模倣しようとするだけでは解決できないことは明らかである。それは西欧や北米あるいは白人入植者のコロニーであるオーストラリアとニュージーランドにおいて民主主義が現れた際の特定の歴史的条件と、今日のほとんどのポストコロニアル国家が民主体制や民主運動の構築のためにもがいている条件とでは、共通点がきわめて少ないからだ。西側諸国では、たとえば市民団体の設立、合理的な官僚制、法の支配、資本の本源的蓄積、産業革命、代議制といった、きわめて重要な歴史的過程を、大衆民主主義や福祉国家の時代の到来以前に経験した。しかし対照的に、二〇世紀末期のポストコロニアル国家では、他の制度や組織の構築にかなり先行して、政治的な大衆動員や市民権をめぐる動きを経験していた。仮に西洋民主主義の実践には、世界に普遍的に通ずる規範が内包されているという見地に立てば、ポストコロニアルの民主主義は未熟なものあるいは原型のお粗末な模倣物に過ぎないという結論に至らざるをえない。しかし仮に、西洋民主主義の規範はその地域固有の歴史的文脈に制限されたものであるという見地にたてば、世界のその他の地域における民主主義は、西洋の先例と同様に近代的で妥当なものでありながら、それでも異なる形態となるだろうことを認めないわけにはいかない。

批評のなかで示されてきた数々の疑問には、多くの意味で本書『統治される人びとの政治』の続編である『政治社会の系譜』（*Lineages of Political Society*, 2011）で回答を試みている。本書では示唆のみされている次の論点についても、そちらの本で議論している。政治社会の世界には、恣意的な権力、暴力、汚職、そして大概が憎しみにかられた理不尽で偏見に満ちた、闇の裏側がある。研究者には、ポストコロニアルの国々の民衆政治において遭遇する、過去には経験したことがない現象を、最大限に理解し、説明することしかできない。政治評論家は、それを規範的に評価し、判断するという任務をなすしかない。そうすると、あとは、非西洋世界の知識人に委ねられた責任なのである。私はこのような精神のもとに、この本を日本の読者の方々にお届けしたい。

本書の翻訳を手がけた京都大学の田辺明生教授および新部亨子氏、そして出版に携わってくださった世界思想社に感謝したい。

二〇一五年一月二五日　カルカッタ

パルタ・チャタジー

序文

本レオナード・ヘイスティングス・ショフ記念講義は二〇〇一年一一月に行われた。コロンビア大学の大学セミナー委員会の方々、とりわけロバート・ベルナップ氏には、この講義を行う機会をくださったことに感謝を申し上げたい。またこれまでにこの講義をされてこられた優秀なコロンビア大学教授陣の方々に、私が続かせていただけたことは本当に名誉なことである。さらにアキール・ビルグラーミー氏、ニコラス・ダークス氏、エドワード・サイード氏、ガヤトリ・チャクラヴォルティ・スピヴァク氏には、講義前に非常に温かく熱意溢れるご紹介をしていただいたことを、また日ごろ私が教える多くの学生の皆さんをはじめとする大勢の受講者の皆様には、講義後のディスカッションへの積極的な参加につき、とりわけお礼を申し上げたい。講義内容の出版準備においては、皆様からの多くの質問を参考にさせていただいた。

正直なところ、本講義に先立つこと何週間か前に、ニューヨークで、米国で、そして不運なこの世界で起こった事件の巨大な影を感じながら話をするのは多少、気が重かった。私には、皆が驚くような啓発的なことを何か言えるとも、あまつさえ世界のこの解決困難な諸問題に魔法のような解決案を提示できるとも、主張することはできなかった。私が、講義を聞きに来てくれた人たちにそのとき提示したいと願ったのは、そしてこの本の読者に示したいと今思うのは、世界のほとんどの場において、多くの人びとの力や希望の源となっているものがなんであるのかについての私の考えである。たとえそれが、どれほどぼんやりして不明瞭なものであってもだ。本書で扱う世界は、私たち多くが慣れ親しんでいる世界とは違う。その世界について私は何か特権的な内部情報をもっているわけではない。私自身、大部分において部外者であり、傍観者である。ただし私が、コロンビア大学からも、またニューヨークからも離れて暮らし働いている一年の過半にあたる時間の流れのなかで、この世界は私の意識のなかに侵入し、私が無視できない方法でその存在を主張してくる。これが、世界のほとんどの場における民衆政治《ポピュラー・ポリティクス》の世界である。そこでは現在、私が信じるに、異なるかたちの政治的近代性が構築されている。第三世界のスラム街やアラブ人街のことのように、それを軽くあしらうのは愚かであり、無責任だ。そこには、都会生活の市民的作法とはもっぱら相反するような政治がある。しかし、政治とは第一に数に依存するものであり、第二に目的をもった動員やリーダーシップに対してひらかれたものであるため、その政治は頑なに自己主張を続けている。

統治される人びとの政治にはグローバルな側面とローカルな側面の双方がある。そして近年においては、両側面に相互連関的な著しい変容が生じている。したがって私は、現在のローカルな文脈での政治的リーダーシップの可能性と限界を解説するだけではなく、政治社会についての私の見解をより広くグローバルな文脈において位置づけるための助けとして、二〇〇二年に行った他の四つの講義を本書に加えることにした。これらの追加した講義の内容はまた、政治を西洋のアカデミーで語ることから「東洋」で語ることへと、視座に興味深い変化を与えてくれるかもしれない。私自身はこの転換にすっかり慣れてしまい、この転換がどのように起きているかの詳細についてはすでに意識さえしていない。この部分については本書の読者の皆さんそれぞれの見解に任せるものとする。

私が世界のほとんどの場での政治社会という考え方を推し進めるようになってから数年が経過している。言うまでもなく、世界中の多くの場所で多くの方々と議論を重ねてきたことから学んだことはきわめて大きい。本講義の内容を書きはじめたのは二〇〇一年だが、当時、私はベルリン高等研究所において特別研究員を務めていた。さらにそれ以前の初期の内容についてはバンガロール、カルカッタ、ケンブリッジ（マサチューセッツ）、デリー、ハイダラーバード、イスタンブル、カトマンズ、ロンドン、パリ、台湾などで議論を重ね、多くを学んだ。タラル・アサド氏、カルロス・フォーメント氏、マフムード・マムダニ氏、デヴィッド・スコット氏らによる少人数のグループとニューヨークで時折会っては、各人の研究について論じあい、大いに刺激を受けた。『サバルタン・スタディーズ』の編集グループの同僚たちは、多年にわたる私の知的活動の仲間であり感謝の念を伝えたい。そして私が研究を進める上で一年の過半を費やすカルカッタの社会科学研究センターの研究仲間たちの友情と支援には、いつもどおり深謝の気持ちが尽きない。

コロンビア大学出版会のピーター・ディモック氏、アン・ルートン氏、レスリー・ビアラー氏にはこれらの講義の出版にご尽力くださり、ご支援とご理解をいただいた。お礼を申し上げたい。さらにアフメド・アリ氏、ディリップ・バナジー氏、ビカーシュ・ボース氏、サブジ・ムコバッダエ氏、チトラバニのP・J・ジョセフ神父には、本書内で彼らの写真の使用を認めていただき、まことにありがたく感じている。カルカッタの社会科学研究センター文書室のアビジット・バッターチャーリヤ氏、また同センター図書室スタッフの方々には、常々、大いに助けていただいた。すべての皆様に感謝を捧げたい。

二〇〇三年三月三一日　カルカッタ

第Ⅰ部

レオナード・ヘイスティングス・ショフ記念講義 2001年

The Leonard Hastings Schoff Memorial Lectures 2001

第1章　異種混成的な時間のなかのネーション

I

本書は、世界のほとんどの場における民衆政治《ポピュラー・ポリティクス》のありかたについて論じている。「民衆《ポピュラー》」というとき、必ずしもなんらかの特定の制度的形態や政治的過程を前提としているわけではない。ただここで描写する政治の大半は、近代政治体制における機能や活動によって条件付けられていることは述べておきたい。それらの機能や活動は、今やどの政府に対しても期待される諸機能の一部となっている。これらの期待と活動は、政府と人口諸集団のあいだに一定の関係を生み出してきたと私は主張する。これから描写していく民衆政治は、そうした関係を基に成長し、形づくられている。「世界のほとんどの場」というときにそれが何を意味するのかについては、議論を進めるなかで徐々に明らかにしていくつもりだ。一般的な意味では、世界のなかでも近代資本主義的デモクラシーの諸制度の発展の歴史には直接関わってこなかった地域のことを指している。「近代資本主義的デモクラシー」は、大まかには、近代西洋を指すと解されてもよいだろう。しかし、これから論じていくように、近代西洋は多数の近代非西洋社会においても多大なる存在を有している。それはまさに歴史上の実体として近代西洋の一部であるとは必ずしも言えない領域が、現在の西洋社会のなかにもかなり存在していることと同じである。ただ仮に、私が描写する民衆政治のなかに概念的に包含される人びとの数を世界全体で大雑把に見積もると、私は、現存する人間の四分の三を優に超える割合の人びとの政治生活を対象としていることになるのだと考える。

社会理論上のよく知られた概念のなかで私が再考を要すると考えるものには、市民社会と国家、市民権と権利、普遍的な関係と特定のアイデンティティなどが挙げられる。また民衆政治を考えていく上では、デモクラシーについても今一度考察しなければならない。皆さんにはぜひ、私がこれから示す新たな視座で先に挙げた概念を見直していただきたい。そうした概念は、もはや今までとは違うものにしかみえなくなってくるだろう。たとえば市民社会という概念である。それは、それぞれのコミュニティにおける広範な民衆の生活からは隔絶し、市民的自由や合理的な法律で守られた居留地のなかに閉じこもった、近代エリート集団の閉鎖的な連帯関係として浮かびあがってくるだろう。また市民権は二つの異なる姿を現す。公式のものと現実のものである。ギリシャ人からマキャヴェリさらにマルクスを経て私たちに知られてきた〈支配者と被支配者〉という従来の語り方とは違い、〈統治する者と統治される者〉について考えていくことを私は勧めたい。ガバナンスは、政策研究における最近の流行語だが、統治者によって利用される、あるいは、統治者のためにある、知識の集合および一連の技術のことだと提唱する。さらに私は、今日におけるデモクラシーは〈人民の人民による人民のための政治〉ではないと主張する。それはむしろ、〈統治される人びとの政治〉としてとらえられるべきである。

概念的議論については第2章でより明確かつ詳細に論じていこうと考えている。ここではまず、民衆政治についての議論の導入にあたり、世界のほとんどの場でみられる近代政治の核心にある対立について皆さんに問題提起したい。その対立とは市民的ナショナリズムという普遍的理念と、文化的アイデンティティに基づいた特定の要求との対立である。前者が宗教、人種、言語、文化の別にかかわらない個人の自由と権利の平等に基づく理念である一方、後者は脆弱性、後進性、あるいは歴史的不公正、その他きわめて多岐にわたる理由を背景にする特定集団への特別な待遇への要請である。私は、かかる対立は、近代政治における民主政治の概念が、国民主権の理念に根ざすものから統治性《ガバメンタリティ》によって形づくられていくものへと、二〇世紀を通じて移行してきた兆候だと指摘したい。

ベネディクト・アンダーソンは、今では古典とされる『想像の共同体』のなかで、ネーションは均質で空虚な時間から成ると論じ〈1〉、市民的ナショナリズムの普遍的理念をうまくとらえている。同書においてアンダーソンは、近代の歴史的思考における支配的な潮流に実は追随したのだ。すなわち、近代的な社会空間は均質で空虚な時間のなかにおかれているという想像である。マルクス主義者ならこれを資本の時間と呼ぶだろう。アンダーソンは、新聞を購読したり流行小説に描かれる登場人物の私生活を追ったりするなどの同時的経験によって形成される、大規模で匿名的な社会性の実際的可能性を、ヴァルター・ベンヤミンの枠組みを明示的に採用することで見事に示している。均質で空虚な時間において経験するその同時性によってこそ、私たちは、価格、賃金、市場、その他の政治経済カテゴリーによって表される現実を語ることができる。均質で空虚な時間は、資本の時間なのである。その領域において、資本はみずからの自由な移動を妨げるものを斟酌することはない。資本がなんらかの妨害に遭遇した場合には、それは異なった時間――前資本〔の時代〕からやってきたもの、あるいは前近代に属するもの――との遭遇と解される。資本（あるいはモダニティ）に対するそうした抵抗はしたがって、人類の過去からきたもの、人びとが捨て去らなければならなかったはずなのに、なぜかそうしなかったものと理解される。しかし、資本（あるいはモダニティ）を時間そのものの属性であると想像することを通じて、この見解は、それらに対する抵抗が時代遅れで後進的だというレッテルを貼るだけでなく、資本およびモダニティに究極的勝利を保証することに成功している。人びとが何をどう信じ、何を希望するかにかかわらずである。結局、時間は静止することがないからだ。

アンダーソンは最近の著書『比較の亡霊』のなかで、ナショナリズムとエスニシティ政治を区別することによって、『想像の共同体』でのみずからの分析をさらに展開している。そのなかでアンダーソンは、共同体についての近代的な想像が生んだ二種類の系列を提示している。一つは近代社会思想において日常的かつ普遍的なるものとされる非限定型の系列だ。つまりネーション、市民、革命、役人、労働者、知識人等々である。もう一つは統治性に関連する限定型の系列である。それらは近代のセンサスおよび近代の選挙制度によって生まれた、数えることのできる人口諸集団の総計で、有限である。非限定型の系列は、出版資本主義の古典的な媒体を通じて、典型的に想定され説明される。媒体とはつまり、新聞や小説だ。これらは、個人が次のように想像する機会を与える。自分は、顔見知りの集まりよりも、もっと大きな連帯に帰属しているのだ、そしてその連帯のためにみずからの意志で行動する者であり、政治的想像という行為によって伝統的な慣習がもたらす諸限界を乗り越える者であるのだと。非限定型の系列は潜在的に解放的である。それとは対照的に、限定型の系列は整数でしか機能しない。つまり区分された各カテゴリーのなかで、個々の人間は1または0と数えられ、決して端数として認識されることはない。これは、あるカテゴリーに対して部分的あるいは混成的に帰属することはまったく想定されていないということである。一個人は、黒人か黒人ではないか、ムスリムかムスリムではないか、部族《トライブ》*1か部族《トライブ》ではないかのどちらかであり、ある程度そうだとか、文脈上そうだとかいうことは決してない。限定型の系列は抑圧的であり、たぶん、本質的に葛藤を包含すると、アンダーソンは示唆している。これがエスニシティ政治のツールとなる。

　アンダーソンはかかる非限定型および限定型という系列の区別を用いて、ナショナリズムに残された善き性質と、エスニシティ政治の救われないたちの悪さについての議論を展開している。明らかにアンダーソンは、啓蒙思想特有の普遍主義的な批判思想のなかにある、純粋に倫理的で高潔なものを残すことに懸命となっている。歴史上の紛争や変化に関する明白な事実の数々と向きあいながら、アンダーソンがここで希求するのは、普遍的倫理を確認することである。その普遍的倫理は、人間の欲求や価値観の多様性を否定せず、欲求や価値観の値打ちや刹那的側面を軽んずることなく、むしろそれらを、普遍的倫理のための実際の歴史的基盤ととらえて、取り込み統合するものである。アンダーソンは、二〇世紀におけるかなり進歩主義的な歴史主義思想の伝統のなかで、普遍主義の政治が、私たちが生きている時代の特徴そのものに馴染むものだとみている。アンダーソンは「ナショナリズムだけでなく、根本的に規格化された政治概念が、ある部分日常的実践に反映されながら、また産業的な物質文明に根ざして、空前の規模で世界全体に広まったことにより、コスモス〔の意味世界〕は追放され、世俗世界が浸透することとなった」と語っている[2]。政治をこのように考え、政治と呼ばれる共通の行動がいたるところで展開されていると考えるためには、世界は一つであるという認識が要される。注目すべきは、こうした認識において、時間は空間へと簡単に置き換えることができ、したがってここでまさに近代の時空間について語れることになることだ。こうして、この意味における政治は、均質で空虚な近代の時空間に存する。

　私はこれと見解を異にする。私はこのモダニティについての見解、あるいはまさに資本についての見解は間違いだと考える。それはこの見方が偏ったものだからだ。アンダーソンの見解は近代的生活の時空間の一面しかみていない。人は均質で空虚な時間のなかに自分たちがいると想像できるだけで、実際にそこに生きているわけではない。均質で空虚な時間は、資本にとってのユートピア的な時間である。それは過去と現在と未来を直線的につなぎ、アンダーソンをはじめとする多くの学者が私たちにこれまで広めてきた、アイデンティティ、ネーション、発展等々の歴史主義的想像のすべてに関する可能性を創出するものである。しかし均質で空虚な時間は、実際の空間のどこにも存在してはいない。それはユートピア〔空想のなかでのみ存在する理想郷〕にすぎない。近代的生活の実際の空間はヘテロトピア〔実在する異種混成的《ヘテロジニアス》な場〕から成っている〔ミシェル・フーコーに私が負うところが大きいのは明らかであろう。ただしこの言葉の使用法については必ずしも彼のそれに忠実なわけではない〕[3]。ここにおいて時間は異種混成的《ヘテロジニアス》で、その密度は一様ではない。ここでは産業労働者でさえも資本主義の労働規律訓練を必ずしも内面化しているわけではなく、もっと興味深いことに、彼らがもしそうしたとしても、その態様は個別で、一様ではない。ここにおいて政治は、すべての人に同じ意味をもつものではないのだ。この点を無視することは、ユートピアのために現実《リアル》を捨て去ることになると私は信じている。

ホミ・バーバは、二、三年前に、時間性のなかのネーションの場所を描写する際、ネーションの語りは二重の時間に分かれ、それゆえ曖昧さが避けられない傾向があることを指摘している。一方の語りのなかでは、人びとは、常に発展過程の途上にあり、歴史的進歩を遂げつづけると同時に、ネーションの運命を全うするにはまだ完全に成長しきっていないために、国民教育の対象であるとされる。しかしもう一方の語りのなかでは、人びとの統合、そしてネーションと人びととの永続的な同一化は、日常的に表明され、繰り返され、実演されなければならないとされる〈4〉。ここにみられる曖昧さについて、例を挙げて説明し、それが近代政治に内在する不可避の側面であることを論じたいと思う。こうした曖昧さが近代政治にあることを否定するのは、希望的観測に基づいた愛国心にすぎないか、さもなければネーションに内在する既存の支配構造を是認しているかのどちらかである。

密度の高い異種混成的な時間の存在を示唆する例は、ポストコロニアルの世界から多数挙げることができる。たとえば、自分の占星術師といまだ連絡がとれないために取引契約の締結を遅らせている産業資本家たちや、しかるべき宗教儀式によって聖化されるまでは新しい機械に触ろうともしない工場作業員たち、信望する指導者が選挙で敗北したことを悲しんでみずからに火をつけてしまう有権者たち、そして自分と同族の人間のためには多数の雇用を確保しながら、その他の者は除外してきたと公然と自慢する大臣職の人間などだ。この状態を、近代の時間と前近代の諸時間という複数の時間の共存と呼ぶことは、結局、近代西洋のユートピア主義を承認することになってしまう。ごく最近の民族誌的研究の多くが、これらの「他」の時間は前近代という過去からの単なる残りものではないことを立証している。それらは近代そのものとの出会いのなかで生まれた新しいものなのである。したがってそれは、近代の異種混成的な時間と呼ばれるべきものだ。論点をさらに少し推し進めるために付け加えると、西ヨーロッパおよび北アメリカ以外のポストコロニアルの世界は、実際のところ、人びとの住む近代世界のほとんどを占めているのである。

ここで例を挙げて、資本の均質的時間のユートピア的様相と、統治性《ガバメンタリティ》の異種混成的《ヘテロジニアス》時間から成る現実空間とのあいだの継続的な緊張や、その緊張がネーションを物語化する努力に対して与える影響に関して、さらにもう少し詳しく論じていきたいと思う。

II

ビームラーオ・ラームジー・アンベードカル（一八九一―一九五六）は、コロンビア大学でもひときわ優れた学生の一人だった。インドのマハーラーシュトラ州の不可触民集団であるマハール・コミュニティに生まれたことから、高等教育を受けて知的職業に就く資格を得るために途方もない困難と闘った。一九一七年にはコロンビア大学で政治学の博士号を取得したアンベードカルは、自身の指導教授であったジョン・デューイ博士およびエドウィン・セリグマン博士からの影響を常に心に留めていた[5]。彼はインドにおいて、虐げられたダリトたち——旧不可触民カースト——の二〇世紀最高の政治リーダーとして広く知られている。そうした立場において彼は、ダリトの分離選挙制のために、また教育および公的雇用がダリトに有利に運ぶための留保措置すなわちアファーマティブ・アクション〔積極的差別是正措置〕のために、さらにはダリトの独自な文化的アイデンティティを構築するために、他宗教——仏教——への改宗まで行い、激しく闘ったことで広く誉め称えられた一方、批判も受けた。アンベードカルは、また、インド憲法の中心的起草者の一人としても著名であった。彼は、近代化のための国家による干渉と、平等な市民権および政教分離主義《セキュラリズム》という近代的美徳の法的保護を、断固として擁護した。B・R・アンベードカルの知的および政治的キャリアにみられるほど、ユートピア的な均質性と現実の異種混成性との緊張関係がドラマティックに展開した例は、他にほとんど見あたらない。

以下で私は、一方で普遍的な市民権、他方で固有の権利の保護という対抗しあう要求が近代政治にもたらした矛盾を浮かび上がらせるために、アンベードカルの人生のいくつかの瞬間に焦点を当てていく。また私の責務として、ネーションについての既存の歴史叙述のなかには、そうした矛盾点を解決に導きうるようなものが存在しないことを示したい。

アンベードカルは真のモダニストだった。彼は科学を、歴史を、合理性や政教分離主義《セキュラリズム》を、そしてとりわけ人間理性の実現の場としての近代国家を信じていた。しかしダリトの知識人として次の問いかけに直面しないわけにはいかなかった。その問いとは、インドのいわゆるカースト制において実践される独特な形式の社会的不平等の理由は何かということである。主要著書『シュードラとは誰だったのか』（一九四六）および『不可触民』（一九四八）の二冊のなかで、アンベードカルは不可触制のはっきりした歴史的由来を探究した。〈6〉彼は、不可触制は太古にまで遡るのではなく、科学的に立証できる明確な歴史をもち、それは一五〇〇年以上を遡るものではないと結論づけたのだった。

私たちがここでアンベードカルの見解の妥当性について判断する必要はない。私たちの目的に照らしあわせると、より興味深いのはそれが提示する叙述《ナラティヴ》の構造である。彼が論ずるところによると、バラモンとシュードラ、そして不可触民のあいだには、元来、平等な状態が存在していた。さらにこの平等は、なんらかの神話的な状況においてのことではなく、すべてのインド・アーリヤ人の部族が遊牧的な牧畜民であった歴史上のある時点においてのことであった。その後に定住農業の段階が訪れ、ヴェーダの民[*2]が奉ずる供犠的宗教に対する反発は、仏教のかたちをして表れた。これに続いてバラモンと仏教徒間の抗争が発生し、それは結局、仏教徒の政治的敗北とシュードラの地位の低下をもたらし、さらには牛肉を食べる「敗残者」を不可触民へと追いやることになった。カーストの廃止をめざす近代的運動は、したがってそのネーションのもともとの歴史的状態である原初的平等への回帰をめざすものであった。こうして均質性を求めるユートピア的な探究は歴史をめぐる動きとなった。周知の通り、それは近代ナショナリズムについての聞きなれた歴史主義的叙述である。

植民地的統治性の異種混成的な時間が、この叙述にいかに混乱をもたらしているかを示すために、ナショナリズムについての小説に話を移らせていただく。

III

インドのナショナリズムについてのモダニズム小説のなかで、もっとも偉大なる小説の一つに、ベンガル出身の作家サティナート・バドゥリ（一九〇六―一九六五）による『ドーライの行いの湖〈ドーライ・チャリット・マーナス〉』（一九四九―一九五二）[7]が挙げられる。この小説は意図的に、一六世紀の聖人であり詩人のトゥルシーダース（一五三二―一六二三）が、ラーマの叙事詩〈ラーマーヤナ〉をヒンディー語で翻案した『ラーマの行いの湖〈ラーム・チャリット・マーナス〉』の形式に当てはまるように構成されている。ラーマは伝説上の王であり、その模範的な人生と行いを通じて地上にもっとも完全な王国を築いたとされている。トゥルシーダースによるラーマーヤナは、インドの広大なヒンディー語圏でおそらく至って広く知られている文学作品であり、カーストや階級、宗派の別を越える道徳的言説を日常的な会話表現で提供するものであった。また同作品は、インド北部においてバラモン文化の価値の一般化にもっとも効果的な手段であったと言われている。サティナート・バドゥリによるこの叙事詩の近代主義的な翻案の特徴は、その主人公であるドーライが低いカーストの出身である点にある。

ドーライはビハール州北部〈県としてはプールニャーにあたる。ただしサティナートは架空の地名であるジーラニャーを用いている〉出身のタトマ〈ダリトにあたるカースト〉だ。タトマは農業に従事せず、その代わりに屋根のわら葺きや井戸掘りに特化している集団である。ドーライの父親は彼が子どもの頃に他界した。その後母親が再婚を望んだ際に、母親は村の聖者バウカ・バワにドーライの世話を託して去った。ドーライは托鉢をするヒンドゥー教の苦行者にお供をして、家々を一軒一軒、歌を歌いながら回って育った。歌はだいたい、伝説的王であるラーマ王と彼の完全無欠な王国についてのものだった。ドーライの心的世界は神話的時間に包まれている。彼はまったく学校に行っていない。だがラーマーヤナを読める人は優れた資質をもち社会的権威を有することを知っている。彼より年長の者たち――彼の周辺の者のなかで――はもちろん、政府そして裁判所や警察についての知識がある。また役人らの庭や台所周りの仕事をしている近隣の者たちは、県知事が県委員会の議長に対してへそを曲げたときのこととか、台所に新入りで入ったメイドが、警察官僚のバンガローで、ある夜、ずいぶんと長い時間を過ごしていたときの話までしてくれるのだった。ただし生き残っていく上での彼らの一般的な方策は、政府や政府に関わる面倒くさいことには巻きこまれないようにすることである。そうした方策は、何世代かにわたる経験によって完成されていた。あるときある確執の末、近隣のダンガル〔牧畜民カースト〕の部落の住民たちがバウカ・バワの小屋に火を放ったことがあった。警察が現場検証を行い、唯一の目撃者であったドーライに目撃したことを説明するように言った。彼が話そうとしたそのとき、彼はバウカ・バワの視線に気がついた。バワは「しゃべってはいけない」と言っているように見えた。「この人は警察官だ。一時間もすればいなくなる。ダンガルは私たちの近隣の者だ。私たちはこの人たちとこれからも生きていかなければならないのだ」と伝えているようだった。ドーライは状況を飲みこみ、警官には、何も見なかったと告げ、自分たちの家に火をつけたのが誰かはわからないと話した。

ある日ドーライは、村の他の人たちと一緒に、ガーンヒー〔ガーンディーの名前が噂で伝えられるなかでなまったもの〕・バワという人の話を耳にした。ガーンヒー・バワは自分たちのバウカ・バワよりも、あるいは彼らがそれまでに知ったどのバワよりも実際、偉大な聖者らしい。ガーンヒー・バワは、ラーマ神自身とほとんど同じほど偉大なる存在のようだった。彼らが聞いたところではガーンヒー・バワは肉も魚も食べず、一度も結婚することがなく、完全に裸で歩きまわっていたそうだ。その地域ではもっとも教養があるとされていたベンガル人の校長先生でさえガーンヒー・バワの信奉者になっていた。ガーンヒー・バワの姿が南瓜の表面に現れたということがわかるとすぐに、村は大騒ぎになった。大そうなお祭り騒ぎとともに、その奇跡の南瓜は村の寺に祀られ、この国いちばんの偉大なる聖者に捧げ物が供された。ムスリムでさえも肉や玉ねぎを食するのを止めることを約束し、さらに、それまで誰もその人がしらふでいるところを見たことがなかった村のシャーマンが、それ以降、もっとも弱いトディ〔ヤシ酒〕しか飲まないこと、そしてアヘンからは完全に足を洗うことを誓ったことから、タトマたちもガーンヒー・バワが実際に非常に偉大な人だと認めた。その後しばらくして、村人の何人かがガーンヒー・バワ本人に会いに県庁所在地まで、はるばる出かけて行った。しかし彼らは、いくぶん、熱意をくじかれて帰ってきた。あまりの人混みで彼らは偉大なるその人をさほど近くから見ることができなかったのだが、目にしたその姿はガーンヒー・バワにはおよそ似つかわしくないものだったというのだ。彼らによると、ガーンヒー・バワはしゃれた感じの弁護士か都会の教師のように眼鏡をかけていたらしい！眼鏡をかけた聖者など、今まで誰か見た者がいただろうか？その人物はもしかしたら、つまるところ、偽者だったのかもしれないと噂した者さえ出た。

二〇世紀初頭にドーライがタトマのなかでどのように育ったのかについてサティナート・バドゥリが繊細に織り上げた叙述は、インド北部の植民地統治と民族運動についての正確な民族誌として抵抗なく読むことができる。私たちは、たとえばシャヒード・アミンの研究から、インドの農民たちのあいだにおけるマハートマ・ガーンディーの権威は、彼の奇跡的な力にまつわる逸話や、彼の信奉者や誹謗中傷する者たちに起こった数々の噂を通して構築されたということや、国民会議派〔インド民族運動を主導した政治団体〕の綱領や運動の方針そのものが、神話や民衆の宗教で用いられている表現を介して地方に伝播されたことを知っている〈8〉。たとえ一九二〇年代および一九三〇年代にガーンディーと彼が率いていた運動が、インドの都市部および村落部の双方における何百万もの人の命を結びつけた一連の共通の出来事であったとしても、それらがもたらした経験は人びとに共通のものではなかった。人びとが参加したのは、同一の偉大なる出来事と歴史家が描写する事象ではあったが、その事象に対する人びとの理解は、むしろそれぞれ非常に違った言説で語られ、きわめて異質な生活世界に存在していた。ネーションは、仮にそれがそのように同一の事象を経て創造されたのだとしても、異種混成的な時間のなかにのみ存在していたのだった。

もちろん、次のような異議があがるかもしれない。ネーションは実のところ抽象物であり、ベネディクト・アンダーソンによって有名になった表現を借りると「想像の共同体」にしかすぎない。したがって均質な時間のなかに浮遊するがごとくのこの理念的で空虚な構築物は、多様な集団からなる人びとによって変化に富んだ中味が付与されうる。そしてそれらの人びとは、いずれも皆、実在の場所において互いに異なったまま、それにもかかわらず、ネーションの市民として非限定型の系列の要素になるのだ、と。疑いなくこれこそすべてのナショナリストの夢である。プールニャー県で国民会議派の組織の指導的役割を担っていたサティナート・バドゥリ自身もかかる夢を共有する者だった。彼は自分が手掛けた登場人物たちの日常生活の狭量さと排他主義的側面についてはよく認識していた。彼らはいまだにネーションの市民ではなかったわけだが、サティナート・バドゥリはそれに変化が訪れることに期待を抱いていた。彼は身分の低いタトマやダンガルでさえ動きはじめるのを目撃していた。彼のヒーローであるドーライは、タトマたちが地方のバラモンに挑み、聖紐〔通常高カーストのみが身につける聖なる紐〕をタトマ自身が身につけるよう導くのだ。——こうした現象はこの当時、インド全土に起こっていたもので、社会学者のM・N・シュリーニヴァースはそれを「サンスクリット化」[*3]と表現している。ただし歴史家のデヴィッド・ハーディマンはこれを、エリート支配に対するサバルタンの抵抗という、激しい争いかつ暴力をしばしばともなう闘争として描写してみせた〔9〕。カーストや宗教の細かな違いによる行政上の区分はサティナートの物語において絶えることはない。しかし伝説のラーマ王子の生涯に意図的になぞらえるかたちでサティナートは、彼のヒーローであるドーライを、血縁者が秘かに企てた残酷な策略に巻きこませる。彼は自分の妻がダンガル部落出身のキリスト教徒の男と情交を結んでいるのではないかとの疑念を抱く。彼は〔ある家族の企みにより森に一四年間追放されたラーマと同じように〕村を去り、流浪者となり、別のある村において他のコミュニティ〔カースト集団〕のなかで人生をやり直す。ドーライはみずからのふるさとの狭量さから放たれ、世界に投げ出された。新しく舗装された道路には、自動車やトラックが走り、今、牛が引くのっそりとした荷車をビューっと抜き去っていくさまが、彼の想像を掻き立てた。「この道はいったいどこで始まっているのだろうか。どこで終わるのだろう。その答えはわからない。たぶん、誰も知らないのだろう。荷車にはトウモロコシが積まれていることもあれば、地方裁判所へ向かう原告を乗せているものもある。さらには病院へ向かう病人を運んでいるものもある。ドーライは、国の広大さを示唆する何ものかの陰影をみていた」[10]。ネーションはそのかたちを整えつつある。サティナートはみずからのヒーローを、物語のなかの旅に送り出し、約束の目標に向かわせた。だが時代はすでにラーマ王の神話時代ではない。だから向かうべきは王国ではなく、市民権という目的地だった。

IV

平等な市民権というアンベードカルの夢は、行政上の区分という現実とも闘わざるをえなかった。早くも一九二〇年に、彼はインドで不可触民が直面していた代議制の問題点を指摘していた。「代表権および国家の役職につく権利は、市民権を構成するもっとも重要な二大権利だ。しかし不可触民の不可触制は、彼らからこれらの権利を手の届かないはるか遠くに引き離している。……彼ら［不可触民たち］は不可触民によってのみ代表されうる」。全市民の一般代表は、不可触民の特別な必要のためには役立たない。支配層のカーストにみられる偏見や凝り固まった実践からすると、支配層のカーストたちが法律を用いて不可触民を政治的、社会的な束縛や圧迫から解放することを期待できる理由が見あたらないからである。「高位のカーストらによって構成される立法府は、不可触制を廃止し、異なるカーストどうしの婚姻を認め、公道や公共の寺院、公立学校の利用の禁止を排除するような法律を通すことはないだろう。これは、彼らにはそれができないからではない。ただ単に、彼らはそうしないのである〈11〉」。

しかし、不可触民を代表するための特別のニーズを保証しうる道はいくつかあった。そしてそれらの多くは植民地時代のインドですでに試されていた。たとえば植民地政府の役人によって、政治的優位にある高カーストに対して低カーストの利益を保護する道、あるいは不可触民グループ出身の優れた者を、彼らの代表者として植民地政府が指名するという道であった。他の方法としては、議会に一定数の議席を低カーストからの候補者のためだけに留保するというものがあった。さらに別の方法として、低カーストの有権者が自分たちみずからの代表を選出することを可能とするべく、分離選挙を行う方法があった。インドの植民地支配後期の国家体制をめぐる政治の恐ろしく複雑な世界において、以上の方法は無数の異なる形式をとりながら、いずれもすべて議論され、また試された。ましてやカーストは人口集団の代表について論争を呼ぶ唯一の問題というわけではなかった。よりもっと世論を二分するような宗教的マイノリティの問題〔特にムスリムの扱いをめぐる問題を指す〕が、植民地インド後期の市民権をめぐる政治と、どうしようもないほどの絡みあいをみせていた。

アンベードカルは明確に、これらの特別な代議制の一つである、植民地体制による保護という方法を拒否した。一九三〇年、国民会議派が政治的目標として独立つまりスワラージ〔スワ＝自己、ラージ＝統治、で「自治」を意味する〕を宣言した際、アンベードカルは被抑圧諸階級の会議で次のような宣言を行った。

インドにおける政府の官僚的形態は、人民の、人民による、人民のための政治を行う政府によって取って替わられるべきである。……私たちは私たちの怒りの原因を、私たちほどきちんと取り除くことは他の誰にもできるものではないと感じている。そしてそれを取り除くことは、私たちが政治的権力をみずからの手中に収めなければ可能にはならない。英国政府が今の通りである限り、かかる政治的権力の一片たりともを、私たちが得ることはできないことは明らかだ。唯一、スワラージ憲法のなかでのみ、私たちが政治的権力をこの手に獲得する見込みがある。そうでない限り、私たちが自分たちを救済することはできないのだ。……政治的権力は英国の手から、私たちの存在に経済的、社会的、宗教的に圧倒的な影響力を及ぼす者たちの手へと移譲されようとしていることは認識している。私たちは、それが起これればよいと思っている。ただし、スワラージの考えは、過去に私たちが経験した多くの専制、抑圧、不正を心のなかに思い起こさせる。〈12〉

ここにはジレンマが明確に提示されている。植民地政府は、伝統的ヒンドゥー教の宗教的専制によって抑圧された人びとの生活が向上する必要性についてはくどいほど語ったが、不可触民を臣民として面倒をみることしかできなかった。植民地政府が彼らに市民権を与えることはありえなかった。不可触民に市民権が与えられるのは、独立国家における憲法の下においてのみだった。しかし、仮に独立が高カーストによる支配を意味するのであれば、不可触民はいかにして平等な市民権と、何世紀にもわたって彼らを苦しめてきた社会的専制の終焉を期待できるのだろう。アンベードカルの立場は明白だった。不可触民は民族独立を支持するべきである。それが、高カーストによる政治的支配につながるであろうことを十分承知の上でも。ただし、新憲法の枠組みのもとで、平等のための闘争を積極的に進めていかなければならない。

一九三二年、不可触民の市民権の平等を達成するための方法が、アンベードカルとガーンディーとのあいだでの劇的な対立を引き起こす問題となった。国家体制の改革をめぐる英国政府とインドの政治的指導者たちとの交渉の過程において、アンベードカルは、いわゆる被抑圧諸階級を代表し、自分たちには分離選挙が許され、中央ならびに地方の議会に対してみずからの代表を選出することが認められるべきだと唱えた。国民会議派はこのときまでにすでにムスリムの分離選挙という類似の要求に譲歩していたが、不可触民がヒンドゥーとは切り離されたコミュニティであることを認めるのを拒み、その代わりに、一般選挙を通じて彼らが選出されうるように留保議席を確保する準備をしていた。アンベードカルは、もしも英国がすべてのインド人に成年普通選挙権を認めて付与する望みが少しでもあれば、この案の受け入れに応じると表明した。しかし選挙権は財産および教育上の条件によって厳格に制限されていたため、ムスリム・マイノリティとは違って地域的に多く集まっている場所があるわけでもなく、一般人口のなかに薄く広がるマイノリティである被抑圧諸階級が、選挙においてなんらかの影響力をもつことはまったく考えられなかった。議会に不可触民を真に代表する者が少なくとも何人か入ることを確実にする唯一の手だては、そうした者を被抑圧諸階級の分離選挙によって選出することを認めることだった。

ガーンディーは、高カーストの国民会議派リーダーたちが不可触民を適正に代表することは絶対にできないというアンベードカルの指摘に対して激しく反応し、それを「すべてのうちもっとも無情な仕打ち」と呼んだ。そして、マハートマ〔「偉大な魂」〕らしからぬ大言壮語にふけり、「私は、私自身がこの人格でもって、不可触民の圧倒的多数を代表することを断言する。ここにおいて私は、単に国民会議派を代表して発言するのではなく、私自身のために語る。そして私は、仮に不可触民の意向投票があったならば、彼らの票を獲得し、しかも最多得票を得るであろう」と宣言した。彼は宗教的マイノリティの問題とは違い、不可触民の問題はヒンドゥー教内部の問題であり、その内部で解決しなければならないと主張した。

> 不可触民がもし望むのであれば、イスラームやキリスト教に改宗することは構わないと思う。それについては、私は容認する。しかし、仮に、村々に二つのグループが分かれて存在するようになった場合、ヒンドゥー教に起こるだろうことを看過することはできない。不可触民の政治的権利について語る者たちは、自分たちのインドを、そしてインドの社会がいかにして今日成り立っているのかを知らないのである。したがって私ができる限り強調して言いたいのは、もしも私がこのことに抵抗を示す唯一の人間であったとしても、私は自分の生命をかけて抵抗するだろうということだ。

ガーンディーは、この言葉通り被抑圧諸階級の分離選挙の要求を認めるくらいならば、むしろ断食を続けると脅かしたのであった。途方もない圧力をかけられたアンベードカルは譲歩し、交渉の末、ガーンディーとともにプーナ協定に署名した。この協定によってダリトには、ヒンドゥーの選挙区のなかでだが留保議席が確保されることになった〈13〉[*4]。これがそのまま独立インドの憲法上、旧不可触民カーストの代表制の基本的形態として引き継がれている。ただしもちろん、この時点までに国は、〈インドとパキスタンという〉二つの主権的国民国家に分割されてしまっていた。

一九三〇年代にインドでは国民の均質性とマイノリティの市民権についての問題が提起され、一時的に解決をみた。しかしその解決のかたちは教訓的である。それは、言説《ナラティヴ》戦略そして権力装置としてのネーションの両義性をまざまざと描き出している。その両義性は、ホミ・バーバが指摘する通り、「ネーションについて書くという行為の際に絶えず重なりあう、人民、マイノリティ、「文化の違い」といった、相似的で、換喩的でさえある諸カテゴリーへの継続的な横滑り《スリッページ＊5》をつくりだす」〈14〉。私たちがみてきた通り、アンベードカルは均質なネーションという考え方に関して、教育上のカテゴリー――すなわち進歩としてのネーション、生成の過程としてのネーション――としては不服を抱いてはいなかった。ただ、できることならガーンディーならびに他の国民会議派のリーダーたちに対して、きちんとした市民権についての研修が必要なのは単に無知な一般大衆だけではなく、高カーストのエリートも同様であると主張しただろう。高カーストのエリートたちは、民主的な平等がカースト制の不平等とは両立しないことをいまだ受け入れないのだから。しかし市民権をめぐる体制交渉においてアンベードカルは、ガーンディーとともにそうした均質性を演じることを拒否した。彼は、不可触民はネーションのなかのマイノリティであり、政体において特別な代表制が必要であると主張した。他方、ガーンディーおよび国民会議派は、ネーションは単一にして不可分であることを強く主張しながら、ムスリムがネーションのなかのマイノリティであることをすでに認めていた。では不可触民は？不可触民はヒンドゥーの内部問題を表しているのだった。インドにおける均質性はいつの間にか次第にヒンドゥーの均質性へとずれていく。不可触制の撤廃は、引き続き教育上の課題であり、社会改革によって、また必要ならば法律によって達成されるべきである。しかし、ヒンドゥーのなかのカーストの不平等は、英国の支配者あるいはムスリム・マイノリティの面前にあって演じられてはならない。均質性はある面において崩壊し、結局、別の面でふたたび主張される。異種混成性はある時点においては制止できないが、別の時点では強制的に抑圧される。

さて一方、私たちの小説のヒーローであるドーライは一九三〇年代、ナショナリズムについての教育を受けつづける。くびきから解放され、彼は別の村に流れ着き、分益小作人《シェアクロッパー》や労働者の後進カーストであるコーエーリのなかで新しい人生を始めた。ドーライは農民生活の現実を知りはじめる。ラージプート地主とコーエーリ小作人、そしてサンタル〔部族民〕労働者について、稲と黄麻とタバコとトウモロコシの栽培について、そして、金貸しや商人についてである。一九三四年一月にビハール地方は有史以来、もっとも激しい地震によって壊滅してしまった。政府の役人たちが被害調査に訪れ、そして国民会議派のナショナリストの運動員たちも同様にやってきた。一年以上ものあいだコーエーリは、彼らに「救援」が与えられるであろうことをなんとなく耳にしていた。そしてその後、彼らは、次のように告げられた。調査の結果、土壁とわらぶき屋根でできていたコーエーリの小屋はコーエーリたち自身で簡単に修復されたが、レンガ造りのラージプートの地主たちの家々はひどい損害を受けていることがわかったと。調査報告書はしたがって、救援のほとんどの部分はラージプートに与えられなければならないと提案していた。

こうしてドーライの教育は新たな章に入るのだった。――ベンガル人の弁護士とラージプートの地主がまたたくまにマハートマの中心的な信奉者になっていったことに、ドーライは気づいた。ただし、かつての搾取者が国家の自由の新たなメッセンジャーになるようなことがあったとしても、マハートマの神秘は変わらず曇ることはなかった。ある日、マハートマの運動参加者のある人間がマハートマの手紙を持って村に到着した。彼はコーエーリたちに、各人は順に、マハートマに手紙を送らなければばならないと伝える。いやいや、お金を払って郵便切手を買う必要はないのだ。手紙を配る役人のところにつつかつかと行けばいいだけである。そしてその手紙をマハートマジー〔ジーは「様」のような尊称〕の郵便箱に入れるだけでいいのだ。あくまでも白い箱で、色つきの箱ではない、わかったね。これが「投票」と呼ばれることだった。運動参加者はドーライに言った。「君の名前はドーライ・コーエーリだ。君の父親はキルトゥ・コーエーリだ。お役人にはそう言うのを忘れないように。君の父親はキルトゥ・コーエーリだぞ」と〔ドーライは、コーエーリではないのだが、ここでは偽名を使って投票するように指示されている〕。ドーライは、言われたことをその通りにする。

投票ブースのなかでドーライは両手を合わせて白い箱の前に立った。そして手紙を箱のなかに入れた。マハートマジーを称えよ。国民会議派の運動参加者を称えよ。ラーマ王国の建設という偉大なる任務において、リスが果たした小さな役割を[*6]、彼らはドーライに与えた。しかし彼の心は悲しみに暮れていた。――もしも字を書くことができたなら、彼はみずからマハートマに手紙を書くことができたであろうに。考えてもみてほしい。国のすみからすみまでで、皆がこぞっていっせいにマハートマに手紙を書いている。タットマトゥリ村もジーラニャー県も……ドーライも……運動参加者も……全員が一つの同じことを欲した。人びとは皆、同じ手紙をマハートマに送った。政府、役人、警察官、地主などは皆、人びととは対立していた。人びとは多くの異なるカーストに属していた。それにもかかわらず彼らはきわめて近しくなっていた。……あたかもクモの巣でつながっているようであった。その糸は実に細く、仮にそれを摑もうとしたなら切れてしまいそうなものだった。実際、糸がそこにあるかどうかさえわからないようなものだった。それは、そっと風に揺れたり、朝露がついたり、あるいは突然に日の光があたったりするときに見えるのだったが、それもほんの一瞬だけのことだった。ここはラームジー〔ラーマ様〕の国であり、彼の化身たるマハートマジーは細い糸の巣を張りめぐらしている……「おい、ブースのなかで、何をやっているのかね?」と役人の声が彼の夢想を中断した。ドーライは急いでブースから出た。〈15〉

投票は市民権を匿名で演ずる偉大なる行為だ。そして匿名であったことがたぶん、この儀式を初めてドーライが体験するにあたって、それがなりすましによって行われたにもかかわらずそれほど問題にもならなかった理由だろう。しかし、そのことはこのネーションのなかにおいて誰が誰を代表するのかという問題を隠蔽《いんぺい》することにしかならなかった。コーエーリたちはマハートマに忠実に投票したわけだが、彼らは、彼らが何年ものあいだ闘争してきた相手であるラージプートの地主が、国民会議派の支援によって県議会の議長に選出されたことを知り狼狽した。彼らが聞いたところによるとマハートマジーに従う者たちが、今や政府の大臣職に就いてはいたが、新しい道が開かれるとなれば、それは当然のごとくラージプートらの家々のすぐ横に通された。

しかしドーライはラーマーヤナを一冊自分で買った。彼は、いつの日にか、それを読めるようになろうと自分自身に誓った。ラーマ王国への道は、ところが突然、途絶することとなる。英国によってマハートマが逮捕されたというニュースが入ったのだ。これは最後の闘争だ、とマハートマは伝えた。マハートマジーの真の信奉者は皆、即刻、彼の軍隊に参加しなければならない。そう、軍隊である。逮捕されるのを待つのではなく、圧制者に抵抗しなければならない。これは戦争であり、他の運動とは違った。ドーライは一九四二年のクイット・インディア運動[*7]に動員される。運動参加者は、これは革命だと言った。彼らは一丸となって警察署を急襲し、火を放った。朝までに県知事と県警本部長、そして全高官が逃げ出していた。マハートマジーの勝利だ、革命の勝利だ！その県は独立を手に入れた。彼らは自由だった。

それは長くは続かなかった。何週間かの後、トラックで銃を持った部隊がやってきた。運動参加者と一緒にドーライは森へと逃げた。今や彼も指名手配人であり、反逆者だった。だが彼ら全員が手配犯であり――マハートマジーの兵だった。森のなかで彼らのあいだには妙な平等が存在した。もともとの名で呼ぶのを止め、それぞれガーンディーとか、ジャワーハル、パテール、アザドなどの名で呼びあった。[*8] 彼らは、ネーションの代表者たちの無名のレプリカだった。ただし彼らは、それぞれの日常から追い出されてしまっていた。少し経ってから英国がドイツおよび日本との戦争に勝利し、国民会議派のリーダーらはすぐに釈放され、革命派の者たちは全員投降しなければならないという知らせが入った。投降するか。ならばその後は裁判にかけられ投獄されるというのか。絞首刑にならないとも限らない。誰にもわからない。ドーライの部隊は投降しないことを決断する。

V

国政の舞台においては一九四〇年三月にムスリム連盟がある決議を行った。それはインドでの権力移譲のための国家草案には、ムスリムが多数派を占め地理的に隣接する地域は、独立の自治権かつ主権を有する国家としてまとめられうる旨の取り決めが含まれなければならないという内容である。これはパキスタン決議[*9]として知られるようになった。しかし国民会議派はその案には反対した。数カ月後の一九四〇年一二月、アンベードカルは表題を『パキスタン、すなわちインド分割』とする長編の本を記した。このなかで彼はこの提案についての賛否について詳細に議論している。[16]驚くべきことに、この本は、ほとんど言及されることのない本であり、それはアンベードカルが非常に再注目されている今日になっても変わらない。[17]政治アナリストとしての卓越した技量と、真に目を見張る先見の明を示していることに加え、私は、その本はアンベードカルが、もっとも生産的に、彼の政治に対する二重の要求――第一にネーション内における普遍的かつ平等なる市民権を得るための闘争を進めること、第二に政治的統一体としての国民のなかにおいて被抑圧カーストのための特別代表制を確保すること――について取り組んだ文章だと考える。

この本は、その対話的な構成がほとんどソクラテス式で、最初に、可能な限り断固とした言葉で、パキスタンに賛成のムスリムの論を、次に、パキスタンに反対するヒンドゥーの論を紹介し、その後にムスリムおよびヒンドゥーにとって、仮に分離独立を行わなかった場合に考えられる代替諸案を検討している。特筆すべきは、不可触民の暗黙の代表者であるアンベードカルが、この問題がいかなる解決を迎えるかにつきまったく利害関係を表明せず、議論において完全なる中立者の立場をとっていることである。彼はムスリム側にもヒンドゥー側にも寄って立ってはいない。彼がこだわったのは、対立する議論を判断し、彼の目から見てもっとも現実的解決策だと考えられる内容を推奨することであった。しかし、もちろんのことながら、これは叙述《ナラティヴ》上の戦略にしかすぎない。アンベードカルがその懸案事項につき大きな利害関係を有していたことは私たちも知るところである。彼にとってもっとも重要な課題は分離独立がインドの不可触民にとってよりよいことか否かであった。『パキスタン、すなわちインド分割』の意義は、アンベードカルがここにおいて、ユートピア的なネーションの要求を、現実主義《リアリスト》的な政治の具体的な見地から判断している点にある。

双方の議論を精査した後、アンベードカルは結局、分離独立がムスリムにとってもヒンドゥーにとってもより良いのではないかという結論にいたっている。議論の核心は、彼が分離独立の代替策について検討している部分である。つまり英国支配を受けない、独立した統一インドは、どのように統治されそうか。ヒンドゥーの多数派による支配が必然的に生じるなか、単一の中央政府という考え方に対するムスリムの者たちの敵対心に鑑み、分離独立が仮に起こらなければ、インドは、多くの権力が地方に委譲された弱体の中央政府を受け入れざるをえなくなるのは明らかであった。それは「無気力で病弱な国家」となるだろう。憎悪と相互疑念が引き続き残ることが考えられるであろうし、「パキスタンを葬り去ることは、パキスタンの亡霊を葬ることとは同じではない」のである。[18] それだけでなく、独立インドの軍隊についての問題もある。アンベードカルは長い章を一つ割いて、植民地支配の中枢を直接論じ、英領インド軍における宗教構成という、暗黙の了解のもと語られることのなかった論題について説いている。彼は、インド軍隊の六〇%近くは、パンジャーブ、北西辺境州、そしてカシミール出身の男性から構成され、またそれらの半数以上がムスリムであることを指摘している。ムスリム人口から疑念の目で見られる弱体の中央政府は、これらの部隊の忠誠が得られるであろうか。他方、新政府が仮に軍隊組織内の集団構成を変えようと試みた場合、北西部のムスリムによる抵抗なしに、それは受け入れられるであろうか。[19]

前向きに判断するならば、新国家パキスタンは均質な国家になるであろう。パンジャーブおよびベンガルの境界を引き直し、ムスリムおよびヒンドゥーそれぞれについて比較的均質な地域を形成し、パキスタンおよびインドのそれぞれへの統合を図ることもできるだろう。二つの地域の分離を誰かが要求するずいぶん以前から、アンベードカルは、ヒンドゥーもシクも、ムスリムのために特別に作られた国に住むことには納得するものではなく、インドへの移住を望むであろうことを予見していた。ヒンドゥーの人口が薄くにしか存在していない北西辺境州およびシンド地方にとっては、唯一の現実的な解決策は、トルコ、ギリシャ、ブルガリアでかつてあったように、公式の監視の下に人口を移動させることのみであった。建設されるインドすなわちヒンドゥスターン[*10]は複合的で、均質とはならないだろう。しかしそうすればマイノリティ問題は、より納得のいくかたちで対処されていくことになる。「私には、パキスタン〔建設〕によってヒンドゥスターン内での宗教対立問題が解決しないとしても、宗教対立は大幅にその割合を減らし、その重要性は小さくなって、平和的解決がもっと容易になるようにみえる[20]」。

そしてその上でアンベードカルは、一連の優れたリアル・ポリティクスの論理により、人口の三分の一以上がムスリムである統一インドにおいてのみ、ヒンドゥーの優位が深刻な脅威になりうることを示した。そのような国家においてムスリムは、多数派による圧政を恐れて、ムスリム同盟などのムスリムの政党を組織することになる。そしてそのことが今度はヒンドゥーによる支配を主張するヒンドゥー政党の台頭を誘発する。逆に分離独立となれば、ヒンドゥスターンのムスリムは、少数で広範囲に分散したマイノリティとなるであろう。彼らはさまざまな社会経済的プログラムを求めて、あちらこちらの政党に参加せざるをえないであろう。同様にヒンドゥー・マハーサバー[*11]のような〔ヒンドゥー主義的〕政党は、ほとんど基盤の余地がなくなり、衰えてなくなってしまうだろう。そしてヒンドゥー社会における下層の人びとは、自分たちの市民としての権利と社会的尊厳のために、ヒンドゥーの高カーストを相手に闘うにあたって、ムスリムのマイノリティと共通の目的をもつことになるであろう〈21〉。

一九四〇年代初期の言論という文脈において、アンベードカルの議論は明らかに先見の明に長けたものであるが、インド・パキスタンの分離独立の賛否に関するその議論の本質的長所を評価するために時間を費やすまでもない。私がここにおいて強調したいのは、彼の議論が依拠するその立脚点についてである。彼は、普遍的かつ平等なる市民権の価値について十分に認識しており、非限定型の系列の倫理的意義を全面的に承認している。その一方、彼は普遍性のスローガンは、おうおうにして実際的な不平等の永続化を覆いかくすものであることを認識している。民主国の政治は、より実質的な平等を達成する手段をもたらすものであるが、それは政体内部の恵まれない諸集団に十分な代表を確保することによってのみ可能である。集団、階級、共同体、民族――あらゆる種類の限定型の系列――に関わる戦略的な政治はしたがって不可避のものである。均質性は、その結果、捨てられるわけではない。その逆に、特定の文脈においては、たとえば分離独立など、解決困難な異種混成性の問題への戦略的解決のヒントを提供しうることも多い。他方、普遍主義者によるナショナリズムのユートピア的要求とは違い、異種混成性の政治は、何どきにおいてもすべての人に当てはまる一般的な公式を生み出すことは決してできない。その解決はいつも戦略的で、文脈依存的で、歴史的に限定的で、そして必然的に暫定的である。

それでは最後に、アンダーソンによるナショナリズムとエスニシティ政治との区別について立ち戻らせていただきたい。彼は、統治性の「限定型系列」は、共同体感覚を生み出すことができることを認めている。そしてそれはまさにエスニック・アイデンティティの政治が原動力とするものだ。しかしかかる共同体感覚は錯覚によるものなのだとアンダーソンは考える。これら現実および想像のセンサスにおいて、「資本主義と、国家装置、そして数学のおかげで、それぞれの整数化された諸身体は〈取り替え可能な〉同一のものとなり、それによって幻影の諸共同体として系列的にまとめあげることができるようになる〈22〉*12」。対照的に、ナショナリズムの「非限定型の系列」は、国民共同体の自由な個々の構成員を整数に変える必要はないと考えられている。それは、アイデンティティについてセンサスを用いてするような確認を必要とはせずに、ネーションは有史以来、今日にいたるまでまったく同一の形態で存在しつづけてきたと想像することができる。さらにそれは、硬直した恣意的なメンバーシップの条件を要求することもなく、ネーションの想像上の共同生活の同時性を経験することができる。そのような「非限定型の系列」は、ユートピア的空間のなか以外で、どこで存在しうるのだろうか？

「限定型」系列を拒絶する一方で、これらの「非限定型系列」を認めるということは、実は、近代の統治性抜きにナショナリズムを想像することである。資本主義とも、国家装置とも、数学とも、何ら関係もないような近代政治とはどのようなものでありうるだろう。アンダーソンをはじめとする多くの者たちが、その保全に必死になっているのは、古典的なナショナリズムと近代とが融合する神話的な瞬間であるようだ。私は古典的なナショナリズムのユートピア的政治を今一度主張することは、すでに生産的ではなくなっていると信じる。というより、私はそれが、ポストコロニアル世界の理論家に選択肢として与えられているとは思わない。ポストコロニアル世界の理論家は、グローバルなコスモポリタニズムからも、さらに自民族優越主義からも、距離をおくような道を歩まなくてはならない。それは必然的に、統治性の政治という複雑な仕事のなかで、手を汚さなければならないということを意味する。近代ナショナリズムの普遍主義によって構築され、正当化された非対称は、この場に、倫理的にきちんとした選択の余地は何も残さなかった。ポストコロニアルの理論家は、ポストコロニアルの小説家同様、叙事詩的モダニティの神話的な時空間が永遠に失われたときにのみ誕生するからだ。

では私たちの小説の主人公ドーライの顚末を紹介して終わりにしよう。逃亡中の反逆者の集団とともに森のなかで暮らしながら、ドーライは平等と自由に対する自分の夢の限界と向きあうにいたった。幻影にすぎなかったのは、カーストやコミュニティの限定型系列ではなく、むしろ平等な市民権の約束のほうであった。逃亡生活の厳しさによって、仲間関係のうわべの殻が剝ぎ取られた結果、古くからの階層関係がふたたび姿を現すこととなる。疑惑、陰謀、復讐、そして仕返しなどの感情が支配的になる。ドーライがもっていたラーマーヤナの本は、開かれることも、読まれることもないまま、荷物とともにくくられている。こうしたことの最中、歳のいかない少年が一人、集団に加わる。彼はクリスチャンのダンガルで、彼曰くタトマトゥリ〔タトマの集落〕の隣の集落の出身らしい。ドーライはその少年に、奇妙な絆を感じた。ドーライは、もしかしてこの子は自分が会ったことのない息子ではないかと想像する。その少年の面倒をみながらドーライは、少年にいくつもの質問をする。少年と話せば話すほど、彼こそが本当に自分の息子だと確信する。その少年が病気になったとき、ドーライは彼を母親のところへ連れていくことを決心する。彼はタトマトゥリに近づくにつれ、自分の興奮をどうにも抑えきれなくなるのだった。これは、ラーマ王の叙事詩的な大団円[*13]の、近代における不可触民版となっていくのだろうか。彼は、消息を絶った妻そして息子と、一緒になれるのだろうか。少年の母親が現れ、息子を連れて家に入る。母親はふたたび外に出てきて、その親切な見知らぬ者を家に招き、座るように勧める。彼女は息子のことや亡き夫のことを話す。ドーライは彼女の話に耳を傾ける。彼女は別の女性であり、妻ではない。少年は別の子どもであり、息子ではない。ドーライは少しのあいだ、礼儀正しく会話を交わした後に出発する。ドーライがどこへ行ったのか、私たちにはわからない。ただ彼は彼の荷物を、もう必要がなくなったラーマーヤナの本とともに置いていく。ドーライは、預言された時間のなかで、約束されたはずの自分の場所を永遠に失った。

それとも、そうではないのか。独立後、B・R・アンベードカルはインド憲法の起草委員会の議長に、そして後に法務大臣になった。これらの地位において彼は、世界でもっとも進歩的で民主的な憲法をまとめあげることに貢献した〈23〉。そこでは、宗教やカーストに関係なく自由と平等の基本的権利が保障され、同時に、議会における旧不可触民カーストの留保議席の確保が保障されていた。ただし法律を変えることと、社会的実践を変えることは別の問題だった。ヒンドゥー社会のカースト差別に終止符を打つことについて、国家が無能であることに失望を感じ、アンベードカルは一九五六年に仏教への改宗を決心した。それはたしかに分離主義的行動であったが、同時にそれはまた、アンベードカルが指摘している通り、社会的平等を承認するということにおいて、ヒンドゥー教よりもはるかに普遍主義的な宗教とのつながりを築くことであった[24]。アンベードカルは改宗から数週間後に亡くなった。しかし、二十数年後に、ダリト解放の預言者として生まれ変わることとなった。それが今日における彼の存在である。――現実主義者の叡智の源であり、インドの被抑圧カーストの解放をめざす夢である。

インドにおける民主国家の建国時における、普遍的属性と特定のアイデンティティのあいだの未解決の対立についての私の話を終えるにあたって、今日ここにおいて、何が問題となっているのかを指摘させていただきたい。あるインドの研究機関での二〇〇〇年の会議において、著名な学識経験者および政策立案者の一団が国民生活における普遍主義的理想の衰退と倫理的価値の低下を嘆いたのだが、その後、聴衆のなかにいたダリトのある活動家が、なぜリベラル派や左派の知識人たちは、歴史が世紀の変わり目にあるなか、それほどまでに悲観的なのかと質問した。彼にしてみれば、二〇世紀の後半はダリトの全歴史のなかでもっとも希望に溢れた期間だった。不可触制の最悪のかたちを取り払い、政治的に自分たちでコミュニティとして結集し、そして政治的権力の一端を獲得するために、今や他の被抑圧集団と戦略的連携をとっているところなのであった。これらのことが起こりえたのは、大衆民主主義の諸条件が、カーストの特権のとりでを一挙に開け放ち、それを、選挙上の多数派として組織された被抑圧集団の代表が攻撃できるようにしたからであった。パネリストたちはこの熱のこもった介入に沈黙した。私は、次のように再度、確信させられながらその場を立ち去った。ネーションの近代的政治生活の現実的時空間において、統治性によって生み出された政治は、ナショナリズムの普遍主義的理想と同等の立場をもつことを承認するように要求せずに、ただナショナリズムの普遍主義的理想を主張することは倫理的に正当性を欠くのだと。それ抜きには、統治技術が、植民地時代とほとんど同じように、グローバルな資本主義的秩序のなかで階級支配の操作可能な道具として増殖し、機能しつづけるであろう。そうした秩序に対して始まった抵抗は、真に倫理的な空間が作用する場を異種混成的時間において探そうとすることによって、政治的正義の新しいかたちを生み出すことに成功するのかもしれない。

第2章　人口と政治社会

I

ネーションにおける市民権への普遍的な政治的熱望とともに、啓蒙的な近代という約束が叶いそうに見えた古典的な瞬間といえば、もちろんフランス革命である。過去二〇〇年以上ものあいだ、その瞬間のことは、無数の方法で祝福され、美化されるにいたっている。そのなかでもっとも簡明な定式は、今ではほとんどあまねく認知されているとおり、人民はネーションと同一であり、そして同様に、ネーションは国家と同一であるというものだろう。近代国家の正当性は、今や明らかに、そして堅固に、人民主権の概念を基盤としていることに疑いはない。これはもちろん近代民主政治の基礎である。だが人民主権の考えは、デモクラシーに比べ、より普遍的な影響を有している。もっとも非民主的な近代的統治体制さえ、その正当性を、神権に基づいてとか王朝継承によってとかあるいは征服により権限を得たからとかではなく、その表現はともかく、民意に因ると主張することを迫られている。独裁、軍事独裁、一党独裁体制――どんな支配であろうと、すべての支配は「人民のため」と必ず言わざるをえないのだ。

一九世紀の欧州や南北アメリカでの民主運動や民族運動における、人民主権という考えの力とその影響は周知の通りだ。しかしその影響は、現在近代西洋として知られる領域よりも、はるかに広範に拡大していた。一七九八年におけるナポレオンのエジプト遠征がもたらした帰結については盛んに論じられてきた[1]。さらに東方では、その当時、マイソール王国の支配者であったティプ・スルターン王がインド南部で英国との激しい争いにかかりきりになっていたのだが、一七九七年にフランスの革命政府との交渉を開始し、「あなたとあなたのネーションそして私と私の人民が一つの家族になるために、誠実と信頼という共和主義的な原則の上に築かれる」同盟と友好を結ぶ条約を提案した。王は、〔フランス革命政府からの〕返信を受け取ったとき、その宛名が「市民ティプ・スルターン[2]」となっていたことを非常に喜んだという。

もちろんおそらくティプの共和主義への共感は、「関係者各位」宛ての手紙にしたためられた彼の戦術的信条、すなわち「あなたがたの敵は私の、そして私の民の敵でありますように、そして、私の敵はあなたがたの敵とみなされますように」という願い以上に深いものではなかっただろう。しかし一九世紀における新しい世代のインドの、近代主義的改革者たちの心情には、まったくそのような限定はなかった。カルカッタの学校で、私たちは近代インドの父とされるラーム・モーハン・ローイが、一八三〇年に英国へ歴史的航海をした様子について読んだ。彼の船がマルセイユに停泊した際、ラーム・モーハンは、七月王政[*1]によってそもそものふさわしい場所に戻されたフランスの三色旗に敬意を表したいがため、タラップを急ぎ降りようとして転倒し、骨折してしまったと聞かされたものだった。後に私は、彼の伝記として、もう少し信憑性の高い資料によって、彼は、それよりもっと以前にケープタウンで負傷していたことを知ったが、怪我でさえも、彼の自由、平等、友愛への熱意をくじくことはできなかったということには違いないだろう。彼の仲間の乗船者は、次のように記していたことを私は発見した。「革命の旗である栄光の三色旗の下で、二艘のフランスのフリゲート艦がテーブル湾〔ケープタウンの港湾〕に並んでいた。彼は足の不自由にもかかわらず、それらフリゲート艦を訪ねると言い張った。旗の三色が、彼の情熱の炎をさらに燃え上がらせ、それが彼に、痛みなどをすっかり忘れさせているようにみえた」。ラーム・モーハンは船舶を案内してもらい、案内役の者に「デッキの頭上にはためく旗は、真理(right)が力(might)を負かした栄光の勝利の証であり、その下に立つことは、この上なく喜ばしい」と伝えた。「そして船舶を後にしながら力強く「グローリー、グローリー、グローリー! フランスに栄光あれ」と叫んだ〔3〕」。

しかしその間にも、地球のその反対側のカリブ諸島では、別の植民地の人びとが普遍的市民権の約束には限界があることに気づいていた。そして彼らは、足の骨折どころではない深い苦しみを味わっていた。ハイチ革命のリーダーは、パリから聞いた自由と平等のメッセージを真剣に受け止め、奴隷制度撤廃の宣言をするために立ち上がった。彼らを失望させたのは、たとえ黒人《ニグロ》が自分たちの自由を宣言したとしても、黒人は市民ではない、あるいはまだ市民ではないので人権および市民権は及ばないと、フランスの革命政府が彼らに告げたことだった〔4〕。要人ミラボーは国民議会に「フランスの人口の代表を、どう配分するかにあたって、私たちが考慮したのは、馬の数でも、ラバの数でもない」[*2]ことを入植者たちに思い起こさせるように伝えた[〈5〉]。結局、ハイチ革命家たちが植民地支配からの独立を宣言した後の一八〇二年に、フランスは奴隷制ならびに植民地支配を再建するために、サン・ドマング〔現ハイチ〕へ遠征部隊を送った。歴史家のミシェル゠ロルフ・トゥルイヨは、ハイチ革命は時期尚早にすぎたのだと言っている。啓蒙主義時代における西洋の言説のどこをとってみても、武器を取って自治を主張する黒人奴隷が存在を確保する余地は皆無だった。そうしたことは、単純に、想像を絶することだった[〈6〉]。

したがってクレオールのナショナリズムは、一九世紀初期に、スペイン語圏アメリカにおける独立の諸共和国として宣言することに成功した一方、同じことはサン・ドマングの黒人ジャコバン派には否定された。人権および市民権がそこまで広く浸透することが認められるようになるまで、世界は、あと一世紀半の時を待たねばならなかった。しかしながらその頃には、世界中における民主化と民族独立の運動の成功とともに、階級、地位、ジェンダー、人種、カースト等々による制約が次第に人民主権の理念から取り外されていき、そして、現在そうであるように、民族自決という一般的権利のなかにおいて普遍的市民権が認められるようになったのだ。近代国家とともに、人民という概念、および権利という言説は、今や、ネーションという考えのなかで一般的に適用されるようになってきた。しかしまた、西洋の進歩的な民主的ネーションと世界の残りの部分とのあいだには大きな隔たりが生じることにもなった。

ネーションの近代的形式は普遍的であり固有でもある。普遍的な側面は、第一に近代国家における主権の原初の中心としての人民という考えによって、そして第二には、すべての人間が権利の保持者であるという考えによって代表される。仮にこれが普遍的な真実であったとして、それはいかにして実現されうるのか。それは固有の国民すなわちネーションによって構成された国家における市民の特定の権利を尊重することによってである。これによって国民国家《ネーション・ステート》は、固有でしかも通常の近代国家の一形式となった。近代国家の権利の基本的枠組みは、自由と平等という双子の理念によって定義される。しかし自由と平等とは互いに正反対の方向に引きあうことも多いものだった。したがって、エティエンヌ・バリバールによる有益な指摘の通り、これら二つの理念は、さらにもう二つの考え方によって媒介される必要があった。財産とコミュニティの概念である。〈7〉「財産」は、個人のレベルでの、他の個々人との関係における自由と平等の矛盾の解決を図ろうとしたものだ。「コミュニティ」は、諸矛盾を全体の友愛というレベルにおいて解決することをめざした場であった。財産の特質に沿うと、特定の解決は多かれ少なかれリベラルなものに、コミュニティの特質に沿うと、それらは多かれ少なかれコミュニタリアン的[*3]なものになるのかもしれない。しかしいずれにせよ、近代的市民権の普遍的理念の実現が期待されたのは、主権を有する均質的な国民国家という特定の形式の範囲内のことだった。

理論的に簡潔に言うと、財産とコミュニティは、自由と平等を称える資本という政治的言説が盛んになりうるための概念的なパラメータを定義づけたと言うことができる。市民の普遍的権利を形づくった自由と平等という理念は、絶対主義的政治体制との闘いにとってだけでなく、出自と地位で定義された伝統的な制約によって個人の移動と選択を限定していた前資本主義的な実践を弱体化させるためにもきわめて重要だった。それだけではなくそれらの考えは、さらに、若き日のカール・マルクスが指摘した通り、市民社会における実際の生活領域から、権利という抽象領域を切り離すにあたってもきわめて重要であった[8]。法的・政治的な理論の上では、市民の権利は人種、宗教、エスニシティ、あるいは階級によって制限されるはずはなかった（二〇世紀初期までにこの権利は、女性も獲得することとなる）。しかしそれは、市民社会における男性間（そして女性間）の現実の差異が廃絶されることを意味するものではなかった。むしろ権利論についての普遍主義は、階級、人種、宗教、性別等々の区別をまさに基盤とした、社会における権力関係の新たな秩序化を前提にし、かつ可能にしていた。同時に、普遍的な権利平等の考えによってもたらされた解放的展望は、現実の市民社会に対する理論的批判の一つの不変の源として働いていた。その展望は、過去二世紀にわたって、人種、宗教、カースト、階級、あるいは性別などの社会的差異に関わる不平等と不当を変えるため、世界中において、無数の闘争の原動力となってきた。

マルクス主義者は一般的に、伝統的なコミュニティに対する資本の影響力は、歴史的進歩の避けられない徴だと信じていた。まさしく、この判断には両義的な感覚が色濃くともなっている。仮にコミュニティが労働と労働手段（ここでは土地のこと）の結合の社会的形態だったとすると、いわゆる資本の本源的蓄積によって生じるその結合体の崩壊は、新たなる労働者を生み出した。そうした新たな労働者たちは、みずからの労働力を商品として売る自由があっただけでなく、みずからの労働力以外に財産を有する負担を負わなくてよい自由があった。マルクスは、前資本主義的なコミュニティ関係から解放された賃金労働者の、この「二重の自由」について辛口の皮肉を込めて記している[9]。しかし一八五三年に彼は、インドにおける英国の支配は必然的な社会革命の達成だと書いた。彼は「英国の罪がいかなるものだったとしても」「英国は、インドに革命を起こしたという意味で、歴史の無自覚な道具」だと書いている。[10] 彼は晩年、周知の通り、インドのような農耕社会において、植民地支配による革命的効果があったかについてはずいぶんと懐疑的になっていた。そしてロシア農民のコミュニティについては、資本主義的移行という破壊的局面を経ることなく、直接、集団的生活という社会主義的形態へ移行する可能性について考えるようになっていた。[11] しかし、晴れることのない疑念や皮肉な状況の継続にもかかわらず、二〇世紀のマルクス主義者たちは、前資本主義的な所有体制が崩壊し、国民国家なる大規模かつ均質な政治的結合体が創造されることについてはおおむね好意的だった。資本は、より発展した社会的生産の近代的形態へと移るための歴史的役割を果たしているとみる限り、マルクス主義の歴史理論によって、嫌々ながらも、そして曖昧ではあるが、熟考された承認を受けたのだった。

近代国家との関連で、平等、自由、財産、そしてコミュニティについて論じるとき、私たちは、まさに資本の政治史について語っている。英米の政治哲学におけるリベラル〔個人の自由と権利を重視する自由主義者〕対コミュニタリアン〔共同体的な倫理や義務を重んじようとする共同体主義者〕の最近の議論は、自由と平等が構成する領野における制度的可能性の幅を決定するにあたって、財産およびコミュニティという二つの媒介的概念が、この資本の政治史で果たす重要な役割について確認しているように私にはみえる。コミュニタリアンたちは個人の自由という価値を拒絶できなかった。なぜなら、もしも彼らが共同体的アイデンティティを強調しすぎてしまったら、自由に商品を選択し、所有し、利用し、交換するという基本的人権を否定するとの責めを免れないことになるからだった。その反面リベラルたちも、コミュニティと一体感をもつことは、個人のそれぞれの人生にとって倫理的意味の重要な源となりえることについて否定しなかった。彼らの懸念は、コミュニタリアンたちが、権利のリベラルなシステムと、共通の善という問いについてのリベラルな中立性とを弱体化することによって、多数派支配主義的な不寛容、保守的実践の浸透、そして体制順応主義を専制的に押しつける可能性へと扉を開くのではないかということだった。ほとんどの個人は、産業の進んだ自由民主国においてさえ、コミュニティとして表現されうる継承された社会的愛着のネットワークのなかで人生を送っている。この経験的事実を否定する人はおよそいなかった。しかし近代的な政治生活のなかで、すべてのコミュニティが、その承認を受ける価値があるわけではないという思いも強くあった。特に、継承されたものであること、原初的であること、地方的であること、あるいは伝統的なことを強調しているようにみえる愛着は、ほとんどの理論家に、保守的で不寛容な実践じみているとみなされ、したがって近代的市民権の諸価値にとっては好ましくないと考えられた。もっとも大規模な承認を得たようにみえた政治的コミュニティは、生物学的あるいは文化的差異に関係なく、すべての市民に平等と自由を認める近代的ネーションだった。[12]

財産とコミュニティのパラメータで規定されるこの正当な政治的言説領域は、共和主義《リパブリカニズム》と自称し、リベラル対コミュニタリアンの論争を超克していると主張する新たな哲学的なドクトリンによって、さらにもっと強調されることとなった。ジョン・ポコックの歴史研究に続いて、このドクトリンはクエンティン・スキナーとフィリップ・ペティットによってもっとも雄弁に発展させられた。[13] 自由についての通常のリベラルな理解である消極的自由、すなわち個人が干渉されないという自由に代えて、共和主義のねらいは反絶対主義が巻き起こる契機をつくり、自由とは支配からの自由だと唱えることである。これはリベラル派が提唱しそうな内容とは異なる。共和主義の目標は、自由を愛する者たちを、あらゆる形態の支配、つまり温和で通常は干渉を行わないものも含むすべての支配に対抗し闘わせることになる。さらにそれは、自由を愛する者たちが、支配にはいたらないようなものならば、いくつかの形態の干渉を支持することを認めるものでもある。したがって共和主義者は、支配の恣意的な権力行使を示唆しない限りにおいては、より大きな平等をもたらすため、あるいはコミュニティの倫理的価値を追求するための統治手段を支持する。共和主義者の理論家は、これによって、リベラル派の不干渉という狭く限定された政治体制の魅力のなさも、またコミュニタリアンの過剰なポピュリズムの危険性も、同時に避けることができると論じる。財産システムは脅かされないだろうし、コミュニティも、不適当な部分が削がれた、より好ましい形態をとりながら繁栄するであろう。

　ここにおいて私は、共和主義の主張がはたして実際に、統治についてのリベラル派の理論と実質的に異なる結論に行きつくのかという問題には立ち入りたくはない。その代わりに私は、私たちの注意を、共和主義者の信条とリベラル派のそれとが共有しあう制度上の前提のほうに向けていきたいと思う。法制化によって彼らが欲する政治的諸制度を生み出したとしても、単にそれだけでは、効果的にそうした制度が機能するようにはならないことについては、個人主義者であっても、コミュニタリアンであっても、あるいは共和主義者であっても、皆、同意するところである。フィリップ・ペティットが、かなり愛らしく表現した通り、それらは「人の心の習慣のなかで場を得なければ」ならないものだ[14]。言いかえると、それらは国家とは無関係に普及し、国家の諸法規と調和する、市民社会の規範ネットワークのなかで場所を得ていかなければならないのだ。そのような市民社会のみが、古くからの言い回しを借りるとすれば、社会的基盤を資本主義的デモクラシーに対して提供するのだ。

以上は一九世紀のヨーロッパにおいて、事実上、すべての社会学的理論の壮大なるテーマであった。二〇世紀において、非西洋社会における資本主義への変容の可能性に関する問題が提示された際に、マルクス的かウェーバー的かのいずれかにかかわらず、同じ前提が近代化論にとっての基礎を提供した。簡単に言うと論点は、市民社会の制度や実践の変革なくしては、それが上から生じるのか下から生じるのかにかかわらず、政治的領域において自由と平等を創造もしくは維持することは不可能なのであるということだ。近代的で自由な政治的コミュニティをもつためには、臣民ではなく、まずは市民たる人びとが必要となるのである。一八世紀のリベラル派たちの飾り気のない直喩をもはや使う人は誰もいないにしても、馬やラバは、政治的にみずからを代表することはできないことは理解されていた。多くの人にとって、この理解は、非西洋社会に対する近代化プロジェクトの倫理的核心を提示していた。つまり平等や自由の可能性に縁遠かったかつての臣民を、近代的市民へと変換させるということである。前章において私は、そのような近代化推進者B・R・アンベードカルの夢と葛藤について描写した。

II

しかし、近代国家における市民権についての哲学的議論が自由とコミュニティという概念の周りをさまよう一方、二〇世紀の西洋先進工業国における大衆民主主義の台頭は、市民と人口というまったく新しい区別を生み出した。市民は理論の領域に、そして、人口は政策の領域に存在する。市民という概念とは違い、人口という概念は完全に記述的であり経験的である。そしてそれは規範的な負荷をともなわない。人口は、経験的また行動上の基準によって特定可能であり、分類可能であり、描写可能であり、さらにセンサスやサンプル調査などの統計的手法になじみやすい。国家の主権に参加する倫理的含意を内包する市民権という概念とは違い、人口の概念は、行政機能にとって、その諸「政策」——経済政策、行政政策、法律、さらに政治動員などまで——の対象者である国の住民の多くに働きかけるための、合理的で操作可能な一つの手段として機能する。実際のところ、ミシェル・フーコーが指摘した通り、権力の今日的体制の主要な特徴は、一定の「国家の統治機関化《ガバメンタリゼーション》」である。[15] この体制の正当性は、国家に関わることに市民が参加することによってではなく、福利厚生《ウェルビーイング》を人口に提供すると主張することによって確保される。その論理立てのありかたにみられるのは、熟議が〈公共に〉開かれていることではなく、むしろ費用対効果についての道具的概念である。その装置は共和主義的な集会ではなく、精巧な監視ネットワークである。そしてその監視ネットワークによって、面倒をみるべき全人口の生活のあらゆる面についての情報が集められる。

政治の啓蒙主義的理念の重要な一部であった「参加する市民」という考えが、二一世紀という時代にあっては早々と撤退し、より多くの人びとにより低予算で、より満足できる生活状態の実現を約束する統治技法が大いに躍進したことは驚きではない。実のところ、実際の資本の政治史は、リベラル派の政治理論の規範的な制約からとうに飛び出し、外の世界に出て、その統治技法を通じて世界を征服するまでに及んでいるということもできるだろう。現代西洋の政治生活に対するコミュニタリアニズムおよび共和主義の感情的な攻撃、あるいはその批判のほとんどは、政府の仕事から、政治への真摯な関与が消え去っていることについての認識に由来しているようにみえる。これはすべての西洋民主国において選挙投票率が確実に下落していることに、さらには右翼的ポピュリストが選挙で予期せぬ勝利を収めたことを受けてヨーロッパの左翼リベラル派サークルで起こった最近の動揺にさえ、明らかにみてとれる。

福祉行政の目的のための人口諸集団の計数や区分は、先進資本主義諸国の民主政治の発展に対して、どのように影響を及ぼしたのだろうか。近年、哲学者のイアン・ハッキングから文学史学者であるメアリー・プーヴィー〈16〉にいたるまでの広範囲で多様な分野の多くの著述家がこの問いをとりあげてきている。もっとも私たちに関連が深いのはニコラス・ローズ、ピーター・ミラー、あるいはトーマス・オズボーンなどの英国の社会学者たちが、実際に英国や米国の統治性《ガバメンタリティ》の機能について語った言説である。〈17〉彼らは一九、二〇世紀の、典型的には仕事、教育、健康の分野における、いわゆる「社会的見地からみた統治」の台頭を調査した。そこではたとえば社会保障制度が出現したことが挙げられていた。この制度は、諸集団や個人に対する経済の不確定な影響を最小化することを図るものである。また教育学的、医学的、経済学的、倫理的に無数の言説の主題となった、統治性の場としての家族そのものの形成も挙げられている。センサスや人口統計学上の諸調査も急増したが、それらは統治性の働きを数字の上から説明できるようにしたもので、さらに全体に対する数値的割合に応じた代表権という考え方につながっている。移住、犯罪、戦争、疾病の管理の必要から、個人の身元情報が安全保障上の問題となり、それらは記録され常に確認されなければならないものとなった（この問題は、近年のテロリズムに対する脅威によって、米国および英国で突如、大ごととなったのだが、この二国ではすでに何十年ものあいだにわたり国家として、また国家とは関係なく、生物学的、社会的、文化的な個人情報を詳細に記録し、確認し、認証する機関が多数存在してきた）。以上のすべてによって統治は、政治ではなく行政政策に関わりを深めるものとなり、政治的代表者のというよりは専門家たちの仕事となった。さらには、市民の政治的友愛が唯一不可分のものであることは常に確認されねばならなかった一方、被統治者は一つのものとして存在してこなかった。統治性の対象である人口諸集団――多様な行政技法を要する、多様な特徴を有する多様なターゲット――は、常に多数存在していた。

一言でいうと、市民権の平等という法的・政治的事実で表される人民主権の古典的な理念は、均質なネーションという構築物を生み出し、他方、統治性の行為は、多角的政策の諸ターゲットとして、多様かつ領域横断的で変化しつづける人口区分を必要とし、「社会的なるもの」という必然的に異種混成的な構築物を生み出した。ここにおいて私たちは、人民主権という高邁な政治的想像と、統治性という日常の行政的な現実とのあいだの二律背反を目のあたりにする。それは均質な国民と異種混成的な社会との二律背反である。一九四九年にT・H・マーシャルは、市民権は、市民的諸権利から政治的諸権利さらには社会的諸権利へと拡大するという古典的な発展図式を提出したが、今からみれば、彼はカテゴリー上の混乱をおかしていた。英国における福祉国家としての進歩を称賛するとともに、マーシャルは、自分が人民主権と平等な市民権の前進を目撃しているものと思っていた。実際には、それは、複雑に異種混成的な社会的なるものの台頭に通ずる、過去に例をみない統治性の広がりであった〈18〉。

しかし彼の時系列的な筋書きに誤りがあったわけではない。近代西洋の市民権の語りは、市民社会における市民的諸権利の制度から、完全に発展した国民国家における政治的諸権利へと展開する。そうして初めて「社会的見地からみた統治」が優勢になったようにみえる比較的最近の局面についての話に進む。ただしアジアおよびアフリカ諸国においては、時系列的な展開の順序はまったく異なる。そこでは近代国家の履歴はもっと短縮されたものである。統治性の技法は国民国家よりも以前に遡ることが多い。特にヨーロッパの植民地支配を比較的長期にわたって経験した場所ではそうである。南アジアではたとえば、土地査定、国家歳入、軍隊の募兵、犯罪防止、公衆衛生、飢餓や干ばつへの対策、聖地の管理、公衆道徳、教育、そしてその他の統治機能に関する政策の対象として、人口諸集団を分類し、記述し、数え上げることなどは、インド、パキスタン、そしてセイロン〔現スリランカ〕という独立した国民国家が誕生する以前から、少なくとも一五〇年の歴史を有する。植民地国家は、ニコラス・ダークスが言うように「民族誌的国家」[*4]であった〈19〉。そこでは人口は市民ではなく臣民のステイタスを有していた。明らかに、植民地支配は人民主権を受け入れてはいなかった。共和主義による市民権の理念人民主権は民族主義的革命家たちの想像を掻き立たせた概念だった。

は、民族解放の政治をともなうことが多かった。しかし例外なく——そしてこのことは私たちの世界のほとんどの場における政治の話にとって非常に重要であるのだが——それらは、経済成長や社会改革のために適切な諸政策の採用をもって、貧困と後進性を終わらせることを約束した開発国家によって取って代わられた。ポストコロニアル国家は、最新の統治技法を用い、国際機関やNGOに促され、また支援を受けながら、人口の福利厚生《ウェルビーイング》の促進を図った。成功の度合いはさまざまであり、場合によっては悲惨な失敗をともなうこともあった。近代化そして開発のためのこれらの技術戦略を採用するにあたっては、より古い民族誌的概念が、人口についての知の領域に——人びとの集団を行政上、法律上、経済上、あるいは選挙政策上のふさわしいターゲットとして分類するための便利な記述的カテゴリーとして——姿を表すことも頻繁であった。多くの場合、植民地の統治体制によって用いられた分類基準は、ポストコロニアル時代においても継続し、政治的要求および開発政策の双方をかたちづけている。したがってインドのカーストと宗教、東南アジアのエスニック集団、そしてアフリカの部族《トライブ》は引き続き、政策の対象たるコミュニティを人口のなかから特定するための有力な基準でありつづけた。インドの政府系機関によって最近実施され、全四三巻で刊行された非常に大規模な民族誌的調査は、インドの人口を構成するとされる合計四六三五きっかりのコミュニティを特定し描写したと、実際に主張しているほどである。〈20〉

私たちはここまでで、二組の概念的なつながりについて検討してきた。一つは市民社会を、人民主権と平等な市民権の承認に基礎づけられた国民国家へとつなぐ線であり、もう一つは人口を、治安と福祉の諸政策を推し進める統治機関へとつなぐ線である。最初の線は、過去二〇〇年間にわたる民主政治理論のなかで、きわめて詳細に記されてきた政治的領域の方向を指し示している。二つ目の線は、それとは別の政治的領域を指しているのだろうか。私はそうだと信じている。古典的な市民社会のアソシエーション的な形態と区別するために、私はそれを政治社会と呼ぶことにする。

最近の一連の論文のなかで私は、インドにおける民主政治の文脈において、政治社会という概念的領域の概略を記そうと試みてきた[21]。私は、市民社会をブルジョア社会とする古くからの考え方を踏襲するのがよいとしてきた。それは、ヘーゲルやマルクスが使ったような意味であり、そしてまたインドの文脈においては、その社会的位置がかなり明確に特定されうる比較的小規模な範囲の人びとが暮らす制度や実践の実際の領域を指す言葉としてである。憲法や法律によって規定されている国家の正式な構造においては、社会のすべては市民社会であり、全員が平等の権利を有する市民であり、それゆえに、全員が市民社会の構成員だとみなされる。政治的過程は、国家の諸組織が、個人という立場での、あるいはアソシエーションのメンバーとしての市民社会の構成員と関わりをもつ場である。

しかし、物事はそのようには動いていない。インドの居住者のほとんどは、ただ希薄に、そしてさらには曖昧にまた文脈的にのみ、憲法が想像するような市民権の保持者である。彼らはしたがって、市民社会のきちんとした構成員ではなく、国家組織によってそのようにみなされてはいない。しかしそれは、彼らが国家の手の届く範囲の外にいるということとは違うし、政治領域から除外されているというわけでもない。国家の領土的管轄内の人口として、さまざまな統治機関は、彼らの面倒をみなければならないし、統制もしなければならない。そうした活動によって、これらの人口は、国家との一定の政治的関係をもつこととなる。ただしこの関係は、憲法の規定が描きだすような、国家と市民社会の構成員との関係とは、必ずしも一致するとは限らない。しかしこれらも疑いなく、政治的関係である。それらは、さまざまな異論はあろうが、歴史的につくられてきた特定の文脈上、広く認められた体系的特徴を備え、おそらくまた慣習によって認められたある種の倫理的規範をもってさえいる。私たちは、どのようにして、これらの政治的過程の理解を進めていくべきであろうか。

同様の問題に直面しながら、研究者のなかには、市民社会という考えを拡大し、狭い意味での国家領域の外側に存在する既存の社会制度の事実上すべてをこの概念に取り込むことを支持する者もいる〈22〉。こうした動きは、国際金融機関、支援機関、NGOらの最近のレトリックにおいて広まっている。というのも、それらの機関のあいだでは、新自由主義的《ネオリベラル》イデオロギーの普及により、すべての非国家組織を、市民社会の自由構成員たちによるアソシエーションの努力の貴重な結実として神聖化するようになっているからだ。私はこれらの無節操に気前がよい理論的な動きには抵抗するようにしてきた。理由は主に、インドのような国々の多くの国家組織が、伝統的な社会的権威や伝統的実践をブルジョア市民社会の規格的《モジュラー》な形式に変革するべく続けてきた、重要かつ活発なプロジェクトがあるという事実を見失わないことが大切だと私は感じるからだ。市民社会は一つの理念として、介入主義的な政治プロジェクトに活力を吹き込みつづけてきた。しかし、実際に存在する形態としては、市民社会は人口学的な制限を受けるものである。インドのような国々においてモダニティとデモクラシーの関係を検討するにあたっては、これら双方の現実が考慮されなければならない。

サバルタン・スタディーズ・プロジェクトの初期の局面で用いられていた、組織化されたエリートの領域と非組織的なサバルタンの領域とのあいだの政治領域の分断という枠組みを思い起こす人もいるかもしれない。〈23〉もちろん、この分断という考え方は、独立前の三〇年間、つまりは、インドの民衆、特に農民が組織化された政治的運動に引き寄せられながら、一方、当時形づくられつつあったポストコロニアル国家からは遠ざけられたままであった期間における、ナショナリスト的政治領域での断層線を示そうと意図したものである。政治領域において分断があったと論じることは、農民たちは集団行動において「前政治的」段階にあったとする、リベラル派およびマルクス主義双方の歴史記述に共通する考えを拒否することになる。つまり農民たちは集団行動を通じて、やはり政治的であったが、彼らはエリートたちとは違うやり方で政治的であったのだ。反植民地運動の文脈におけるエリート政治とサバルタン政治の錯綜という初期の経験以来、インドのデモクラシーのプロセスは、その影響力の下にサバルタン階級の人びとの人生を位置づける、長い道のりを進んできたのだった。これらのエリート政治とサバルタン政治のもつれあいの比較的最近の形態を理解するために、私は政治社会という考え方を提唱するのである。

私が政治社会によって意味するところと、それがどのように機能するのかを説明するにあたり、次の章で、最近のフィールドワークからいくつかのケーススタディをとりあげていく。そのなかにおいて、特定の人口集団を対象とした政府の開発政策のなかから現れてくる政治というものを見ることができる。団体として組織化されたこれらの集団の多くは、生活し、働くための闘争のなかで、法律の厳密な枠を越え出ることがある。彼らは、不法占拠をした居住地に住んでいるかもしれないし、水や電気を不正使用し、公共交通機関には切符を買わずに乗っているかもしれない。彼らに対処するにあたって、当局としては、より合法的な社会的活動に従事している他の市民団体と彼らを同列に扱うことはできない。しかし国家機関および非政府組織は、彼らを無視することもできない。彼らは、生活あるいは居住そのものが法律違反を含むような人口集団を代表する、無数の同様な団体の一部であるからだ。これらの機関はしたがって、こうした諸団体を、市民集団として扱うのではなく、周縁的で恵まれない人口集団に対する福祉行政のための便利な道具として扱うのである。

これらの集団側としては、みずからの活動が多くの場合は違法であり、善良な市民としての振舞いに相反することを認めている。しかし彼らは、住まいと生活を権利として主張する。彼らは、たとえば、もしも自分たちに適当な代わりの再定住地が与えられるなら、いつでも転居する準備があると明言する。国の機関は、政府の社会福祉プログラムに対するこれらの人口集団の主張にいくらかの言い分があることは認めるが、国家としてそうした手当を国の全人口に対して与えるほどの財力を有しないため、彼らの主張は、司法的に認められる権利としては認められえなかった。それらの主張を権利として扱うということは、公共財および市民法のさらなる侵害を招くことになるからだ。

それでは何が起こるのかというと、これらの主張についての政治的領域での交渉である。交渉では、統治機関は貧困層および恵まれない人びとの面倒をみるという公的義務を負い、他方、特定の人口諸集団は、それらの機関による政治的利益の計算に照らした配慮を受ける。政治社会における諸集団は、同様の状況にある他の集団や、より恵まれた影響力をもつ集団、政府の役人たち、そしてあるいは政治政党や政治的リーダーたちなどと、集団外において多岐・多数の関係を結びながら、この不透明な領域でみずからの道を選択していかなければならない。彼らは、自分たちが選挙権をもっているという事実を便利に利用することが多い。よって、市民権の領域は、ある時点において、統治性の分野と重なりあうのは事実である。ただし選挙権を手段として利用することは、戦略的政治の領域においてのみ可能となる。そしてこれがインドという現場で起こる民主政治の本質だ。そこには近代の規範的価値と民衆の要求という倫理的主張とのあいだで常に揺れ動く妥協のようなものが含まれている。

こうして、インドのような国々においては、文化的な特権をもつ小規模範囲の市民たちに限定された市民社会が、近代の高い地歩を代表することになる。国家の憲法上のモデルも同様だ。しかし現実の実践上、政府機関は、福利厚生《ウェルビーイング》の提供者としてのみずからの正当性を更新し、政治的に結集された要求のその時点の状況——それがどんなものであっても——と向き合うために、その高い地歩から政治社会の領域に降りてこなければならない。その過程において、市民社会や立憲国家の主唱者たちから、モダニティは、デモクラシーというかたちの予期せぬライバルに直面しているという不満を聞くことにならざるをえない。

ここで私はまったく異なる、そしてしばしば矛盾に満ちている、市民社会および政治社会の政治的重要性について考えることにする。そのためにインドの都市の民衆政治の領域からもう一つの話を紹介させていただきたい〈24〉。

III

一九九三年五月五日、夜明け前の早朝に一人の男がカルカッタの病院で亡くなった。彼は二、三日前に入院し、糖尿病と腎不全、脳梗塞で治療を受けていた。この二四時間に彼の症状は急速に悪化した。そして担当の医師は夜通し彼の治療を続けたが、それも甲斐がなかった。病院のベテラン医師が死亡証明書に署名を行った。

亡くなった男の名はビレーンドラ・チャクラバルティという。しかし彼はサンターン・ダル[*5]という教団のリーダー、バラーク・ブラフマチャーリとしてよりよく知られていた。この教団には西ベンガル州の南部および中央部の県に大勢の信者がいた。教団自体の歴史は五〇年ほどにすぎなかったが、それ以前の、低カースト、特に中央ベンガルの小作農であるナモシュードラ〔「不可触民」とされる低カースト〕のあいだに起こった宗派運動に、おそらくその始まりがあると思われる。その宗教的教義はきわめて折衷的で、完全にバラーク・ブラフマチャーリ自身の見解に基づき、彼自身の言葉で表されたものだったが、特に政治問題が取り込まれていた点が目を引く特徴だった。この教団の代弁役を担っていた『コロ・チョブク（強い鞭）』は定期的に、その時々の政治的テーマに関するリーダーの声明を発表していたのだが、そのなかで何度もとりあげられていたテーマは「革命」、すなわち堕落し腐敗した社会秩序を外科的に洗浄する天変地異のような激動であった。この教団が実際に、最初に公の注目を集めたのは一九六七年から一九七一年の時期で、国民会議派による支配に反対し、左派政党を支持する政治的デモに参加したときだった。サンターン・ダルの活動家たちの部隊のなかには多くの女性も含まれ、サフラン色の布をまとった姿も見られた。彼らは三叉矛〔シヴァ神のもつ武器〕を高くかざし、スローガンの「ラーム・ナーラーヤン・ラーム！」[*6]を声高に叫んでいた。それは当時のカルカッタの左翼デモには不似合いな要素で、注目を集めざるをえなかったのだ。しかし誰もそれを日和見主義の政治的野望として非難することもなかった。なぜなら彼らは選挙において代表権を得ることも、あるいは政治政党として認知されることも主張しなかったからである。以来、その教団の多くの信者は左派の、特に一九七七年から継続的に西ベンガル州を支配してきた左翼戦線の主要な構成政党であるインド共産党(マルクス主義)のシンパさらには活動家として知られてきた。

一九九三年五月のその朝のこと、バラーク・ブラフマチャーリの信者は、彼らの霊的リーダーの死を受け入れることを拒絶していた。彼らは何年か前の一九六七年にバラーク・ブラフマチャーリが二二日間サマーディ(三昧)の状態に入ったときのことを思い起こしていたのだった。そのあいだ、彼は、外見からは完全に死者の体をなしていたのだったが、ついにはトランス状態から目覚め、通常の生活に戻ったのだった。今、もう一度、彼らの聖者はニルヴィカルパ・サマーディ[*7]と言われる、霊的な力が最高の者にのみ到達できる身体機能の停止状態に入ったのだと、彼らは言っていた。サンターン・ダルのメンバーはバラーク・ブラフマチャーリの死体を病院からカルカッタ北部の郊外にあるスクチャールの彼らの僧院に移し、彼ら曰く、長い、寝ずの看護を始めたのだった。

すぐにこのことはカルカッタの話題の的となった。新聞もこれをとりあげ、強い空調管理の下、氷の厚板の上で、その死体がいかに維持されているかを紙面で伝えていた。『アージカール(昨今)』というベンガル語の日刊紙は特に精力的にこの話題を追跡し、記事の目的を、公共生活における合理的価値のための闘い、そして蒙昧な信仰と実践への批判へと向けていった。記事は、地方の監督当局と西ベンガル州政府の保健省が、死体の処分に関する政府や省の諸規則の履行を怠っていること、そしてそれにより公衆衛生上の深刻な危険の発生を黙認していることにつき非難した。監督当局はすぐに対応を迫られることになった。寝ずの看護が始められてから一三日目に、パニハティの自治体は、サンターン・ダルのリーダーたちに対して通知を出し、死体を即刻火葬するように要請したこと、しかしながら地方自治体法により地方自治体には強制的に火葬を執り行う権限はないことを発表した〈25〉。サンターン・ダルを代表する事務局長のチッタ・シクダールは新聞紙上で定期的に防戦キャンペーンを続け、ニルヴィカルパ・サマーディという霊的な現象は医学の理解を超越しており、バラーク・ブラフマチャーリは、すぐに通常のこの世での生活を再開するのだという立場を守りつづけた。

行き詰まりは続いた。アージカール紙はそのキャンペーンの展開を加速させ、迷信的で非科学的な信仰が人びとのあいだで根強いことを遺憾に思っている著名な知識人や公人たちに、同紙のコラム欄を開放した。進歩主義的な文化団体である「人民科学運動」や「合理主義者協会」などの活動家集団がスクチャールにあるサンターン・ダルの本部前でデモを行うようになった。アージカール紙はサンターン・ダルのスポークスマンを挑発するのに全力を尽くした。彼らの声明を茶化し、さらに死んだリーダーに言及する際には、彼の宗派上の名前であるバラーク・ブラフマチャーリで呼ぶことを拒否し、代わりに「バラーク・バブー」――ただの「バラーク氏」――と称した。武器を用意し対決に備えているといわれたサンターン・ダルの活動家との激しい小競りあいが、彼らの僧院の門前で見られることもあった。ある晩、僧院の外でクラッカーが鳴り、手製の爆弾が爆発する音が聞こえた。サンターン・ダルの活動家グループが建物から出てきて、スピーカーで叫んだ。「革命の始まりだ」と〈26〉。

バラーク・ブラフマチャーリが公式の死を迎えてからほぼ一カ月が過ぎたが、彼の身体はまだ空調の効いた部屋で、氷の厚板に寝かされていた。信者たちは、彼がサマーディを終えるのを待ちつづけていた。アージカール紙は、スクチャールの近隣全体には耐えがたい悪臭が立ち込め、地域住民はもううんざりしていると断言していた。政府は政治的理由から介入することをためらっているということが、今や公然と申したてられはじめていた。西ベンガル州の村落地域における地方自治体、つまり左翼戦線支援の屋台骨となっていた重要なパンチャーヤットの選挙は五月の最終週に予定されていた。サンターン・ダルに反対する活動はどんなものでも、西ベンガル州の少なくとも四つの県において、多くの左翼戦線の支援者を敵に回すことになるであろうとみられた。さらにまたインド共産党（マルクス主義）の主要リーダーらにはサンターン・ダルに理解を示す者もいると言われていた。特に観光・スポーツ大臣のスバーシュ・チャクラバルティは、教団のメンバーから、友好的な支援者とみられていた。

一九九三年六月二五日、バラーク・ブラフマチャーリの公式な死から五一日経過後、西ベンガル州の厚生大臣は、医学、神経科学、法医学の屈指の専門家よりなる医療チームがバラーク・ブラフマチャーリの身体を検査し、政府に報告書を提出すると発表した。医療従事者による最高の専門家組織であるインド医師会は、新たな検査が必要だということは、病院が発行した死亡証明書に信頼をおいていないことを示唆することになる旨の抗議を即刻行った。そして病院の医師による当初の判断を疑うべき何らの科学的根拠も提出されていないことを指摘した。政府側の医師らは、それにもかかわらずスクチャールに出向き、身体には触らせてもらえなかったと戻った後に声明を出した。そして死体は腐敗し、ミイラ化の兆候が表れていたこと、さらに極端に気温が低くされた部屋で安置されているために完全に腐食しているわけではないことを報告した〈27〉。

この時点までに、インド共産党（マルクス主義）の指導力の下、その行き詰まり状況に解決をもたらすべき責任がスバーシュ・チャクラバルティに与えられた。地元のインド共産党（マルクス主義）リーダーたちをともない、彼はスクチャールの僧院を訪れた。その後ジャーナリストたちに、聖者の身体を火葬するように信者たちを説得しようとしたことを告げた。そしてまた、一度死んだと証明された身体を、再度にわたって医師らが検査しなければならない科学的理由は何もないことについて同意したものの、しかしながら、それは説得のためのプロセスに必要なことだと断言した。彼は「聖者《バーバー》の王国」がこの国で勢いをもっていることにはいまだ変わりはなく、こうした宗教的リーダーたちには何千人もの信者がいることを指摘すると同時に、宗教的狂信を軽く扱うのは危険だと警告した。彼によると、政府は武力の行使が狂信を誘発するかもしれないとみているということだった。スクチャールの近隣に健康上の危険が生じていることに対して認識があるかという問いに対しては、彼は悪臭には気づかなかったが、たぶん、それは常習的に嗅ぎたばこを吸っているからだろうと答えた〈28〉。

六月三〇日、サンターン・ダル本部に五〇〇〇人の警官部隊が突入した。早朝二時から始まったその作戦は四時間をかけて行われた。部隊は死体を捕捉し、近くの火葬場に移動させた。テレグラフ紙は「逝ってしまった自分たちのカルトリーダーが生き返るであろうことをいまだに信じて声を上げて泣く女性たちを、非常警備線が押しかえすなか」、最後の儀式は教祖の弟によって執り行われ、「この問題を、曖昧にしてきたことについて厳しい批判を受けていた州政府は、安堵の息をついた」と報じた。警察部隊は、硫酸の入ったガラス玉、ナイフ、三叉矛、ガラス瓶、トウガラシの粉などで抵抗するサンターン・ダルの活動家たちに対して、催涙弾を使って彼らの動きを止め、さらに厳重に守られた本部に入るために、窓格子や折り畳み式扉を発火装置を用いてこじ開けるなどした。しかし、銃撃することはなかった。警官のみならずサンターン・ダルの活動家にも多数のけが人が出たのだが、公式の記者発表の上では「負傷者はいなかった」と発表された〔29〕。

スバーシュ・チャクラバルティ大臣は警察官と地元の行政に対して、非常に困難で慎重さが求められる作戦を遂行したことを称えた。彼は人気のヒンディー映画の『ジューグヌ』を引きあいに出し、その任務は映画のなかで主人公ダルメーンドラが直面していた任務よりもはるかに困難なものであったと述べた。彼はジャーナリストに向かって「もちろんあなたがたは、ああしたものすべてはルンペン文化だと思っているでしょう。ただ私は、ちょうど良い例だと考えています」と言った。その翌日、アージカール紙は論説で次のような宣言をした。「西ベンガル州において、ルンペン文化をルンペン文化と呼びうるような時代はついに終焉を迎えた。進歩的な西ベンガル州では理性の時代が終わりを迎えた。そして今や『ジューグヌ』の時代〔ポピュリズム的な大衆文化の時代〕が明けた〔30〕」。

ことの顚末は比較的に円滑に首尾よく収まったにもかかわらず、ことをめぐる賛否両論はすぐには収まらなかった。サンターン・ダルの事務局長だったチッタ・シクダールは、同氏が言うところの政府の権威主義的で非民主的な行動に対し、州の首相に抗議した。彼は、社会の支配者の手によってバラーク・ブラフマチャーリが受けた措置は、イエス・キリストやガリレオやソクラテスの裁判に匹敵する記憶として歴史に刻まれるだろうと述べた。その一方、罪なき信者を誤った方向に導き、彼らの過度に興奮した宗教心から利を得ている教団のナンバー2以下のリーダー層を標的にしておきながら、不合理や迷信を広めている教団そのものやいわゆる神人自身を批判していないことは、政府の一部および与党による日和見主義であると批判する、アージカール紙のような意見もあった。バラーク・ブラフマチャーリが火葬されてから一二日後、サンターン・ダルの事務局長およびその他八二人が暴動、暴行、司法妨害、その他の罪で逮捕された〈31〉。

サンターン・ダルの構成員らは、自分たちは非民主的で非合法な警察行為の被害者であると説明する手紙を、数カ月にわたって新聞社に書きつづけた。信者たちは、聖者は生き返ると信じていたことが国のどの法律に違反したのかと尋ねていた。超常的な霊力に捧げられた宗教的信仰は、警官の警棒で殴られてしかるべきだったのか。さらにこの件は、サンターン・ダルの追随者のほとんどが低位カーストの小作農で、少しはあった政治的な価値も地元政府の選挙が終わったことにともないすでに消滅したため、最終的には、警察行為の対象になったという事例だったのではないか。「公衆の記憶は短期的なものである一方、犠牲者の側の記憶は容赦ないものである」〈32〉と警告する手紙もあった。「不正義を犯した者は、いつの日か審判が下される日を迎えるものだ」と。

このケースは私が考えるに、インドのような国々における、市民社会と民主主義との関係について、私がここまでに提示してきたいくつかの点をわかりやすく示している。自由・平等の理念と合致した近代的市民社会は、インド人の特定のエリート層に歴史的に存在してきた欲望のなかにある一つのプロジェクトである。植民地的プロジェクトに源を発し、それらの欲望が現れ開花していく具体的な話については、すでに多くが語られてきた。国が植民地支配下にあった当時、エリートたちは、人びとの伝統的な信条や実践を変え、新たな近代的国民としての自己をつくりだすような重要な変革のプロセスは、植民地国家の装置の手が届かないところにおかれていなければならないと信じていた。植民地支配が終焉を迎え、この階級がポストコロニアル国家において権力を握ったとき、この変革プロジェクトは、新しい国民国家の諸機関におけるエネルギーに満ちた可能性としてしっかり位置づけられた。それらの機関は今や議会制民主主義の国家体制の一部分となっていたため、近代化プロジェクトは、人民の意思の一表現となり、したがってモダニティの正当化規範そのものとの見事な一貫性を呈した。

私が政治社会と呼ぶ領域の場や活動の特徴の多くは、植民地時代における民族的政治運動の範疇内で出現したと示されうるのだろうが、私は、それがなんらかの特徴ある形態になってきたのは一九八〇年代に入ってからだと考える。二つの条件がこのプロセスを可能にした。一つは人口に対する福祉と保護を強調する統治行為――ミシェル・フーコーが統治の「牧人型」機能と呼んでいる――の考えが優位になったことである。それらの統治行為としては、全世界で同様な統治技法が用いられているが、国家の主権に市民が積極的に参加できるようにという配慮とはおおむね関係がない。こうした統治行為により、政府は、市民社会のあるいは真の市民による共和体の正式な構成員ではない人びとに対しても、一定の恩恵を与える義務があるという共通の認識を、国家諸機関および人口諸集団が互いに承認することが可能となった。仮に国民国家がこの責務を果たしえなかった場合には、NGOあるいは必要に応じては国際機関がそれを為さなければならない。二つ目の条件は、選挙への影響の考慮のために、あるいは、多くの場合選挙の結果だけを考慮する帰結として、政治的動員の領域が広がったことが挙げられる。従来の政党など、秩序だった内的規約と、首尾一貫した政策や綱領を有する正式に組織された構造から、政治的とは通常は認識されないようなコミュニケーション構造の上に築かれるゆるいまとまりで、おうおうにして一時的なもの（たとえば、宗教的集会や文化的祭典、あるいはより興味深いところでは、南インドの諸州で見られるような映画ファンの集いなどでさえも含む）へとそれは拡大したのだ。

この政治社会という領域における動きの急増は、近年、進歩的なエリート集団たちに戸惑いと不安を引き起こした。先に私が触れたアージカール紙の論説での「ルンペン文化」についての論評は典型的である。今日では、政治はギャングや犯罪者に乗っ取られたとの不平が中間層の間に広まっている。その結果として生じたのが――この不平によると――後進的な社会を変化させるという近代化を担う国家の使命の放棄だった。その代わりに私たちが目にしたのは、改革されていない民衆文化の、無秩序で腐敗したそして非理性的な実践が、まさに市民生活の廊下や寝室にまで入り込んだ様子だった。すべてそれは選挙上の便宜の計算によるものだった。近代の高貴な探究は、議会制民主主義の要求のために、重大な妥協をしたかに見えた。

一〇〇年以上に及ぶインドの代議制の歴史を考えると、今の私たちにはおなじみのトクヴィル的な問題〈33〉[*8]のパターンがみえてくる。初期のインドのリベラルら、たとえばダーダーバーイ・ナオロージー[*9]あるいはゴーパル・クリシュナ・ゴーカレー[*10]や、その政治生命の初期の頃におけるムハンマド・アリー・ジンナー[*11]でさえも、代議制の本質的な価値を完全に信じてはいたが、同時に、そうした制度が機能しうるための条件については非常に慎重な姿勢を示していた。一九世紀の善良なリベラルとして彼らは、彼らの言語で「議会制を受け取る」にふさわしいとみなされるためには満たされていなければならない、教育や、市民的生活に対するはっきりとした献身的姿勢など、諸条件を特定する最初の人たちだったろう。このことを、視点を変えて見てみるならば、ナオロージーあるいはゴーカレーのような人びとにとっては、デモクラシーは地位や知恵のある人間によって適切に統御されうる場合に限って、よい統治形態であったと言うことができるのかもしれない。いわゆる過激主義者らがナショナリストの政治に台頭するとともに、インドの組織化された政治生活のなかには、特にヒラーファト運動[12]や非協力運動にともない、議会政治のお上品さにあまり配慮しない多くの勢力や考え方がみられるようになった。もちろんこの時期、後期植民地秩序の新しい代表制度によってまかなわれていた政治領域に、決定的な介入を行ったのはガーンディーであった。彼は、議会制とその他すべての近代文明の罠を拒否すると主張はしたものの、人びとを動員するのに誰よりも力となり、それによって結局、インド国民会議派は独立インドを支配する政治組織となった。多くの研究が明らかにしてきたように、ガーンディーの言動には、民衆のイニシアティブを解放すると同時にそれを統御するという並行した二つのテーマがみられる〈34〉。独立後の最初の一五年には、国民会議派支配の公式的確立とともに、ネルー時代のいわゆる会議派体制《コングレス・システム》[13]において、国家のイニシアティブと、その選挙での承認が密接に織り交ざる状況のなか、統御が支配的なモチーフとなった。

　ネルー時代から一九六〇年代中盤の危機へ、そして最初のインディラ・ガーンディー体制における国家レベルのポピュリズムのなかでの国民会議派支配の立て直しへの旅は、第三世界の多くの国々にとっては、歴史的経験上、なじみがないわけではない軌跡である。インドのデモクラシーのありかたにおいて際立っているのは、私が思うには、議会選挙においてインディラ・ガーンディーの非常事態体制が敗北したことだ[14]。それは、デモクラシーの本質とみかけ、形式と内容、内実と外観に関わるすべてのその後に続く議論に、決定的に重要な転換を引き起こした。その非常事態体制の崩壊の「本当の」原因についての歴史家の判断がいかなるものであろうとも、一九七七年の選挙は、インドの民衆動員の領域において、それまでは許されていなかった、いわゆる権力の回廊における秩序や静謐をかきみだすような種類の、民衆からの要求に対して声を与えるような、投票および政府の代表組織の力を確立した。この出来事こそが、インドのデモクラシーについての一般民衆の理解と、隣国パキスタンにおけるデモクラシーについての一般民衆の理解――つまり近年になりエリートとサバルタンが声をそろえて言う、選挙によるデモクラシーはまがいものだとか、真のデモクラシーへの道程では軍事独裁の期間を経験せざるをえないのかもしれないなどの声に代表される理解――とを分け隔てることにつながったきわめて重要な経験ではないだろうかと思わざるをえない。

しかしインドにいる私たちが時期尚早な自画自賛をすることのないように、もう一度、私の議論を繰り返しておきたい。民衆が与える正当性とエリートによる統御という相反するテーマ――コミュニティと財産という二つの媒介的概念によって代表されるデモクラシー論そのものに内在する宿命的問題――は、インドの民主主義の構築において、そのもっとも初めの時点から組み込まれていた。その問題は消えたわけでも、解決されたわけでもなく、取って代わられたわけでもない。それらの問題は、民主主義についてのエリート的理解と民衆的理解のあいだでの継続的な闘争の結果、新しいかたちになっただけなのだ。それは、インドにおける民主的近代化をめぐる最近の論争においてふたたび繰り広げられている。一つには、民衆が承認を求める不確定な要求は、近代主義者らをして、お手上げだとあきらめさせ、無秩序と不合理という力への政治的降参によって理性の時代は終わりを迎えたと嘆き悲しませることとなっている。彼らは選挙上の必要に対応して多くの妥協をすることは、啓蒙的政治の放棄の兆候であると考えた。また一般的にあまり注目されていない点ではあるが、人口のなかで、蒙昧であると思われている人びとによる、〔エリート的理解に〕対抗的な政治的動きは、構造変容をもたらす効果を有している。これは研究が始まったばかりのところなので、私も予備的なことしかいえないのだが、次章でそれについて論じていくことにしよう。しかしこれは、今日のインドのような国々の民主的プロセスによって生み出される、もっとも深遠で意義深い一連の社会変化を成しているものだと私は信ずる。

さらに特筆すべきことは、これらの社会変化に対するある反応が、インドの統治階級のあいだですでに展開しはじめていることである。私は、これを、間接的支配という植民地的戦略の変異形だとみる。それは、ブルジョア市民社会という保護区域を壁で取り囲み、被統治者人口の「所与の指導者」を通じて法と秩序と福祉の統治機能を執行していくもので、近代化プロジェクトの一時停止を含む。言いかえると、その戦略は、選挙によるデモクラシーの潜在的な過剰からブルジョア生活の市民的美徳を保全する道を模索しているのだ。

もう一つの反応は、より実際的ではあるが、それほどシニカルなものではない。啓蒙のプロジェクトを放棄するのではなく、私が政治社会と呼ぶところにおける抗争のやぶのなかで、それをなんとかあやつっていこうという試みである。それは、指導者の指揮とリーダーシップの機能を真剣にとらえているが、インドのような国における国家の合法的機関は、その他の信条に規制され、他の権力によって管理されつづける、広大な範囲の社会的実践には手が届かないことを認めている。しかし、それはさらに、それらの曖昧な区域にも近代的な統治実践たる福祉機能が浸透し、私が民主化への衝動と呼ぶ、要求や代表のありかたへの影響を生み出していることもわかっている。これは民主的近代のプロジェクトが、ゆっくり、痛みをともないながら、そして不確かながら、進まなければならない領域である。

カルカッタでの死体の処理をめぐる交渉の例をとりあげるにあたっては、私は人びとのあいだの矛盾に対する正しい対処法について語ろうとしたのではない。あるいは、統治の成功例を描写していたわけでもない。また私は、「モダニティ対デモクラシー」に関わるローカルな危機が解決されたその特定のやり方が、その折に、西ベンガル州の支配政党が進めていた社会的変革の意識的な政治プロジェクトから導かれて出てきたと言っているわけでもない。むしろ私の意図は、私が政治社会と呼ぶところの、規範的にいえば不明瞭な領域のなかに存在する可能性を指摘することだった。私が「政治社会」という表現を使う際には、『獄中ノート』のなかでアントニオ・グラムシが、政治社会と国家を同じものとして同書を始めながらも、すぐに、国家の領域を優に越えて起こらざるをえない、あらゆる種類の社会的かつ文化的な介入の話へと移っていくことをいつも思い出させられる。サバルタンの主体を国家市民《ナショナル・シティズン》に変えようというプロジェクトを推し進めるにあたって、近代化主義者が、政治社会の活動によって担われたもろもろの抵抗に直面したことは明白である。しかし私は、強いられた近代化のプロジェクトに抵抗するにあたってさえも、サバルタン層は、やはりまた、内的変革の道に乗り出すのだということを強調しようと試みた。次の章において、私は、こうした変化の初期のプロセスの例をいくつか紹介していく。それと同時に、政治社会における教育的な使命を遂行するにあたって、教育者——私たちのような啓蒙的な人びと——は、自分たち自身を教育することにも成功するかもしれない。それが世界のほとんどの場においてモダニティとデモクラシーの出会いがもたらす、もっとも豊かで、歴史的に意義深い結果であろう、と私は考える。

第3章　統治される人びとの政治

I

本章では皆さんに、政治社会を簡単に紹介していく。私がほとんど知らない部分も多いので、少なくとも私になじみのある部分についてお話ししよう。

最初にみるのはカルカッタ市の南部を走る線路沿いだ。私の住居や職場からはさほど遠くない。主要幹線の高架道路が線路の頭上を走っている。その橋の上に立つと、目の前には高層マンション群や高級ショッピングモール、そして主要石油会社のオフィスが見える。しかしひとたび視線をおろすと、危険極まりないほど線路沿いすれすれの空間に、掘立て小屋が細く線状に連なり、それが延々と続いているのが見える。屋根の汚れたビニールシートの上にはブリキ板やタイルが不規則に敷かれている。これらの小屋はここで五〇年以上も暮らしている不法占拠者たちのものだ。一九九〇年代初頭に、カルカッタの社会科学研究センターに所属する私の研究仲間何名かが、アショーク・セーン博士の指導の下で、これら掘立て小屋群の一地区を対象にした研究を行った〈1〉。この地区の正式名称はゴビンダプル鉄道コロニー第一門といい、人口は約一五〇〇人である。

どうやらその集落は、一九四三年の大飢饉の末に土地をすっかり失ったベンガル南部の小作農らの小さな一団が、生計をつなぐ手立てを探してこの都市にたどり着いた一九四〇年代後半に出現したようだ。その後間もなくして、その他の人びとが、この都市に毎日、何千人もなだれ込むようになった。これら新たな移民たちはベンガル東部、当時の東パキスタンから来た人びとだった。インドの分離独立の結果生まれた難民である*1。その後の一〇年のあいだ、カルカッタの郊外は、同市のそれまでの人口の三倍を超える難民を受け入れつづけていくことになったのだ。私有の地所に住み着く人も一部いたが、大半の人びとは国有地に住み着いた。――違法に、しかしながら当局の黙認の下にであった。彼らはいったい他にどこにいけばいいのか、という状況だったからだ。難民が移り住んだ土地は、正式名称として、また周知の名前として「コロニー」と呼ばれるようになった。

この鉄道コロニーの初期の定住者の話からは、そこが、さながら開拓集落を思わせる様子だったことがうかがえる。四、五人の者がリーダーシップをとり、そこを組織した。リーダーたちは新しい移住者を迎え入れ、土地を割り振り、簡単な小屋を建てるのを手伝った。また彼らは新たな移住者たちから家賃を徴収した。一九七〇年代中盤まではアディール・マンダルとハレーン・マンナの二人がコロニーの鍵を握る存在だった〈2〉。彼らは、勢力拡大中の反体制派政治勢力であった〔インド〕共産党とつながりをもっていた。共産党は都市部の難民人口から強力な支持を得ていた。アディール・マンダルとハレーン・マンナはコロニーを代表して鉄道当局、警察、その他の政府組織の対応にあたった。アディール・マンダルは所有する約二〇〇の小屋を賃貸し、鉄道コロニーのザミーンダール――大地主――として当時、知られていた。それほど彼はコロニーを支配していた。共産党の指導者らが今になって言うには、アディールとその他の何人かは共産党員でありながら、「在地の既得権者」でもあったという。「彼らの振舞いはまるでごろつきのようだった」とある党指導者は語った。そして「卑劣な横領や搾取をしていた。アディールはすごく頭が回った。……ハレーン・マンナも党のために自分が集めた資金の一部をたびたび流用していた。彼に代わる人材を見つけるのは大変だったので、私たちはそういうことを見逃してきた……。鉄道コロニーで、ハレーンの力量とやる気をもちながらも正直である人間を、いったいどうやって見つけられるというのか」。

鉄道当局は不法占拠者を退去させた上で、その土地の権利を取り戻そうとたびたび試みた。一九六五年には、鉄道エンジニアらが居住地を囲む壁を建設しようとした。居住者たちは女性たちを前面に人壁のように立たせ、壁建設の資材が、コロニーの近くへ運び入れられるのを阻止しようと抵抗した。そして一九七五年の非常事態宣言の際にはまた、立ち退きの脅威が深刻化した。近隣の別の居住地のいくつかはブルドーザで完全に破壊された。ここの鉄道コロニーの居住者たちは、親ソ派の共産党〔インド共産党〕に属する州議会議員を動員して、州首相に、鉄道当局を説得して取り壊しの断行を止めさせるように強く働きかけた。当時共産党は、政権を担っていたインディラ・ガーンディー率いる国民会議派と協力関係を結んでいたのであった[*2]。そして脅威は過ぎ去った。

ポストコロニアルのインドにおいて新たに導入された選挙制度下での、政治的動員の話をすでに見聞きしている人にとっては、ここまでに紹介したような話は、特に聞き慣れないことではないだろう。インドの都市や村々において類似の話は無数にある。これらの話題は、一般的にパトロン－クライアント関係[*3]や、票田、また派閥リーダーについての理論においてまとめられている。ここでとりあげる事例では、幹部体制を敷き、イデオロギー色がきわめて強い共産党の関与が際立った特徴としてみえるかもしれない。しかしその関与も、党指導者へのインタビューでわかったように、少なくともこの場合は、便宜を図るための相互利用の関係にすぎなかった。共産党は、アディール・マンダルあるいはハレーン・マンナが政治的行動に向けて人びとを動員する共産主義革命家であるという主張をすることはなかった。この事例は、私がいう政治社会とは違うものであった。

一九八〇年代初頭には、しかしながら、新しい流れが台頭してきていた。かつてザミーンダールと呼ばれたアディール・マンダルもその頃には没していた。一九八三年、鉄道会社はふたたび居住地の周りにフェンスを建設しようとしていた。居住者らは再度、そうした動きを阻止しようと準備した。今や新しいリーダーが登場していた。アナーディ・ベーラと言い、指導者としてはいくぶん珍しいキャラクターだった。彼は先生と呼ばれていた。鉄道コロニーの道路の反対側で小学校を経営していたからだった。高校へは進学しなかったものの、ベーラは地域の貧しい子どもたちに読み書きを教えていた。ただし彼の真の人気は彼が熱狂的な演劇家であるところにあった。彼は、ベンガル地方で大人気だった円形のオープンシアター形式によるアマチュアのジャトラ演劇〔ベンガル地方の民俗芸能で音楽劇〕を主催し、みずからも演じていた。彼はその演劇活動を通じて、鉄道コロニーの居住者らと接点をもつようになったのだった。住むところについて彼自身が問題を抱えていたところ、間もなくコロニーに小屋を借り、そこに引っ越してきた。

アナーディ・ベーラは、一九八三年には、不法占拠者による抵抗勢力の組織指導者となっていた。一九八六年には医療センターと図書館を開くことを目的として、コロニー居住者の新しい団体を設立した。ジャナ・カリヤーン・サミティー、すなわち人民福祉協会である。地方行政官僚と政党リーダー、さらに地方警察の幹部、そして近隣マンション群に住む中流層の名望家などは、協会の資金集めについて、あるいは当該協会の活動への参加について定期的に打診を受けていた。政府は、都市のスラム街の子どもに対して、児童育成総合計画〔ＩＣＤＳ：Integrated Child Development Scheme〕と呼ばれる健康促進および識字教育を目的とする大掛かりな事業を始めていた。ＩＣＤＳはアナーディ・ベーラの主導で児童福祉施設を鉄道コロニーに開設した。同施設は協会の事務所内におかれた。ＩＣＤＳでは子どもたちにポリオ、結核、破傷風、その他の疾病に対する予防接種を行い、毎日、軽食を提供している。また訓練を受けた人材が、保育園を運営したり親たちに避妊相談サービスを提供したりしている。ＩＣＤＳスタッフはさらに、コロニー全世帯の生活手段、所得、消費、健康状態を詳細に記録している。

ＩＣＤＳの計画は、不法占拠者たるコロニー居住者が、政府事業の恩恵を受けられる人口集団だと自分たちが認知されるために、どのようにみずからを組織することができたかを示す一例である。ただしコロニー居住者はそれだけにはとどまらず、協会の設立を受けて今では鉄道、警察、地方行政当局、福祉や開発サービスに従事するＮＧＯ組織、そして政党や政治リーダーらとの交渉にこの集合体を活かしている。たとえば、小屋での生活では扇風機やテレビなどの電化製品も珍しくはないことから、誰かがもし、どうやって電気を確保しているのかを尋ねたとしたら、居住者らはおうおうにして、うやむやにしようとする。少なくともアショーク・セーン博士がフィールドワークを実施した時点ではそうだった。それが電線から違法に電気を得ているのではないかという疑いを呼ぶのだった。しかしインドの都市の話として、電気会社では、しつこい盗電や、不法占拠者を正当な個人消費者として認めることの法制度上の困難さに直面し、まさにここでの事例のような団体を通じて全不法占拠者との集団レンタル契約の交渉を行ったということをよく聞く。つまり、住居や生活手段が合法的であるとはいえない人口集団に対して、市民サービスや福利厚生を提供するように運びうる一連の擬似法的な取り決めが為されることがあるということだ。のちに私が調べたところ、このコロニーでは一九八〇年代後半のある時期から、福祉協会が設置した六台の共同メーターを通じて、合法的に電気の供給が受けられるようになった。それだけではなく一九九六年からは、個々の居住者への電気接続が実現していた。さらに地方行政は彼らに水を供給し、公衆トイレを設置している。これらすべては言うまでもなく、線路から一、二ヤード〔おおよそ一、二メートル、一ヤード=約九一・四四センチメートル〕しか離れていない場所で不法占拠されている国有地でのことである。しかし話が先に進みすぎたようだ。

ここで鍵となった動きは、これらの不法占拠民らが、一人口集団として認知されることを模索したことにある。人口集団は統治性の観点からは、単に政策対象を定義づける際に便利な経験的カテゴリー〔理論上の根拠がなくとも、実際的な経験を通じてつくられた範疇のこと〕にしかすぎない。しかし、不法占拠民ら自身は、そうしてつくられたみずからの集団的アイデンティティに倫理的な内容を付与する方法を見つけなければならなかった。統治される人びとの政治にとっては、このこと、つまりある人口集団の経験的形式にコミュニティとしての倫理的属性をもたせることは、一人口集団としての認知を得ることと同様に、きわめて重要なのだった。この鉄道コロニーの場合には、彼らが容易に手にできるような、所与のコミュニティのかたちが存在していたわけではない。ベンガル南部出身の居住者がいれば、旧東パキスタン、現在のバングラデシュ出身の者もいた。ごくまれに高カースト出身者もいたが、ほとんどの者は中間あるいは低位のさまざまなカーストに属していた。一九九〇年代半ばに行われた調査によると、居住者の五六%は指定カースト[*4]、つまり法的に認められたカテゴリーで政府の優遇措置を受ける資格がある元不可触民カーストに属し、四%が指定部族《トライブ》[*5]、残りがヒンドゥーのその他のカーストに属することがわかった〈3〉。

　ここに存在するようなコミュニティは何もないところから築かれた。協会の主要メンバーはコロニーについて、またその苦闘について語るとき、アソシエーション[*6]としての共通利益について語ることはない。むしろ彼らはコミュニティを親族関係の共有というより強制的な言葉で描写する。彼らがいちばんよく用いる比喩的表現は「家族」のそれである。「われわれは全員で一つの家族だ」と協会の中心メンバー、アシュ・ダースは言う。ダースはさらに続ける、「われわれは、東ベンガルからの難民だとか西ベンガルの村出身だとかで区別することはない。皆、家を建てる場所が他にどこにもない者たちだ。われわれは長年にわたり集団でこの土地を占有してきた。この事実が、ここを自分たちのホームだと主張する根拠だ」と。

　別の居住者バードル・ダースは、なぜ自分たちが家族として一緒にいなければならないかを説明する。彼は「僕たちはトラと睨みあいながら生きている」と、トラと人間が長年敵どうしとして暮らしてきたベンガル南部でよく用いられる言い回しを使いながら、常に存在する立ち退きの恐怖について比喩的に語った。ただしここにおける家族を定義づけるのは、なんらかの従前の生物学的な類縁でも、文化的つながりでさえもない。むしろそれはある土地を――時間と空間ではっきりと区切られ、脅威にさらされたその領域を――集団的に占有していることによる。

居住者らが、このいわゆる家族の境界線をいかに明確に定義しているかには驚かされる。家族は「コロニー」の領土的境界によって枠づけられている。アシュ・ダースは「橋の向こう側は別の地域。あちらは、あちらの人びとの領分としておかなければならない。われわれは境界線を越えることはしない」と説明する。それらの境界線は、もろもろの要求、たとえば誰が協会のメンバーになりうるのか、集団の祭事で寄付をすべきは誰か、あるいは中間層が居住する近くのマンション群の警備員職への応募資格は誰にあるか等々を判定する際に重要な役割を果たすことが多い。

〈いわゆる家族〉の内情は今やさまざまだ。特定の技能や定職を有する男性はほとんどいない。大方の者が建設現場の労働者として臨時の仕事を探しに出かける。女性は普通、近隣の中間層の家で家政婦として働くが、彼女たちが家計を支えている場合も多い。一九九〇年代初頭にこの調査が行われた時点では、コロニー居住者の収入は、一人あたりの月収で一〇〇ルピー（三米ドル）弱から一〇〇〇ルピー（三〇米ドル）と幅がみられた。その二、三年後に行われた別の調査によると、世帯別の一カ月あたりの総収入は二〇〇〇ルピーに満たないものが過半数で、居住者の一人あたりの月収は平均五〇〇ルピーに満たないものであった。コロニーの小屋のオーナーとして、他の居住者から賃料を徴収している者もいた。――誰一人として法的権限を有しているわけではなく、むろんすべては法治外のことだった。――しかしここでは家主と賃借人のあいだにおける摩擦はほとんどなかったようだ。

近所どうしの紛争のほとんどは、夫婦間の揉め事さえも、福祉協会によって解決されていた。こうした介入をすべての人が歓迎していたわけではなかった。結婚後にこのコロニーに引っ越してきたある女性は、近所の人たちの詮索が過ぎる上に、陰口を言われると言っていた。ただコミュニティとしての生活は、スポーツ活動、テレビ番組やビデオの共同視聴、宗教的な祭りによっても支えられていた。協会が主催する祭りのうち最大規模のものは、年に一度の女神シータラーの祭事だ。女神シータラーの歴史は興味深く、ベンガル南部の田舎に由来をもち、天然痘の伝染を防いで守ってくれる民間信仰上の女神である。近年になり天然痘はもう根絶したなか、この女神は子どもの健康を全般的に守ってくれる女神としてカルカッタのスラム街に現れた。今ではこの女神は、スラム居住者たちからの小口の寄付金で集まった資金により一週間も続く祭りで奉られている。そしてこの祭りは、この女神よりも知名度がずっと高く、より派手なバラモン的女神ドゥルガーを祀る中間層の祭事を挑戦的に模倣したものである。シータラー祭のあいだには、協会がミュージカルやジャトラ演劇を企画するが、彼らの「先生」アナーディ・ベーラは当然、中心的な役割を果たす。もう少し小規模な祭りとしては女神カーリーを祀る祭りがある。その祭りはコロニーの若い男性たちの自由に任されており、そこでは、ビデオ上映会が開催されたり、肉と酒が振舞われたりする。

鉄道コロニー第一門の居住者によって創設された人民福祉協会は、市民社会のアソシエーションとは異なる。それは、財産法や民法上の諸規則に対して集団的に違反することから発生している。国家としては、それが、より法に則した目的を追求しているその他の市民的なアソシエーションと同じ合法性を有するとは認められない。不法居住者たちとしても、みずからの国有地占拠は違法で、よき市民生活とはいえないことは認めている。しかし、彼らは居住地と暮らしを権利として要求し、その要求実現のための主要な集団的手段として協会を利用している。この協会は、鉄道当局に対する請願書に以下のように書いている。

私たちは旧東パキスタンからの難民および南ベンガル出身の土地なし層からなります。生計を立てる手段や土地、そして家屋にいたるまで、すべてを失ったので、なんとか生計を立てるために、そして住むところを探すためにカルカッタに来るしかなかったのです。……私たちのほとんどは日雇い労働者か家事手伝い人で、貧困線以下で生きています。なんとか自分たちの小屋は建てました。もし住処が壊され、小屋から立ち退かされてしまったら、私たちにはどこにも行く場所がありません。

難民、土地なし層、日雇い労働者、家屋、貧困線以下――これらはすべて統治性のための人口統計学上のカテゴリーだ。そしてそれらは、彼らの要求を規定する基盤である。協会はこの請願書のなかでさらに、「カルカッタのその他の市民同様に」、協会は市の鉄道サービスの向上と拡充を支持していると付け加えている。そして、仮にその目的のために「私たちが現在居住する場所から移動することが、絶対に必要であるのならば」、協会は「適当な代替の家屋を要求する」としている。したがって協会は、貧困層および社会的に恵まれない人口集団の面倒をみる政府の義務に言及するとともに、コミュニティが、極度に厳しい条件下で、まともな社会生活の実現に向けて努力しているという倫理的レトリックに訴え、それと同時に、よき市民たる義務をも確認している。つまり統治性の諸カテゴリーに対して、〔それに規定された人口集団が〕コミュニティとして成立するための創意工夫に富んだ可能性が託されたのだ。そのコミュニティの可能性には、政治的要求を支える新しい言説を創出するために、多少ためらいを含みながらも〔擬似的な〕親族関係をつくりだすような能力などがある。

これらの主張は完全に政治的なものである。それらは規則が曲げられ、拡大解釈されうる政治的領域でのみ主張できるのであり、法律や行政上の手続きが確立している領域で成しうるものではない。これらの主張が成功するかどうかは、まったくもって、特定の人口集団が、政策の実施内容をみずからに都合のいい方向にもっていくために、政治的な支持を獲得できるかどうかにかかっている。しかしここでの成功は、必然的に一時的であり、また文脈に依存している。政治勢力の戦略的なバランスは変わりうるもので、諸規則もそれ以前と同様には曲げられなくなることも考えられる。前に指摘した通り、統治性《ガバメンタリティ》は、常に異種混成的《ヘテロジニアス》な社会領域のなかで、多様な人口諸集団に対して、さまざまな戦略をもって作用する。ここでは平等かつ均一なる市民権の行使はない。

したがって戦略的な政治の均衡が、明日にもこれら不法居住者を合法的に強制退去させるというほどに大きく移行することも起こりうる〔実際、この講義が行われた後の二〇〇二年の初旬、ある市民集団がカルカッタ高等裁判所において、鉄道コロニーの定住者につき、カルカッタ南部のラビンドラ・サローバル湖の水質を汚染しているという理由で、彼らの強制退去を要求する公益訴訟で勝訴した。そのあいだにかなりの割合の不法定住者たちは、左翼戦線〔インド共産党〔マルクス主義〕を中心とする西ベンガル州の連立与党〕から全インド草の根会議派〔国民会議派から一九九七年に分派した政党〕へと支持政党を乗り換えた。彼らは同年三月上旬に裁判所の命令を履行するために政府が送り入れた警察部隊を、暴力をもって撃退することに成功した。彼らは、〔前年まで鉄道相を務めた〕党のリーダー[*7]が、すぐにまた、ニューデリーの中央政府の鉄道相として復職することに一縷の望みを抱き、それにより強制退去させられる前に別の場所に移住させてもらえるかもしれないと願ったのだ。このように、政治社会における戦略的政治のロジックは危ういものである)。

都市生活の周縁でなんとか生きている何万もの人びとにとり、政治勢力の戦略的バランスの変化が、いかに劇的な影響を及ぼすかを説明するにあたって、たとえば、今、カルカッタの鉄道線路から北に半マイル(一マイルは約一・六キロメートル)ほど、通りに沿って歩いてみたとしよう。そこはガリアーハートといって、カルカッタ南部の中間層の暮らしの中心地である。現在、交通量の多いこの交差点には、新しい高架道路が建造中である。一年ぐらい前には、広い舗道のある大通りがこのあたりで交わり、通り沿いに連なる店舗の店頭が明るく照らされていた。中間層の住民は、道路や舗道が無数の露天商に占拠されてしまう以前の、彼らの街の従来の美しさと魅力が復興されつつあることに満足していた。一九六〇年代半ば以降の三〇年間ほどは、街の主要道路の舗道のほとんどはみすぼらしい売店に占拠された状態であった。それらの店はひしめきあうように連なり、道路にまで飛び出していることもしばしば見られた。こうした舗装道路上の露店は、明らかに重要な経済機能を果たし、何千もの人びとに、低レベルながら不可欠な生活の糧を提供していた。露店商人らは、このささやかな、しかし明らかに違法な道路の占拠を確立し維持するために、市民そして政党の支援を上手に獲得しつつ、政治社会において戦略的に動いていた。ところが流れは一九九〇年代半ばに変わった。石油化学や電子工学などの成長部門に対する外国からの投資を引き込むために、共産党主導の西ベンガル州政府に対して、カルカッタの美化を求める圧力が高まった。都市の中間層による政府への支持は急激に減っていった。一九九六年には、バラーク・ブラフマチャーリの死体の処分をうまくやってのけた大臣のスバーシュ・チャクラバルティに、カルカッタの街を一掃する任務が与えられた。サンシャイン作戦と名づけられた周到に計画された組織的行動によって、二週間のあいだに、地方自治機関および警察はカルカッタの通り脇にあった売店をすべて取り壊し、舗道を一掃し、道路を拡張し、街路樹を植えた。露店商らはまだ組織化されたままだった。彼らは左翼戦線に見捨てられたとわかり、今や野党を支持するようになっていた。彼らは物理的な抵抗はせず、暴力的な対立は生じなかった。しかし政治的バランスが彼らに背を向けたことにより、彼らは路上の自分たちの場所を明け渡さなければならず、生活再建の約束が実現されるまで待たなければならなくなった。

このように、すべての人口集団が政治社会においてうまく活動できるわけではなく、上でみてきた通り、仮にうまく活動していたとしても、その成功はおうおうにして一時的なものである。では組織された集団が、政治社会のなかで成果を上げることに明らかに失敗した例を示すために、さらに北に進み、市のより古い地域であるカレッジ・ストリートへと移動しよう。その地域は、いまだに大学の古いキャンパスがある、ベンガルの出版業界の所在地である。地域全体が迷路のように入り組んだ路地や小路からなり、そこでは主に本の印刷、製本、販売が行われている。ここでは、近代的な写植機を所有する大規模企業から、いまだに手で原稿の活字を組んでいたり、「一八八二年マンチェスター製」という印字が刻まれ、作動の状態も完璧な手動の足踏み式機械に出会うことができたりするようなごく小さな自営の活版印刷所にいたるまでの、さまざまなビジネス組織とテクノロジーの驚くべき組みあわせを見ることができる。一九九〇年代には活版印刷所は事実上カルカッタから抹殺された。考えうるすべての言語とフォントを扱う電子印刷がグローバルに普及した影響だった。しかし出版業界の別の分野――製本分野――に関しては、一二〇年以上少しも変化していない技術が引き続き使われていた。この区域におけるどの製本所に入っても、薄暗い電灯と、けたたましく映画音楽を流すトランジスタラジオがあるほかは、誰もが一九世紀の時代の製本所に来たような感覚になるだろう。地方自治上この区域一帯はダフタリパラー――製本所地区――と呼ばれる。この区域には五〇〇の製本所があり、四〇〇〇人が雇用されている。一九九〇年に社会科学研究センターに勤務する私の同僚たちがこれら製本業者らについての調査を行った。〈4〉

多数のさまざまな製本業者ユニットや職工が存在し、それらの大部分はやっていける限界ぎりぎりの状態で共存しながら、互いにしのぎを削りあっている場合も多いのだった。いくつかの大規模なところは、二〇人またはそれ以上の職人を抱え、三〇〇〇平方フィート〔約二八〇平米〕かそれ以上の広さでやっている。そのような場所での常勤の職人は、一九九〇年において最高六〇〇ルピー（一八米ドル）の月給をもらって働いており、それに加えて有給休暇と年金が与えられるようになっていた。しかしながら圧倒的大多数は中小規模で、経営者自身も職人として働き、雇用者はせいぜい二、三人のところが多い。ほぼ三分の一の職人は繁忙期にのみ雇用される。一九九〇年における男性熟練工の平均賃金は一カ月あたり約五〇〇ルピー（一五米ドル）で、比較的非熟練の女性労働者の場合は、一日八時間フルに働いた場合で約四〇〇ルピー（一二米ドル）であった。労働者には子どももいて「ボーイ」――お茶を運んでくることから本の積み荷・荷降ろしまですべての仕事に関する手伝いをする者――として雇用されていた（性別にかかわらず、子どもはここでは全員「ボーイ」である）。彼らは、仮に現金支給が行われたとするならば月に約一五〇ルピー（四・五〇米ドル）を稼ぐことができたが、多くの場合は食べ物や衣服そして寝る場所があてがわれるだけだった。収入としては、インドの産業雇用の標準と比較しても非常に低かったが、これはインフォーマルセクターと呼ばれるものの奥深くに収まっている非組織部門の産業である。[*8]

一九七〇年代と一九八〇年代には製本業の労働者で労働組合を組織し、経営者側との賃金改善の交渉を行おうとする共同的な試みが行われた。インド共産党（マルクス主義）の活動家らがこれを先導した。一九七七年に同党が州政府を形成した後は特にこの動きが顕著だった。一九九〇年にはダフタリパラーの製本所において三日間のストライキが行われた。ストライキの形式やその結果は教訓的である。労働者たちは一月あたり一〇〇ルピーの賃金引き上げを要求した。しかし、製本所の九〇％においては、経営者が同時に労働者でもあったので、ほとんどの経営者が引き上げ後の賃金を支払う能力など決してないことは、誰もが知るところだった。ストライキはそのなかで、ダフタリパラーの経営者と労働者を含む製本所の全体が一体となり、出版社に対して、製本関係の仕事に対する賃金の引き上げについての圧力をかける試みへと発展した。大手の出版社は、市の他の業者たち、あるいは州外の業者を使ってでも仕事を進めると脅かしてきた。最終的にはダフタリパラーの大手の製本所が賃金を一月あたり七五ルピー引き上げることに同意したことを受け、ストライキ参加者は彼らの大勝利を宣言し、運動を中止した。ストライキの後、ダフタリパラーにおける組合運動はふたたび衰退した。

鉄道コロニーでみた場合とは違い、ダフタリパラーでは製本業に携わる者たちのあいだには集団としてのアイデンティティを共有するという感覚がほとんどなかった。ここでは四〇〇〇人が、ある都市のある狭い区域で同じ職業に従事している。男性たちのほとんどは職場に泊まり、週末や休日には自分の村に帰る。女性たちは、郊外から来ており、通常、私たちが先にみたような難民コロニーか不法占拠のコロニーから来ている。彼女たちは鉄道でやってくるのだが、切符を買うお金はないので、その代わりに車掌が回ってきたときには逃げるようにしている。ダフタリパラーの労働者は通常、左派政党のいずれかに投票するが、彼らは自分たちの田舎でのつながりを通じて政治を理解しているのであって、労働者としての生活が彼らを政治に結びつけているのではない。代わりに彼らは、経営者と労働者のあいだにおける忠誠心に基づく結びつきを、相互の親切な行いを、そして父性的配慮を口にする。引退した労働者であり、人びとの尊敬を受けるハビーブ・ミーアは、英国が去った後にインキラーブ〔ウルドゥー語で革命の意〕つまり革命が国に起こったのであり、それによって今や富裕層や資産階級でさえも貧困層の面倒をみることができないのだと語る。[5] しかしここでは統治性の装置へのなんらかの取り組みはみられない。ダフタリパラーの製本業者は政治社会への足がかりをつくることはなかった。彼らの例もまた、いわゆるインフォーマルセクターの労働者を階級的に組織化することの難しさを示している。そこでは資本主義的生産様式と小規模生産様式が、相互強化的なかたちで互いに絡みあっている。多くの活動家の誠実な努力にもかかわらず、労働者階級の組織化というレーニン主義的な戦略はここでは失敗した。左翼の政治指導者は、その代わりに注意を別のところに向けて、そこでもっと大きな成功を得たのである。それは政治社会においてであった。

II

政治社会の現実を語る上で、西ベンガル州の村落部の話を挙げないわけにはいかない。そこは左翼政党が、統治性の諸機能を、地元での人口諸集団の明らかな大多数による支持を生み出す、有力で驚くほど安定した資源へと転換した場なのである。これがどのように起こったかについては、すでにいろいろと書かれてきた。土地改革から、村落における民主的な地方自治制度、厳しく統制された政党組織の維持管理、さらには一部の批判的な論者が主張するような、選択的で慎重に計算された暴力にいたるまでである。[*9] しかし本書における議論では、先の章で提起した問題に照準を定めることにする。つまり、違法なことに基づく場合が多い周縁的な人口諸集団の特定の要求が、市民権の平等や市民的な徳の追求ということと、いかにして一貫性をもちうるのかという点である。統治される人びとの政治を現実的で説得的なものにするためには、多大な媒介作用が不可欠となる。誰がその媒介をできるのか。

私たちがみてきた鉄道コロニーにおいて、政治社会の領域への動員を成しえた中心人物を記憶していることと思う――教員で熱烈な演劇愛好家だったアナーディ・ベーラだ。彼が、彼の仕事である小学校の先生として広く知られていたという事実は取るに足らないことではない。西ベンガルの村落部で最近政治社会が拡大するなかで、学校の教員という存在は、たぶんもっともどこにでもみられる存在であった。一九九七年に、カルカッタにいる私の同僚であるドワイパーヤン・バッターチャーリヤが、西ベンガル州の二つの地区において、学校の教員の政治的役割に関する研究を行った〈6〉。

彼は、プルリア地区の場合には、ほとんどの小学校の教員は共産党教員組合のメンバーであり、その多くが地方政府のさまざまなレベルにおいて地位ある職に選任され、その職務にあたっていることを発見した。また彼らは党や農民組織においても主要な地位にあり、州の立法府や議会に選出されていることもあった。彼らの多くはガーンディー主義的な社会福祉組織と過去になんらかの関連をもっていた。一九八〇年代の初頭において共産党が土地改革と農業開発プログラムを推し進めた当時、党は学校の教員を説得し、間もなく彼らは地域における政治活動の最前線に立つようになった。伝統的な地主階級が政治の場面から排除されるにつれて、西ベンガル州の地方において、左翼が構築しようとしていたコンセンサスによる新たな政治にとって教員が重要な存在となった。

一九八〇年代には、学校の教員たちには地域の紛争について広く同意可能な解決策を見つける意思や能力があるという一般的な見方がいたるところでみられるようになった。彼らには月給が支払われているため、農業収入に依存することがなく、したがって土地というものに強い利害関係をもたなかった。大部分の者は農民出身であることから貧者に対する共感をもっていると思われていた。彼らこそ広大な非識字社会のなかで教育のある者だった。教員は党の言葉のみならず農民たちの言葉に通じており、法的および行政上の手続きを熟知し、それでいながら密接なかたちで村のコミュニティの一員であった。地方政治において彼らは、党のリーダーとして政府の政策を地域で実施していくにあたって重要だった。さらに教員は、貧者を代表して声を上げていると主張しながら、行政上の言葉を用いて官僚制との仲介を行い、同時に、政府の政策や行政の決定を村の人びとに説明した。彼らの見解は、地方のコンセンサスを代表するものとして政府当局にとりあげられることが頻繁だった。彼らはまた、政府のプログラムを地域に合ったどのような独自の形態で実施するかを提言したり、その地域での受益者のリストを信頼できるものとして提示したりし、また地域の意見を託すに足りると信頼されもした。一九八〇年代においては、学校の教員は村落部の諸県において、他に並ぶものがないほどの権力と特権をもった。教員こそがもっとも村人たちの信頼を得ていると、村人たちが言っているのをよく耳にした。

さてロバート・パットナムの崇拝者がこうした証拠をもとに社会関係資本《ソーシャル・キャピタル》*10の理論〈7〉が正しいのだと唱える前に、もう一度ここで、リベラルな市民社会という意味での市民コミュニティと、ここまで描写してきた政治社会とのあいだに私が設けている区別について強調させていただきたい。多様な政府事業から利益を獲得するために動いている村落部の貧困層は、市民社会の一員としてそうしているのではない。そうした利益を効果的に彼らのほうへ誘導するために、彼らは統治機構のなかの適当な場所に、適当な圧力をかけることに成功しなければならない。このことはおうおうにして、規則を歪曲したり拡大解釈したりすることを意味する。なぜならば既存の手続きは、歴史的に彼らを除外もしくは周縁化するように働いてきたからだ。したがって彼らは、社会全体における権力の配分に対抗するために効果的に作用しうるような、地域の政治的コンセンサスを生み出すべく、人口諸集団を動員することに成功しなければならないのだ。この可能性は、政治社会の機能によって開かれる。学校の教員たちが貧困層の抱える問題について嘆願するにあたって地域コミュニティの信頼を得るとき、そして地域で維持できる政治的コンセンサスを構築するために行政官の信頼を勝ち取るとき、教員たちは、一つの市民コミュニティの平等な構成員たちのなかでつくられた信頼を得ているのではない。それとは対照的に、彼らは、深くそして歴史的に染みついた権力の不平等によって差別化されたさまざまな領域間の媒介をなすのだ。彼らは、統治する者と統治される人びとを媒介するのである。

付け加えると、貧困層や恵まれない人口諸集団に政府事業からの利益を確保するための政治社会の動員が成功した場合、人びとの実際的な自由の拡大が可能となったのだと言うことができるだろう。それは、市民社会の内部では通常できるものではなく、政治社会によって実現したのである。通常、政府の活動は、階級、地位、特権によって階層化された社会構造のなかで行われる。誰しもが受けとるべき利益は、体制についてより多くの知識をもち体制への影響力を有する者によって、実際はもっていかれてしまう。これは汚職と表現されうるもの、すなわち法的あるいは行政上の権力の犯罪的乱用によるものだけではない。むしろそれは、一部の人びとには単純に知識がないという理由から、あるいは自分たちに権限があることの主張をする意思がないという理由から、通常の適法性の範囲内でよく起こるのである。これは実際の市民社会が小部分の「きちんとした」市民に限られているインドのような国々だけでなく、一般によくみられる事態である。たとえば、それは、西洋の社会民主主義的な公衆衛生サービスや教育サービスの運営経験のなかでよく知られた話であり、文化を身につけた中間層のほうが、貧困層や恵まれない人びとよりもはるかにしっかりと、それらのシステムを利用できるのである。インドのような国々における貧困層が、政治社会で動員され、仮にそれによって政府活動の実施について、彼らに利があるような影響を及ぼすことができるならば、彼らは、市民社会では手に入らなかった手段を使って、みずからの自由を拡大したのだと私たちは言わなければならない。〈8〉

しかしながら、学校の教員についての私の話はハッピーエンドで終わる単純な話ではない。政治社会についての話でそのようなものはかつてない。バッターチャーリヤの研究においても、西ベンガル州の田舎の学校の教員は、一度は享受した信頼を次第に失っていったことの確固たる痕跡が見つかっている。州政府は、初等教育の向上を全理由として、小学校の教員に大幅な賃金の引き上げを認めた。仮に夫と妻が二人とも小学校の教員だった場合——こういうケースは珍しくはなかった——彼らの現金収入を併せた額は、村でいちばん裕福な商人と同等なぐらい高いものであった。一九九〇年代初頭の頃までには、学校の教員はすべての時間を政治活動に費やし、教育には使っていないという不平が広まった。村落社会では教員という職業はお金が儲かる仕事ということになり、教員に任命されるために見返りを払ったとも疑われていた。かつては信頼された媒介役であった学校の教員たちは、今や、権力構造のなかにおいてみずからの既得権益をもつようになっていた。一九九〇年代の終わりになると共産党は明らかに、教員たる同志たちを深刻なお荷物とみるようになっていた。そこで重要な問いは、政治社会はどのようにして自己刷新を図れるか、である。次の媒介役は誰が担うのか。

III

政府サービスの適正な運営は、福祉および開発の分野において、最近大いに議論の対象となっている。ここでは私は、西洋の民主社会における福祉国家に対する新自由主義的な批判については考慮しないことにする。そうした批判は、統治性の領分における著しい組織再編へとつながることが多かった。むしろ私は、統治性のグローバルで新しいテクノロジーの数々に目を向けていく。それらのテクノロジーは、開発による利益をより均等に広め、貧困層および恵まれない層を犠牲にすることはないと主張されている。

これは特に国際的な開発諸機関が、最近、さまざまなプロジェクトに対する抵抗と失敗の経験に照らしあわせ、政策を再編し、その手段の装いを変えた分野である。私は特に、開発の諸プロジェクトによって立ち退かされた諸集団の移住と再定住の問題に焦点を当てる。

世界銀行は過去の二〇年間において、再定住についての政策作成にあたり、またプロジェクト設計のなかに立ち退きと再定住の問題を入れ込む上で先導的役割を担ってきた。驚くことでもないのだが、統治性の基本論理に従い、主に経済学的手法である費用対効果分析によって、立ち退きの費用と再定住の諸要件の分析が行われた。同時にまた、プロジェクトによって影響を受ける人びと、あるいは住居や生計を失う世帯の一連の諸権原《エンタイトルメント》[*11]が規定された。さらに共有資源を失う集団や文化的な慣習などの実践に対し不都合な影響を受ける（たとえば礼拝所や聖なる森を失うなど）集団に対してもコミュニティベースの一定の権原が規定された。これらの権原は政府を通じて、あるいはプロジェクトを推進する機構を通じて実効性をもたされることが予定されていた。強制的な移住についての分析は、狭い意味での経済に焦点が絞られてきたが、これを広げようとする新たな研究が近年登場している[9]。そこでは移住によって起こりうる帰結として、土地がないこと、職がないこと、家がないこと、周縁化、食料不安、移動性の高まり、死亡率の上昇、共有財産へのアクセスの消失、そして社会の解体などの項目が挙げられている。

理論上、この最近の再定式化は、経済学者アマルティア・セン氏によって提唱されたケイパビリティ・アプローチ[*12]に負うところが非常に大きい[10]。それは政策評価において、効用や収入あるいは基本財などではなく、一連の実質的な自由を求めるものである。しかし標的とする受益者のケイパビリティについて客観性のある測定や、実用的な運用手続きを考案することは容易ではない。さらに私たちがみてきた鉄道コロニーの不法定住者や露店商のように、占有している空間に対して法的権利を有しない人びとの主張を受け入れることに関する問題もある。この領域における無数のアドホックで擬似法的な解決案を再整理しようとする興味深い概念的な動きとしては、権利（rights）と権原（entitlements）を区別しようとするものがある。権利は、当局が取得する土地や建物に対して、正当な法的根拠を有する人びとに帰属するものである。こうした人びとは、法的に規定された補償を支払われるべき正式な市民であるといえるかもしれない。だがそのような権利を有しない人でも、権原をもっていることはある。このような人びとは補償を受けるには値しないが、家を再建築する、あるいは新たな生計を立てるための支援を受けるに値する。ただし、いかにしてこれらの異なった種類の権利と権原を見極め、承認するか、そして補償や支援がそれぞれ正しい人に行きわたるようにするかという問題は残る[11]。

プロジェクトによって影響を受ける人びとからの抵抗や、行政上指示された移住戦略の失敗に直面した結果、影響を受ける人びとが再定住のプロセスに「参加」することをめざすということが、繰り返しスローガンとして掲げられてきた。仮に効果的にまた誠実に執り行われれば、強制的な移住が任意のものに変わることもあるかもしれないという議論が重ねられた。またさらにプロジェクトの費用として計上されている移住の費用は、任意移住の場合のほうが比較的高くなるが、予定の日程で完了し、再定住が完了しないことによる社会的、政治的問題が避けられるため、プロジェクトは最終的により効率よく進み成功する傾向があるとも議論されてきた。こうした指摘は、政府系機関、資金調達機関、プロジェクト・コンサルタント、専門家、また活動家による文書などで、マントラのごとくに繰り返され、ほとんど決まり文句のようになってしまっている。この点に関するほとんどの意見が、新しいリベラルのドグマである「NGOを通じての市民社会への参加」を繰り返すにすぎない。「参加」は、しかしながら、統治する者の視点からみるとある一つの意味をもつ。それは統治の一つのカテゴリーなのである。この同じことを統治される人びとの立場からみると、非常に違った意味となる。それはデモクラシーの一つの実践である。

統治される人びとの政治としてのデモクラシーの可能性の条件について説明するために、私が二〇〇〇年に研究した三つの移住の例について紹介させていただく〈12〉。

最初の事例はベンガルの西の、ビハールとの境界に近い炭鉱の町ラーニーガンジでのことだ。この町では煙のせいで空気があたりに重くのしかかり、夜になると遠くの平原でいくつかの炎が燃えているのが見える。人口密度が高い市街地を含む広範な居住地域は、何十年にも及ぶ見境ない採掘が原因で地盤沈下しており、地下や地表での発火がみられる。いくつかの小規模な災害そしてそれほど小規模ではない災害の後、地表を安定化させ、火事を防ぐための努力が重ねられた。しかしそれらの方法は技術上難しく、時間がかかり、きわめてお金もかかるものであった。代替案は、より安全な場所への人びとの移住だった。長期にわたる議論や地域での運動の末、インド政府は一九九六年にハイレベル委員会を設置した。委員会の報告により一五一地点における三万四〇〇〇戸以上の家がきわめて不安定な地域にあることが伝えられた。法的資格を有しない人びとに対しては何の補償も出さないが、約三〇万人が移住するために必要な、家屋と土地とその他のインフラ、さらには移転手当にかかる費用は二〇〇億ルピー（五億米ドル）とみられた。ことの「緊急性」に鑑み、制度化された組織の設置を待たずに、移住は即時始められるべきことが推奨された。

形式上は移住の作業は進行しているはずだが、地域の者の誰一人として、私になんらかの目に見えるその証を見せられる者はおらず、ほとんどの者が知ってさえいないようであった。大規模な災害が起こる可能性についての曖昧な感覚はあるのだが、ここの人びとはこの危険とともに何十年も生きてきており、あまり気にしている様子がなかった。ここの場合、移住は新たな開発プロジェクトや、新たな経済的な機会と結びついているわけではない。仮に、政府や公共部門の機関において、突然の大型災害を防ぐ手段として移住が行われる必要があるという感覚があったとしても、人びとのなかには、そういう意味での緊張感はほとんどなかった。また「自発的」に移住しようとする動きを示すものは何ら見あたらなかった。政治社会はここにおいて、人びとに利益をもたらすように動くことはなかった。

二つ目のケースとして私が挙げるのは、カルカッタの南に位置し、川向こうの港にある新しい工業タウン、ハルディアーでのことである。ハルディアーからの移住は、二つのまったく異なるプロジェクトに関して二つの局面で行われた。二つの状況の対照的なさまは教訓的である。

まず一九六三年から一九八四年にかけて、ハルディアー港の建設のために土地が取得された。土地取得および移住の過程は長期にわたるゆっくりとしたもので、最終的に多数の紛争が裁判に持ち込まれたように困難を極めるものであった。最初の頃は、資格ある者でもすべての人が再定住地の一角を得ることに興味を示しているわけではなかった。その理由は、それらの土地が、彼らの行う農作業の場所との関連では便利のよい場所には位置していなかったからである。一九九〇年代の初め、ハルディアー地域の都市化にともない土地の価格が上昇すると、再定住地への応募が急増し、なかには二五年前に立ち退きにあった人（あるいはその息子や娘）からの応募もあった。二〇〇〇年時点では、有資格である二六〇〇家族のうちの一四〇〇家族が、土地を取られてから二〇年以上を経過しているのにもかかわらず、まだ再定住地を得られていなかった。

土地取得の次の局面は一九八八年から一九九一年にかけてで、ハルディアーが新しく工業化されるとともに起こり、このときには再定住を求めるかなり組織化した運動へと発展した。一九九五年には、再定住に関わるケースの対応は、再定住アドバイザリー委員会の推奨の下に行われることが決定した。この委員会は行政官二人、土地取得オフィサー二人、政府と野党を代表する政治家たち四人で構成された。再定住各ケースのヒアリング、土地割り当て、苦情対応などのすべての手続き・処理はこの委員会が行うことになった。

一般的な印象として、行政官も政治リーダーも、さらに影響を受ける人びとも、このやり方を成功だったとみているようにみえる。考え方としては、再定住地に対する資格審査と、再定住に値する真正なケースであるかどうかの確認作業について、地元の状況にあった特定の規範をつくりだす任務は、政治的代表者たちの現地での合意を土台として行われるべきであるということであった。ここにおける合意には政府与党および野党の双方が関わることにより、合意は地元のコンセンサスを有効に代表すると想定されえたのだろう。ひとたびこのレベルで合意に達した後は、行政の任務は単にその決定を遂行することとなる。

ここでの重大な前提は、もちろん、諸政党が利益と意見の全般を効果的に網羅することだ。今日、西ベンガル州のほとんどの地域社会の性質が高度に政治化し、組織化し、分極化したことを考えると、これは不当な前提ではないかもしれない。もしも第三の組織的政治勢力がこの地域にあり、それがさらに特徴的な一連の意見を代表するものであった場合、委員会を有効なものにするためには、そうした勢力もこの委員会に受け入れられなければならなかったであろう。

この委員会は、たとえば、移住先の土地の最小面積は〇・〇四エーカーで、扶養家族の人数が多い場合にはより広い土地をあてがわれることになるということ、そして再定住用の土地の代わりに現金が支給されることはないこと、他の場所に家を所有する者には資格がないこと、土地を取得できるであろう期待の下に居住地にすでに構造物を建てた者は資格がないこと等々を決定した。これらの事柄のすべてについては、地元の調査をもとに決定され、仮に両政党がそれぞれの立場を代表しているのであれば、資格基準が悪用されることは起こりえないであろうという感覚があった。委員会はさらに再定住向け地域の特定の土地区分については、退去せざるをえなくなった人びと自身による抽選で決めることを決定した。結果として、特定の個人がひいきなどによってより条件の良い土地をもらったというような不平はなくなった。私は、委員会による諸決定のなかに、政治家の代表による新たな情報によって注意が喚起され、それにより以前の決定が覆されたケースさえあることや、一人の女性が、規定は満たさなかったものの人道的理由から再定住地を与えられたケースがあることに気づいた。

再定住に関する私が挙げる三件目のケースは、カルカッタの北東部ラージャールハートにおいて新しい町ができつつある土地での話である。ほんの二、三年間でそのあたりは、田舎の農村部からカルカッタという大都市の事実上の延長地域に変身していた。その結果、この地域の土地価格は急激に高騰した。ニュータウン計画のニュースが広まると同時に、不動産開発業者と土地の投機家たちが小規模地主たちに群がり、用地買収のプロセスが始まる前に、彼らから土地を買い取ろうと躍起になった。土地価格が急激に高騰したことに加え、もう一つの問題は、市街地および準市街地において売られたすべての土地の価格が、課税を避けるために、常に実際より低く記録されていることだった。公式の決定は、市場価格を支払うことによって自発的な再定住を奨励するというものであった。しかし、仮に市場価格が、その地域の売り地の公式な記録をもとに決定されるのであったなら、自主的に自分の土地を手放そうとする人は誰もいなくなってしまう。

そこで下された決断は、土地を「交渉による」価格で取得することにするというものである。影響を受ける人びとが受け入れられる価格を交渉するために用地調達委員会が設置された。驚くまでもなく、その委員会には政府の地元の代表者だけでなく、野党の代表も含まれていた。その結果、言われているところでは、裁判になるケースも皆無で、事実上、トラブルがまったくなく土地の取得が行われた。土地所有者は三カ月以内に（公式に設定された価格がなかったため）補償を受けた。これはいかなる基準と比較しても記録的なことである。土地取得費用は、仮に通常の法的手続きに則って事が進められていた場合と比べるとたしかに高くなった。しかし通常の手続きに依っていたらプロジェクトの進展は遅れたであろう。プロジェクトの目的は新たに売り出せる市街地の開発を行うことだったので、費用の増加分は、開発された土地を得る者に対する価格に吸収されえたのだった〈13〉。

これが、統治性の過程と積極的な関係にある政治社会である。政治社会はここにおいて、一般的な政治文化のなかに居場所を見つけている。ここで人びとは、みずからに付与される可能性のある権原について認識していないわけではなく、自分たちの意見を理解してもらう手段について無知なわけでもない。むしろ彼らは彼らのための媒介となってくれる政治的代表者を正式に認めている。しかしながらその形態は、すべての関係者にとってある特定のプロジェクトの成功が利益になる場合にのみ機能するものである。そうでない場合には、コンセンサスを破綻させてしまう媒介者も出てくるだろう。さらにその形態は、統治当局が政治的代表の推奨に従うが、その当局自体は選挙政治の範囲外にある場合にのみ機能することが多い。つまり統治機構と政治機構は分離されながら、後者が前者に影響を及ぼしうる関係性になければならないということである。そうであっても統治と政治の区別ははっきりと維持されなければならない。

統治機構によって記録された決定は、政治社会において起こったに違いない実際の諸交渉を隠す。私たちは受益者のリストに関して、政治的代表者が最終的に、どのような特定の判断基準で合意したのかについては知らされない。現地での交渉では官僚的合理性の原則や法律の規定にさえ配慮が払われなかったということも大いにありえることである。私たちは、少なくともある一人の女性については、規定によれば資格はないのだが、その女性もリストに加えられるにふさわしいと代表者たちが感じたことを理由に、受益者リストに名を連ねていたことを把握している。他の情報ソースによると、ラージャールハートでは、土地の所有者に支払われるべき補償の一部は、生計を失った借地人や労働者らに配られるという合意が、地元のコンセンサスに含まれているということである。これは統治機構が承認する必要がある範囲を、あるいは知る範囲さえを、まったくもって越えてはいるが、統治機構は政治的代表の提言を受け入れることでそれを前提とするのである。

私たちはさらに、反目しあう政治的代表者たちのあいだに成立した地元のコンセンサスは、その地元で支配的な利益や価値を反映しがちなことを覚えておかなければならない。このことは、組織的な政治的支持を見つけることができる人びとがみずからの要求を実現するうえでは効果的に働く一方、地域で周縁化された利害の要求が無視されたり、抑圧されたりすることにつながりうる。さらに地域の政治コンセンサスは、社会的には保守的であることも多く、たとえばジェンダーやマイノリティなどの問題にとりわけ鈍感なこともありうるのを忘れてはならない。先に何度か触れた通り、政治社会は民衆の生活の浅ましさ、醜さ、そして暴力のいくぶんかを権力の回廊に持ち込む。しかし、もしもデモクラシーが約束する自由と平等に本当に価値をおくのであれば、それらを、市民社会の殺菌された要塞の中に幽閉することはできないのだ。

気づいた方もいるかもしれないが、私が政治社会を、統治機構の活動によって始められた人口諸集団に対する交渉と論争の場として表現するとき、私は、擬似法的な行政手続きおよび倫理的な連帯の絆に訴えかける集団的主張について言っていることが多い。私は、近代国家そのものの法・政治の形態との関連において、政治社会がどのように位置しているかを、再度、強調することが重要だと考える。近代国家において奉られた人民主権および市民権の平等という理念は、私が先の章で触れた通り、財産とコミュニティという二側面によって媒介され、それらを通じて実現されている。財産とは、市民社会における個人と個人の関係に関する法的規制の概念的名称である。[*13] 社会的諸関係が市民社会の正式なかたちではない、あるいはいまだそうなっていない場合でも、国家はいずれにせよ、主権の憲政的構造において、すべての市民は市民社会に帰属し、法的に構築された事実に基づいて法的に平等な主体であるというフィクションを維持しなくてはならない。だが、すでに私たちが繰り返しみてきたように、実際の統治サービスの運営においては、この法的構築物がフィクションの性質をもつことが承認され、またそのように対処されなければならないのだ。それにより二重戦略がもたらされる。つまり一方は、政治社会の偶発的な領域を調整し、再編し、あるいは補完する擬似法的な処置であり、他方は、市民社会の合法的に構成された領域のなかで確認され、保護されなければならない正式な財産構造である。財産は周知の通り、資本が近代国家と重なりあう重要な側面だ。[*14] だから私たちは、財産を通じてこそ、政治社会の領域において、前資本主義的構造や前近代的文化が変容するダイナミクスを、近代国家の内部において観察することができる。私たちはそこに、市民間における権利の、単なる形式的分配ではなく、実質的分配をめぐる闘争をみることができる。その帰結として、世界のほとんどの場において政治的モダニティの地平の歴史的移行を見定めることができるのは、政治社会のなかということになる。そこでは、市民社会のフィクション的な理念が政治変化のさまざまな力に対して大きな影響を与えるかもしれない。しかしそれと同じくらい、権利および権原の日々の分配をめぐる実際の相互交渉が、徐々に、実際に存在する近代国家での財産や法律を実質的に再定義することにつながり得るのだ。そうすると擬似法的なものは、法との関連では曖昧で補完的な立場にあるにもかかわらず、未熟なモダニティのなんらかの病的状態にあたるわけではなく、むしろ、世界のほとんどの場において、モダニティが歴史的に構築されていくプロセスの、まさにその一端なのである。コミュニティはその反面、近代国家の領域内で、ネーションという形態である場合のみにおいて正当性を付与されている。ネーションという政治的コミュニティと衝突する潜在的可能性のあるその他の連帯は大きな疑念の対象となる。しかしながら、政府諸機能の活動によって、地域に住む人びとで構成される集団が数多く生み出され、それらが一体となって政治的に行動するのを私たちはこれまでにもみてきた。政治社会においては、自分たちの主張を効果的に唱えるために、統治性により形づくられた人口集団は、コミュニティとしての倫理的な内容をもたなければならない。これが統治性の政治の主要部分である。ここにおいて実際的必要によって結集された人口集団が一つの倫理的に構成された形態のコミュニティへと変容する、創意に富んだ多くの可能性が出てくる。すでに私は、そのような政治的変容をすべて分断的で危険だと非難することは現実的ではなく、かつ無責任であると論じた。

ただしここまでにおいて、私は政治社会の負の側面については、ほとんど述べてきていない。それは私がそういう側面の存在について認識していないからではなく、さまざまな恵まれない人口諸集団が政府の配慮を要求するべく闘うことを余儀なくされる道が、犯罪性や暴力との結びつきをどれだけ有するのかについて、私は完全に把握していると言いきれないからである。政治社会について語るなかで、民衆の民主化の実践領域において、犯罪や暴力は法的カテゴリーとして白黒がはっきりとしているわけではないことを十分なほどに示してきたと信じている。犯罪や暴力は政治的交渉の対象にかなりなりやすい。実際のところ、たとえば過去二五年のあいだに公共的また政治的なカースト暴力の勃発がインドではっきりと増加したが、これは、従来抑圧されてきた諸カーストによる民主的主張が間違いなくもっとも急速に拡大した期間にあたる、というのは事実である。さらに、恵まれない地域や部族《トライブ》あるいはその他の少数集団による暴力的な運動の後、すばやくそしておうおうにして大規模に、彼らを統治性《ガバメンタリティ》の領域に統合する対処が行われてきた例を私たちは多数知っている。それならばこの場合、政治社会の範疇において違法性あるいは暴力の戦略的な利用というものがあるのだろうか。そうした状況について、ある国際的に称賛されている作家〔V・S・ナイポールのこと〕は、あまり共感できないという様子で、インドのデモクラシーについて『今や無数の反乱(a million mutinies now)』〔邦訳書名は『インド・新しい顔――大変革の胎動』〕と表現している。私は適当な回答をもちあわせていない。だがこの問いに対しては、最近、トーマス・ブロム・ハンセンがムンバイのシヴ・セーナー[*15]についての洞察に満ちた研究を出版し、アーディティヤ・ニガムもまた市民社会の「地下組織」をとりあげた諸論文を最近、発表している。今は、これらの研究を皆さんに紹介するのみにとどめさせていただく〈14〉。

ここまでの話のなかでは、私はインドのなかの一つの小さな地域〔西ベンガル州〕のことに限って例をとりあげてきた。その理由は、その地域は私がもっともよく知る地域だからだ。またその地域は、私が考えるに、民主政治のなかで発展する民衆文化の内側で、政治社会が特徴ある形態をとっている地域だからだ。そうした経験に照らしあわせ、私は統治性の諸機能が、民主的政治参加の縮小ではなく、むしろ拡大のための状態を生み出しうる条件について考えようと試みた。インドは世界の主要民主国家のなかで唯一、近年、選挙参加が持続的に上昇し、また実際、貧困層や少数民族、あるいは社会的に不利な諸集団の選挙参加が、より速いペースで増加をみせている国であることは、取るに足らないことではない。また一方で最近、富裕層および都市の中間層のあいだでは参加低下の兆候がみられている。〈15〉*16 これはインドにおいて、統治性の現実に対する政治的反応が、ほとんどの西洋デモクラシーと比べ、非常に異なることを示唆している。

また私は、本稿ではまだジェンダーに関して何らの発言もしていない。幸いなことに、このテーマに関しては、インドのデモクラシーとの絡みで、洗練された文献が豊富にある。〈16〉 興味深いことに、ジェンダーに関するテーマ上で問題とされるのは、おおむね政治社会の負の側面についてである。たとえば一九八〇年代には、女性たちによる諸集団によって提唱され、すぐさま議会によって採用された進歩的な法律が多数成立した。これらは女性の権利拡大を確かにする目的のものであった。今、問題として持ち上がっているのは、上からの立法行為に基づいたこれらの成功は、あまりに簡単に勝ち取られすぎたのではないかということである。なぜなら、大方の女性の実際の生活は家族やコミュニティの内部で送られており、そこにおける日常の実践を取り仕切るのは法律ではなく、その他の権威であるからだ。マイノリティの権利を侵害さえしかねない国家の立法行為によって、マイノリティのコミュニティにおける女性の権利を推進することが最善なのであろうか。そうではなくて、唯一実行可能な道は、マイノリティのコミュニティ自体の内部における信条や実践を変えようと試みる、ゆっくりとした骨が折れる道ではないのだろうか。このようなことが、問題として提起されてきている。国会において議席数の三分の一を女性に留保するという提案は、最近、後進カーストのリーダーらの声高な反対により行き詰りをみせている。それらのリーダーによると、そうした動きは、彼らがこれまで苦労して摑んできた代表の座をつき崩し、高カーストの女性議員によって、取って代わられてしまうことになるだろうという。女性の権利に関するその他の多くの問題と同様、私たちはここにおいても、市民社会の啓蒙主義的要求と、政治社会の混乱した、賛否両論ある、そしてしばしば受け入れがたい懸念とのあいだにおける避けがたい衝突を認識させられるのである。

最後に読者の方には、古代ギリシャにおけるデモクラシーの政治理論の創設時について想起していただこう。市民社会やリベラリズムが発明される何世紀も以前に、アリストテレスはこう結論づけている。すべての人間が統治する側の階級の一部になることに適しているわけではない、なぜならば必要な実践的知恵や倫理的美徳をすべての人がもちあわせているわけではないからである、と。しかし彼の鋭い経験的な知見は、なんらかの状況下にある、ある種の人びとにとっては、デモクラシーが統治のよい形態であるかもしれない可能性について排除はしなかった。私たちの今日の政治理論は、アリストテレスの理想的な国家体制についての判断基準を受け入れることはない。ただ私たちの実際の統治実践は、今でも、すべての人が統治できるわけではないという前提に基づいている。私が言わんとするのは、国民主権についての抽象的な約束とは別に、世界のほとんどの場における人びとは、いかにして統治されるべきかを自分たちで選ぶことができるような新たな方法を工夫しているのであるということだ。私が描いてきた政治社会の形態の多くは、思うに、アリストテレスが認めるにはいたらないものであろう。それらは、アリストテレスからみれば、民衆のリーダーが法律よりも上位に立つことを許すようにみえるものだからである。ただし私は、みずからがどのように統治されることを好むのかにつき、人びとは学びつつあり、さらに統治者に学ぶことを強いているのだと、彼を説得できるかもしれないと考える。賢知に富むギリシャ人の彼は、それはデモクラシーにとって、善き倫理的正当化だと納得するかもしれない。

第Ⅱ部

グローバル／ローカル
9・11の前と後

GLOBAL/LOCAL :

Before and After September 11

第4章　大いなる平和の後の世界

I

私がカルカッタのプレジデンシー・カレッジ[*1]に入学した一九六四年には、スソーバン・サルカール教授はすでにジャダヴプール大学に籍を移していた。それでもすでにそのときには同教授はカレッジの学生のあいだでは伝説的人物であった。私は、遠くから同教授を見かけたことだけは二、三回あったのだが、残念ながら学生として、また研究者として同教授と知りあう機会には恵まれなかった。ただし私より年上の歴史学者の仲間たちのなかに、はっきりと彼が残した影響に気づかされたものである。出版されている彼の執筆物でもっともよく知られているのは、ベンガル・ルネッサンス[*2]について書かれた論文〈1〉だが、本来、同教授はヨーロッパ史の教師である。多年にわたって行われた彼のヨーロッパの歴史および政治についての講義は学生のあいだで多大な評価を得ていた。彼に捧げられた記念論文集のなかにおいてバルン・デー教授は、一九三〇年代から一九四〇年代のベンガルの知識人が、ベンガルの農業経済や小作農運動にはさほど興味を示さず、むしろ世界政治あるいはヨーロッパ哲学・文学に興味をもっていたと記している。それらの知識人たちは、当時、今よりはるかに、ずっと広く世界に目を向けていたのだった。〈2〉今日の状況はそれとまったく反対だと聞いている。現代のベンガルの知識人たちは、井戸の中の蛙として生きることのほうを好んでいると言われているのだ。このような言い方が本当にそうなのかどうか私には確証がない。しかし、やはり私はスソーバン・サルカール教授の例にならい、ここでは世界史の問題についてとりあげていくことにする。

本章の題目はサルカール教授が最初に出版した本の題からとったものである。ベンガル語で書かれたその本は『大戦後のヨーロッパ』（一九三九年）〈3〉と題されている。その本を今日見つけるのは難しい。私は三〇年ほど前にその本を手に取る機会に恵まれた。そしてその本のことは今でもよく覚えている。同教授はそのなかで第一次世界大戦の終わりから一九三八年までのヨーロッパの政治を分析している。今日的視点で考えると、その本が『第二次世界大戦前のヨーロッパ』と題されていたとしても不思議ではない。同教授の分析には、今にも起こりそうな戦争に関する明らかな予告が含まれていた。

私は、人類の歴史が、世紀の変わり目にあった時点について吟味することから始める。現在では二通りの相反する評価が出回っている。一つ目はこうである。工業化と科学の進展、そして個々の精神の自由な開花をもとにしたモダニティとそれにともなう生活様式は、すでに地球全土に広まっていたはずであった。それが実際にはそこまで広まらなかった原因として、国家管理に過度に傾倒している特定の体制およびイデオロギーが、世界のいろいろな国々において、みずからを固守していたことが挙げられる。このことが二〇世紀において二つの世界大戦と一つの冷戦をもたらした(冷戦はベトナムでみられたように、ときに少し「熱く」なった)。何百万人もの人びとが、モダニティから得られたであろうはずの利益や楽しみを否定されてしまった。二〇〇〇年を目の前にした最後の一〇年間において、それらうしろ向きの体制は、みずからの非効率の重みのせいでついに崩壊した。冷戦の暗い日々は終わった。世界中が自由市場とリベラルな政治の活気あふれる明かりのなかで喜びを味わい、人類の歴史は大いなる平和の時代に突入したことになる。

二つ目の評価は言うまでもなく、それほど幸福な図を描いたものではない。こちらの話の筋は次のようである。独占資本や帝国主義の支配外においても独立した社会経済の発展は可能だという信念の下、社会主義の多様な形態が、第二、第三世界のいろいろな国々で試された。それらの試みのすべてが成功したわけではなかった。成功を妨げたのは主に独占資本と帝国主義によって仕組まれた途絶えることのない抵抗だった。冷戦の名の下に資本は拡大し、新市場を征服し、より大きな利益に対する強い欲望を満足させた。結局、そうした欲望が勝利を収めた。大変な苦難をともなった資本主義に対する闘争と、解放の夢は記憶としてのみ生きつづけることとなった。そして一つの暗い影——大いなる平和——が地上に降りてきた。

これら二つの筋書きは互いに矛盾しあう。しかしそれらが描写している事象を何と呼ぶかについてはほとんど論争がない。それについての規範的判断のいかんにかかわらず、過去の何年間かに世界中で起こっているそのことにつき、それをグローバリゼーションと呼ぶのが最適だという点についてはは誰もが賛同するようにみえる。「グローバリゼーション」という表現は一九七〇年代中頃にアメリカン・エキスプレス社が――同社のクレジットカードの広告のなかで――使ったのが最初だと聞いている。私たちの未熟な青春時代には、一九七〇年代の一〇年は解放の一〇年になると信じている者がいた。今になってみると、アメリカの諸銀行でさえも同じ夢を描いていたということになる。少なくとも当時しばらくのあいだはそれらの銀行の夢が叶っていたといえよう。アメリカン・エキスプレスのクレジットカードをポケットに入れて持っていたら、世界のどの国にいても心行くまで買い物ができるという解放感を十分に味わうことができたというわけだ。

しかし、これはグローバリゼーションだ、と言うだけでは、そのプロセスを理解し損ねてしまう。より重要なのは、私たちがその言葉に直面したとき、単なる用語としてのその言葉からは、私たちが何をすべきかは伝わってはこない点である。私たちはそれに身を委ねるべきなのか。ためらいなく受け入れるべきなのか。それとも顔をそむけるべきなのか。はたまた腕まくりでもして待ち構え、正面から一撃をくらわすべきなのか。答えは言うまでもなく、私たちがグローバリゼーションと呼ばれるプロセスを、いかに理解し、いかなる判断を下すかによるのである。先ほど私が触れた二通りの評価は、まったく正反対の対極的な立場からの評価だった。実際の状況は、その両者の中間的などこかにあたることに間違いはない。しかしそれは具体的にはどのような地点なのだろうか。多くの思想家が今日、この問題に取り組んでいる。私は、これらの議論に対しての私自身の理解を説明していきたい。レッセフェール〔自由放任〕のリベラル派のみがこのテーマについて書いてきたというわけでもない。多くの左派やマルクス主義者もまたグローバリゼーションと呼ばれる現象を細かく真剣に考察してきている。――たとえば地理学者のマニュエル・カステルやデヴィッド・ハーヴェイ、社会学者のサスキア・サッセンやデヴィッド・ヘルド、あるいは文学理論家であるフレドリック・ジェイムソンやガヤトリ・チャクラヴォルティ・スピヴァクである。疑いのないほど確かだと言われるような信頼できる知識を探すことは、ここにおいては意味がない。むしろこの論点について確かな理論があると豪語するような人は、大概うさんくさい動機によってそうしているのだ。

II

まず歴史的な問いから始めさせていただく。いったいグローバリゼーションの何が新しいのか。そのプロセスというのが、仮に世界の地理的に異なる地域どうしが互いに依存しあうということ――商品やサービスの巨大な流通網のなかで絡まりあうということ――を意味するのであれば、それは少なくとも二〇〇年間ほど続いてきた一つのプロセスである。何年も前にカール・マルクスとフレデリック・エンゲルスは『共産党宣言』のなかで、資本の所有者は、新たな市場を模索して世界を闊歩するだろうと書いている。「資本はあらゆる場所で落ち着き、あらゆる場所で定住し、どこでも関係を築いていく」。古くから確立していた国内産業は破壊されるだろう。どの国の生産も消費もコスモポリタンでグローバルになるだろう。「反動家にとっては大変無念なことに、［ブルジョア階級は］産業がよりどころとしていた国家的基盤をその足元から取り去ってしまった」。新しい産業は、もはやその国を原産とする原材料を使わない。原材料は地球の最奥地の一画から運ばれてくる。同様に生産品は自国だけではなく地球のあらゆる方面で消費される。[4] これが一八四八年のことだ。グローバリゼーションは、当時でもすでにかなり進んでいたと言えるだろう。では今日の何が目新しいのか。

この問題についての論議は継続的に重ねられている。[5] 歴史が実証するところによると、事実、一九世紀末には大規模なグローバリゼーションが起こっていた。大量の資本がヨーロッパから世界の多くの地域、特に北アメリカ、南アメリカ、そして英仏国の植民地へ輸出された。国際的な資本の流れの増加が後押しとなり、ほとんどの大国は一八八〇年代以降、それぞれの通貨の為替相場を設定するにあたって共通の金本位制を採用した。多くの学者たちは一九世紀末と比べると、二〇世紀末における資本の輸出率はより低かったと論じている。仮に当時の主要先進一五カ国を選んでみた場合、一八八〇年代においては、外国資本が総国民所得の五%ほどであったが、一九三〇年代になるとその数値は一・五%に、一九五〇年代、六〇年代には一%にまで下降する。グローバリゼーションの勝利という太鼓の音が耳をつんざくほどになった一九九六年でも、それら一五先進国の国民所得の総額に対する外国資本の比率は二・五%にも及ばず、一八八〇年代の半分の水準であった。英国のみをとりあげてみると一八九五年から一八九九年の期間においては、英国の貯蓄額の二一%は外国に投資されていた。一九一〇年から一九一三年においてその数値は五三%に上昇した。そのときには英国の総資本の四分の一までもが外国で投資されていた。今日では、国際資本取引にそれほど依存している国は先進工業国のなかには存在していない。一九世紀末には国の資本の半分を外国人に所有されていたアルゼンチンの場合でさえ、今では毎日、国際債務の重荷で国が沈みそうだということを見聞きするものの、それでも現在の経済における外国資本は二〇%から二二%程度である。

言いかえると国際資本の流れを考慮するならば、実のところ一九世紀末よりも今日のほうがグローバリゼーションの度合いは低いのである。言うまでもなく資本の輸出および国際資本市場は第一次世界大戦の後に著しく混乱した。それに続き一九三〇年代には世界大恐慌が起こった。実践的なあらゆる目的に関して金本位制度は機能不全に陥った。国際金融取引になんらかの秩序と統制を復活させようということが試みられたのは、第二次世界大戦後のブレトンウッズ体制によってである。これにより一九七〇年代まではグローバリゼーションは退潮した。ふたたび潮が満ちてきたのは一九八〇年代に入って以降のことだった。したがって今日、グローバリゼーションを賞揚するのは、一九世紀との比較の結果ではなく、二〇世紀中盤の何十年かにおける状況との比較の結果においてのことである。

資本の輸出から国際貿易に目を移しても、多かれ少なかれ同様の構図がみえてくる。国際貿易は、一九世紀全般を通じて第一次世界大戦までは拡大を遂げ、その後、二〇世紀中盤に縮小した。ふたたび増加しはじめたのは一九七五年頃からであった。英国、フランス、日本、ドイツ、米国、カナダ――第一次世界大戦前には、これらすべての国々が一九七〇年時点よりもずっと高い水準で国際貿易を行っていた。一九八〇年代以降、もちろん、それらの国々はすべてその水準に到達し、国によってはそれを超えた場合もあった。

これらのことすべては、言うまでもなくヨーロッパやアメリカの産業諸国に関してのことだ。他の国々についての構図はあまりはっきりしていない。アジアの国々のほとんどは過去一〇〜一五年間で、深くグローバル経済と結びつくようになった。その一方でアフリカのほぼ半数の国々は、国際貿易との結びつきを失ってしまったようにみえる。したがって一つ明らかなことは、グローバリゼーションは、欲しいものを自由に取って立ち去ることができるような資本や技術や財の偉大なるカーニバルではない。何をどれだけ手に入れられるか、グローバルな交換ネットワークのなかのどこに自分の場所を得られるか、あるいはそもそもそこに自分の居場所を見つけられるか等々は、いくつかの経済的、政治的条件次第である。

グローバリゼーションの推奨者は、もちろんのことながらグローバル経済と連携を結ぶことによって、貧困国は今より豊かになることができ、国家間の不平等は低減しうるのだとあくまで言う。ではそのようになったであろうか。事実は、はっきりとした結論を示すものではない。仮にある研究者グループが数値結果を一セットそろえ、グローバリゼーションによって国家間の不平等は実際のところ拡大したと言うと、別の研究者グループが即座にそれに対抗し、別の数値結果を一セット持ち出し、国家間の不平等は拡大しておらず、実のところすぐに縮小に向かうのだと論じる。私たちのように何も知らない者たちには、両者の数値をぼんやりと見つめる以外はほとんど何もしようがない。見聞きしたことから受ける私自身の印象は、豊かな国と貧しい国のあいだの不平等は、結局、過去一〇年、あるいは一五年では縮小しなかったというものである。そしてあえて言うと、たぶん、不平等は拡大したと感じる。それだけではなく、二、三年前に急速に発展していた国のなかには、最近になってハードルにつまずき、大幅に減速している国がある。一九七〇年代において南アメリカの何カ国かは、まさしく海外貿易に参加することによって目覚ましい速さで発展を遂げていた。これらの国々は一九八〇年代に入り、外国債務の重荷によって零落し、そのほとんどはいまだに復活をみないままである。一九八〇年代の東アジアにおける経済的な発展は伝説的なものだ。その後一九九七年に突然、災難がそれらの経済を直撃した。危機を完全に克服することはできていない。これらの突然の運命の逆転はなぜ起こるのか、またグローバリゼーションの時代にそれらは不可避なのかどうかなどの点は、後ほど考えなければならない問題である。

金融および貿易ネットワークに加えて、グローバリゼーションにはよく耳にする側面がその他に二つある。コミュニケーションと移動だ。この両者は、グローバリゼーションの文化的帰結を評価するにあたって非常に重要な項目だ。交通手段の進歩によって国境を越える人びとの動きが非常に増えたことには少しも疑う余地がない。海外旅行は、今や商人やマハーラージャ[*3]に限られることではなくなった。今では何百万という普通の人びとが海外旅行にでかけるようになった。しかし、国際移住（単なる旅行ではなく）について特にみてみると、他の国へ移住し、そこに住み着いた人びとの数は二〇世紀の末よりも一九世紀のほうが多いことが判明する。一八二〇年以降、第一次世界大戦にいたるまでの期間において、六〇〇〇万人がヨーロッパからアメリカに移住した。言うまでもなく米国、カナダ、アルゼンチン、オーストラリア、ニュージーランドの現居住者の大半は、これら一九世紀の移住者たちの子孫である。また、さらに二、三〇〇〇万人のインド人はマラヤ、フィジー、モーリシャス、アフリカのさまざまな国々、そして西インド諸島に年季強制労働者として連れて行かれた。資料によると二〇世紀初めの一〇年間には、一つの国から他の国へ移住した人びとの数は毎年百万人であった。第二次世界大戦後には西洋の産業先進国で、低賃金労働をする移民労働者に対する新たな需要が生まれた。その結果、外国からこれらの国々への移民の流れは、合法的、非合法的なチャネルを通じて今日も続いている。ただしその数をみると、今日における国際移住の件数は、第一次世界大戦前よりも実は少ない。

したがって史実はいくつかの側面において、また少なくとも定量的な意味から、グローバリゼーションが、実は現在よりも第一次世界大戦以前の時期において、より進んでいたことを物語っている。グローバル資本の進展の話のなかでは、大戦までの期間が重要な一章を占めているということはもちろんよく知られている。私たちはその時代が、金融資本からの多大なる影響と帝国主義的な列強どうしの対立状態によって特徴づけられることを、特にレーニンの著作を通して知っている。それでは歴史の歯車は、以前の局面に向かって逆戻りしているということなのだろうか。それとも、そうこうしているうちに資本および国家の性質が非常に変容したために、表面上の類似性はあっても、二つの時期のグローバリゼーションは性格上それぞれきわめて異なるということだろうか。それでは、それらの違いについて検討してみよう。

二一世紀初頭における資本の特質を理解するためには、産業資本よりも国際金融市場を詳しく検討する必要がある。今日のグローバリゼーションの影響によってもたらされている主な圧力は、国民国家による金融システムおよび銀行制度に対する統制を緩和し、国の内外における国際資本の諸回路の自由度を広げ、さらにコンピュータおよびテレコミュニケーションのインフラの向上を図ることに対してである。この結果、国際資本市場は信じがたいほど急速に拡大し、資本の発展に革命を引き起こした。一九八〇年より、世界の裕福な先進工業国における金融資本は国民生産の二・五倍の速さで成長した。通貨・債券・株式取引は、国民生産の増加率の五倍の伸びをみせた。言いかえると資本は、製造業ではなく、おそらくより短期により大きな利益が出るため株式・債券・通貨取引にどんどん投資されていった。実際のところ、今日もっとも大きな金融市場は通貨市場であるが、それは規模と運用において真にグローバルである。一九八三年には、商品の国際取引の総取引高と比べて通貨取引高は一〇倍だったが、一九九二年にはそれが六〇倍になった。そしてさらには債券の国際取引がある。債券の国際取引に関しては一九八〇年の前半では米国国債の年間取引高はおよそ三〇〇億ドルであったが、一九九〇年代初頭においては、これが五〇〇〇億ドルにまで到達した。米国債は引き続き買われつづけ、それとともに米国の対外債務は増えつづけた。しかしそのことは米国のリーダーたちにとっては大したことではなかった。世界で唯一の超大国であることの特典は、国の対外債務が必ずしも重荷にはならず、むしろ権力を創出するもう一つの手段となるということであった。

驚異的に急激なこの国際金融市場の拡大には限りがあるのだろうか。国境を越えた資本の流れは現在の速さで限りなく成長しつづけるのだろうか。多くの専門家が、金融市場の成長はまだしばらくは続くであろうと考えている。一九九二年においてグローバル金融市場は、世界でもっとも裕福な二三カ国の国民生産の合計の二倍の規模を有していた。二〇〇〇年にはそれが三倍になった。マッキンゼイ・グローバル・インスティテュートは、多くの国々の国内市場が今後もさらにグローバル金融市場に統合されていくため、金融市場は、少なくともあと二〇年はこのペースで成長することができるだろうと予測する。

もちろん債券および通貨の投機に内在するリスクも大きい。由緒ある金融機関であったベアリング・カンパニーが、過度に熱狂的で、ある意味で無節操な一人の社員による、一件の浅はかな取引によって破綻してしまったのが一例だ。一九九〇年代の株式市場の好況は終わったものの、そのことは資本が店じまいをして家でおとなしくする理由には少しもならない。資本は今日、その初期の時代を特徴づけた原初的な世界征服の精神を、再度、探求しているようにみえる。しかしその精神は原初的だとしても、そのスキルは今やさらに鋭敏ではるかに洗練されている。著名なエコノミストたちは、昨今、昼夜を問わず働き、金融市場における諸リスクを管理する科学的な手法を考案しようと尽力している。そのうちの一人か二人はその功績についてノーベル賞までをも受賞した。資本には学問に対する関心がないなどとは誰が言ったのであろう。資本は、利益に貢献する学問に対して多大な関心がある。第一次世界大戦前の金融資本の影響に関して言うと、ケインズは、資本は国家の経済を賭博場に変えたと述べている。今日、多くのエコノミストたちは「ケインズ殿、心配しないでください！われわれは、今や、ギャンブルの科学を究明しました。市場は成長し、利益も伸び、資本もさらに発展し、われわれは皆、我を失うほどに幸福となるでしょう」と言っている。

もしも私たちが今日のグローバルな金融市場と二〇世紀初頭の同市場を比較するならば、非常に大きな差異が三点挙げられる。第一には、今日における情報およびテレコミュニケーションの技術により、通貨や株式は即座に諸外国で売買することができる。その結果、今では世界中の異なる市場における株式と債券さらに通貨につき、それらの価格変動から利益を得るための、より数多くの好機が生まれている。日々の取引高の総計は、現在では数倍も高い。国境を越えた国際資本の日ごとの流れも、顕著に増加している。第二点目として挙げられるのは、金融資本の諸市場は保険会社、年金ファンド、投資信託などの数少ない主要機関によって支配されていることである。これらの機関は、ごく普通の人びとからの少額の預金を取りまとめ、利益が高くなりそうなベンチャーに投資するのである。第三として挙げられるのは、金融取引の多くの新商品がここ二、三〇年のあいだに開発された点だ。二〇年前までは取引の対象としては想像さえされなかったものが、今や取引され、その規模は何百万ドルにものぼる。たとえばデリバティブ商品がそうである。私は、友人のエコノミストたちによく、この怪しげな商品の特質について説明してほしいと頼むのだが、彼らの精いっぱいの努力にもかかわらず、時代遅れの大学教師たる私が持ち備える理解力では、これをうまく把握することができないことを告白しなければならない。

グローバル金融市場におけるこれらの革命的な変化と並行して、製造業におけるグローバリゼーションも過去三〇年のあいだに着々と進んできた。異なる国々に所在する複数の工場で、一つの製品のさまざまな部品を製造し、さらに他の国でそれらの組み立てを行い最終製品にするということは、今やまったく普通のことになった。製造工程のグローバリゼーションは、自動車、化学、薬品、電子機器産業で特に進んでいる。繊維産業のように非常に伝統的な物の生産でさえ、今や多くの国々に拡散している。バングラデシュでは、たとえばガーメント garment〔英語で「衣類」の意〕という言葉が、今では庶民の日常的なベンガル語の一つとなっている。その意味は、輸出向けの衣服の製造工場のことである。しかし先に述べたように、こうした製造業のグローバリゼーションは、既に二、三〇年になる。そのなかで目新しいこととしては会計や総務の諸サービスのグローバルな拡散が挙げられる。ここで少し考えてみてほしい。ある会社ではロンドンに本社があるのだが、社員の給料などはバンガロールで計算・処理され、顧客からの問い合わせの電話対応はシンガポールで行われ、売上高や在庫情報はブエノスアイレスで維持管理されている。これはSF小説ではない。ビジネスについて私のように無知な者でさえも、このような会社の話を読んだり聞いたりする。しかしこのように一つの会社の部品の製造や、サービスの諸要素が、世界の多くの場所に拡散されているという事実が、会社が分権的になったということを意味するわけではない。グローバリゼーションの過程にとっての重要な一側面として、統制と収益面でのかなりの集中化が実のところ見受けられる。実際、製造および諸サービスのいろいろな部分がよりさまざまな国に分散されればされるほど、管理統制を一元化させる必要は大きくなる。重要なのは、一元化された統制機能は、必ず、先進工業国の大都市におかれることだ。グローバリゼーションがもたらす奇妙な帰結の一つは、ニューヨーク、ロンドン、パリ、東京など、ごく少数の都市が計り知れないほどの重要性を有するようになったことである。サスキア・サッセンはそれらの都市を「グローバル都市」と呼ぶ。〈6〉ここにおいて、諸会社の製造分野やサービス活動などの諸機能が世界規模で分散する一方、それらすべての活動に関する統制はより集中化されて、グローバル都市に所在する限られた数の本社オフィスから行われていることになる。

それでは国民経済に対する国民国家の統制に関しては、どうなっているのであろうか?常々私たちは、近代国民経済は国家によって制定された諸法規に枠づけられ、規制されてきたことを承知してきた。そのような日々はもう終わったのだろうか?今の時代においては、誰が経済を規制する諸法規を策定するのだろうか?グローバリゼーションの政治的側面との関連で私たちが今日直面していることのなかでは、たぶん、これがもっとも重要な問題である。

III

どの国民国家においてもグローバル経済が国内政策に深く強烈な影響を及ぼしているということについては、今日、一般的に異論のないところであろう。もっとも大きな影響は、金融の国際的な流れを管理する機関によるものである。この形態の資本は、国から国を凄まじい速度で移動する。その結果、国際資本に特に依存的な国々においては、グローバル金融機関が、資本を引き揚げると脅かすことによって、彼らの思う通りの政策を引きだすことが可能となる。言うまでもなく金融危機に陥った国々では、国際的な融資機関が突きつける条件を救済パッケージと引き換えに飲まざるをえないことが多い。その結果は国家主権の弱体化であることに異論はない。問題は、国家の主権を脅かすような可能性があるなら、国はグローバリゼーションのプロセスに近づかないようにするべきなのか――ということである。しかし、グローバリゼーションと距離をおくことによるコストもまた甚大であり、それを甘受するための資源を有する国はほとんど存在しないように見受けられる。国は、自国の諸法規の権力を行使し、グローバル市場の不安定性や国際金融資本にともなう危険な影響から国民経済を保護するために、国民経済をめぐる障壁を高くすることが可能だと論じる人もいるかもしれない。しかしその必然的結果として、一連の財政赤字やインフレ、国債の増加、さらに外貨不足は回避しがたく、それらが次々と山積していくことも避けられず、最終的には深刻な金融危機に陥ることになる。その危機から逃れるために政府は国際金融機関に融資を打診せざるをえなくなる。従来、壁に塗り固められてきた経済の門戸も窓も、次々と開かれはじめている。一度、門戸が開かれると、グローバリゼーションの誘惑的魅力を隠しておくことは難しい。エリート層と中間層がまず抵抗する。「われわれの生活水準や財やサービスの質はなぜこんなに低くなくてはならないのか」と、彼らは問いただしはじめる。そして「グローバル市場に参入し、世界の他の国々との関係を強化し、新たな技術を取り入れよう。われわれの悲惨で退屈な消費生活に終止符を打とう!」と要求する。過去二〇年間、世界でこのプロセスを避けて通ることができた国はほとんど皆無だった。ソ連および東ヨーロッパでは、それが社会主義体制の崩壊につながった。中国経済は、今日、グローバリゼーションのネットワークの網に深く入り込んでいる。共産党はいまだに国内で権力を有してはいるが、社会主義を口にする人はもはやいない。キューバは、今でもこうしたネットワークの蚊帳の外にほぼ居つづけてはいるものの、それは独自の選択の結果というよりも、米国による経済ボイコットと政治的対立が原因である。[*4]北朝鮮は、今も国を閉ざしたままである。その結果は喝采を受けるようなものでは決してない。

つまりグローバリゼーションはある意味デリーのラッドゥー菓子[*5]のようなものである。つまり〈インドのことわざで言うとおり〉、それを食べたら困難な目に遭ってしまうが、食べなかったとしてもやはり別の困難に遭うのだ。〈7〉グローバル経済から完全に距離をおくということが深刻な問題を引き起こすことは検証済みの真実である。グローバル経済に参入した後に問題を避けることができるかどうかは、私たちが国家の主権にどの程度の価値をおいているのか次第である。今や多くの人が主権というものはすでに過去のものだと言う。もし国民にちゃんと食料を与え、衣服を提供することができなかったら、主権は何のためだと言うのか。さらに、多くの国では、支配諸集団がその国の人びとに対して、無慈悲な暴政を強いるために国家主権を言い訳に使っていることも事実だ。そこでは、国家主権は不可侵であるという議論が反動主義者の手中で道具的に用いられている。そうであれば、それが利用される特定の状況を考慮することなしに、主権を普遍的に擁護することが私たちにできるのだろうか。最近、多くの有力な理論家たちがこうした疑問を掲げてきている。この議論を却下する前に、まず彼らの言い分を聞いてみよう。

近代的意味での主権国家は一七―一八世紀のヨーロッパで創造された。その重要な特徴は、領土的境界の内部における主権的権力の独占である。つまりそこには国家と呼ばれる単独の主権機関が唯一存在しうるのだ。国家のみがさまざまな立法と処罰の執行、そして戦争を宣言する権限を有しうる。中世的秩序を特徴づけた重複する管轄権や、支配と服従が複雑に交差した関係に代わり、ネーションの理念や人民主権の考えが一九世紀において生まれてきた。近代的主権をもつ国民国家がその完全に発達した形態で出現した。言うまでもなく一七世紀や一八世紀においては、ヨーロッパの国々のみが互いの主権を認めあっていた。互いの主権の領土上の境界について相互承認を確実なものにするために、彼らは協定を結び、地図上で互いの国境に印をつけた。主権の承認の拒否や、承認済みの境界を侵すことは戦争につながりかねないことだった。すべての戦争には、新しい協定がともない、地図上には新たな線が引かれた。大学でヨーロッパの外交史を勉強するという不幸に見舞われた者たちは、ヨーロッパのある国から他の国へと、いつのことだかはっきりしない年に移譲された発音不可能な辺鄙な地域の地名を記憶しようと、何日も眠れぬ夜を過ごしたことを思い出すだろう。これが、私たちが教わった主権の崇高な美しさの味わい方だった。

ヨーロッパ人が自分たちの帝国を築くために海を越えて出て行ったとき、彼らはもちろん、征服される国々の主権を侵しているかどうかなどについて少しも気にはしていなかった。多くの場合、彼らはきわめて厚かましく、世界のなかのそれら未開の場所においては国際法などないのだと、そしてそこにおいて唯一有効な法は、軍と征服の法なのだと宣言したのだった。帝国主義の歴史を読みながらインド人らは「なぜわれわれは自分たちの主権を守ることができなかったのか。自分たちの主権を守れなかったからこそ、こんなにもひどい苦難と屈辱とに直面せざるをえなかったのではないか」と問いかけ、心痛む思いを味わった。民族運動のすべての流れは一つの目標を模索していた。それは独立し主権をもつ国民国家の建設である。これはインドの近代史において、というだけではなく、アジア、アフリカ、南北アメリカのすべての被植民地国の近代史における真実であり、第二次世界大戦後の世界史における中心的な事象であった。ヨーロッパ諸国だけの特権だったものが、今や世界のあらゆる国の普遍的かつ基本的な自決権として認められたのだった。南極大陸をのぞいて、すべての地球上の領土空間は、いずれかの国民国家の主権の管轄下にあるとされる。

インドの主権は多大なるコストの末に獲得された。私たちインド人は、もっともひどい悪夢のなかでさえも、それを手放すことなど考えられない。ヨーロッパ人は私たちを少し下にみて、いたわるような目で見ながらこう言う。「そうですか。あなた方はまだ独立したばかりですね。だから主権ほど貴重なものはないなんて思うのですよ。だが私たちはすでに、主権の良い面だけではなく、悪い面もみてきました。二度にわたる世界大戦の後、私たちは国家主権の構造をゆるめることは、結局のところ、さほど悪いことではないということに気づきました。それは、多くの良いことにもつながっているのです。そのことを考えてみるのが、あなたたちのためになるでしょう」。

　国民国家の限界を越えて進もうと試みる政府および市民についてのもっとも過激な提案はヨーロッパから発せられている。実際、欧州連合（EU）は日常的に法や行政そして司法プロセスの多くの事項に関する加盟国の国民国家の主権に抑制をかけている。今やヨーロッパ共通の通貨が流通している。全加盟国は、統治にかかる憲法上の枠組みについて共通の内容を受け入れなければならない。現在、ヨーロッパ内において、国境を越えた貿易、移動、雇用に関する国民国家による法的統制は、実質上、何もない。このことは、連合がどの程度強力なものになるべきかということに関して、完全な合意があるということではない。また、英国人、フランス人、そしてドイツ人が一つの政体に完全に統合されていくだろうと言う者は誰もいない。問題はヨーロッパの諸国民国家が消失し、連邦制のヨーロッパがその代わりに出現するのではないかということではない。むしろ問題は、国民国家が主権の唯一の正当な場であるとする近代の歴史的公理が、ヨーロッパにおいては放棄されたのかどうかということである。主権の新たな観念を過激に語る人たちは「そうだ。まさしくそれが今、起こっていることである。実際にはこうしたことが、ヨーロッパだけでなく、もっと他のところでも起こるはずだ。なぜなら、ヨーロッパで起こっていることは、単に、組織のトップにおける一つの連邦的構造の出現ではなく、国民国家以下の構造が緩やかになってきていることにもあるからだ。スコットランドやウェールズがどれだけ簡単に自分たちの議会をもつにいたったたか見たまえ。三〇年前でも、これは市民戦争につながったかもしれないほどのことだ」と言うだろう。

　新しいリベラル派[*6]〔new liberal〕の理論家たちは、主権に並び市民権の観念も過激な変化を遂げていることを付け加えている。国民国家が唯一、市民の真の居場所であり、一人ひとりの唯一の保証人であり、一人ひとりの忠誠心の唯一合法的な対象であるという考えはどんどん変化しており、そしてさらに速く変わっていくであろうと、これらの新しい理論家は主張する。今日ヨーロッパにおいては、ある国の人が別の国に働きに行き、住居はさらに別の第三国に所有し、その三つの国に対してそれぞれ選挙権を有しているというケースに出会うのも珍しくない。グローバリゼーションの下では、これも自然なことにすぎないと思う人もいるだろう。インドやバングラデシュ、ネパール、そしてスリランカにおいてもそのようなことは日常的に起こるが、私たちはそれを自然なこととは考えない。それとは対照的に、私たちは不平をこぼしながら言う。「見なさい。他の国々の人たちが私たちの選挙で投票している。あれを止めさせるのだ！」と。これに対してヨーロッパ人のリベラル派は私たちに言う。もしも私たちが市民権の考え方を国民国家の牢獄から解放できたら、そしてそれをさまざまな種類の政治的所属に振り分けられたら、そうしたら私たちは、移民の諸権利、マイノリティの諸権利、国内における文化多様性、そして個人の自由などについて、より効果的でより民主的な対処手段を獲得できることになると。さらにそれによって分離主義やテロ行為そして市民戦争などが起こる余地がなくなるのであると。

もちろん、〈南アジアにおける〉みずからの立場からこれらの議論に応えることもできるだろう。ヨーロッパにおいて主権や市民権の概念がそれほどまでに容易に緩やかになったのは、今日そこで支配的となっている非常に特異な歴史的状況を背景にしてのことであり、それは世界の他のどこにおいても存在していないのだと、私たちは言える。二〇世紀の後半における西欧の歴史は、他に類を見ない繁栄と、民主的統治および平和の歴史である。半世紀以上にわたり、ヨーロッパ諸国どうしの戦争は起こっておらず、また戦争の可能性が高まったこともない。そのような状況はヨーロッパ史のなかで先例がない。しかしこのための基本的条件には、ヨーロッパと米国間の資本の協力関係と、冷戦という文脈における米国とソビエト連邦の相互の役割がある。過去五〇年間以上に及んでヨーロッパにおいて戦争がないのは、どんな戦争が起こっても、それは核兵器の撃ちあいにつながるであろうからだ。平和のほかには選択肢がなかった。これが、経済および政治における協力という試みが長く続きうる状況を生み出した。ヨーロッパの諸国家は、主権にかかるもっとも困難な試練に直面する必要がなかったため、国民主権の概念が緩やかなものになったのだ。ヨーロッパの諸国家は、彼らの国々のどの国であっても決して単独で戦争を始めることはないということ、もちろん他のヨーロッパのどこかの国を相手にすることはないことを前提とすることができた。各国は、もう少し協力を拡大する代わりに、もう少しだけ主権を放棄することによって獲得しうる利益はどれだけのものかについて独自に計算している。計算はおうおうにして各国で異なる。そして先に触れた通り、この件に関しての一致した見解というものもない。特定の政策については議論や論争が多数ある。重要なのは、問題がもはや主権の終焉だとか、断片化した市民権だとかの抽象的な表現では提示されてはいないことである。原則の一般的な決定ということについて提起されることすらなかった。すべての議論は具体的な提案に関してのもので、各加盟国が、その特定の費用と便益を計算した後に、それぞれの決断を下してきているのだ。

グローバル社会やグローバル・デモクラシーなどの考え方が、どうしてそんなにも頻繁にヨーロッパの理論家の文章のなかに取りあげられるのだろうか。この点についての一つの答えは、すべての格差や論争は、相互の話しあいや交渉さらには制度化された諸規則の採用によって実力行使はせずとも解決できるという、リベラル政治において大事にされてきた理念――ほとんどユートピア的な夢――の並々ならぬ説得力にある。それにまず疑いの余地はない。今日のヨーロッパを理念的に一般化した、この想像の世界のなかでは、誰も暴力を振るったり、交渉の席を立って兵器を手にしたり、銃や軍隊を国境沿いに集めたり、あるいは爆撃機を他国の領空に送り込んだりする者などはいない。これらの前提が、今、ヨーロッパではあたり前のこととされている。ヨーロッパにおいて主権が緩められているのは、国民国家諸国の意に反してではなく、それらの同意のもとにおいてである。ヨーロッパ諸国は、ヨーロッパの平和の保証人がヨーロッパの国民国家諸国のいずれの国でもないことを背景に、平和が破られる恐れを抱いていない。その保証人とは、世界唯一の超大国である米国である。今日のヨーロッパにおいて大いなる平和があるのは、その大いなる権力の監督の下においてである。その大いなる平和の別の名を帝国という。

IV

インド人は帝国というものを知りすぎている。その結果、世界における昨今の米国の支配を目にすると、私たちの多くは、それが帝国だと認識するに難くない。ただし歴史のなかで耳にしてきた数々の帝国に比べて、現在のアメリカ帝国は、基本的にきわめて異なった特徴を有していることを理解する必要がある。

近代の世界史における帝国というのは、外国の諸領土を征服し、そこに支配を確立し、その土地をみずからの領土範囲の一部に取り込むことを意味してきた。仮に競争関係にある他の帝国があれば、それぞれが征服した領土の規模をめぐってライバル関係が展開した。オーストリア、ロシア、そしてトルコはヨーロッパに領土的帝国を打ち立て、スペイン、ポルトガル、英国、フランス、オランダは海外に帝国を築いた。すべての帝国が二〇世紀後半にその終わりを迎えた。先にも述べた通り、それは民族自決そして人民主権の時代だったのだ。またそれは米国とソ連の両勢力がそれぞれ支配をかけて競い、冷戦を引き起こしていた時代でもあった。それらの何十年かのあいだの資本主義体制の性質を研究した者の多くは、その時代を新植民地主義と特徴づけた。アメリカ人はその表現が好きではなかった。アメリカ合衆国の共和制は帝国に対抗する革命の後に築かれたものだった。かつそこで、人民主権が初めて憲法のなかに制度化されたのである。当然のことながら、アメリカ人は帝国主義者と呼ばれ、ひどく傷ついたのだ。

過去一〇年のあいだにすべては変わった。今や米国では、政治家やジャーナリスト、そして政策決定者たちが「現実をみよう。これは帝国だ。だから私たちは古くて陳腐な考えは捨て、どのように運営していくのが最善か決めよう」と、きわめて公然と言っている。こう言っているのは、何も保守的な右派だけではない。実際には、彼らは他の人たちよりもずっと控えめである。右派の多くは、新しいグローバル政治のありかたにようやく慣れつつある段階にいるからである。新たな帝国に関してもっとも声高になっているのはリベラル派だ。非常に興味深いのは、イタリアのマルクス主義者であり革命主義者かつ理論家のアントニオ・ネグリと、彼のアメリカ人共同研究者であるマイケル・ハートもまた、新たなる帝国について詳細に論じていることである〈8〉。

この新たな帝国とは何か。そう、この帝国は領土を征服せず、みずからの行政あるいは税制を敗戦国に押しつけるわけではない。それは絶対的な必要が生じない限り、軍隊を送り戦うことさえしない。この帝国は民主的である。それは人民主権を認める。これは、ある国の人びとが、他の国の人びとに対して主権を行使するという場合にあたるのだろうか。だとするならば、それは古臭い一九世紀の植民地主義だ。その何がそんなに新しいといえるのか。いや、それがそれらの場合とは少し違うようなのだ。アメリカの軍艦から何千ものミサイルが飛び、ベオグラードの街ががれきとなってしまったとき、誰一人、セルビアの人たちに対して米国人たちが主権はみずからにあると宣言するとは考えなかった。実際にセルビア政府が敗戦を認めたとき、アメリカ側は誰もセルビアにアメリカ政権が誕生するとか、アメリカの国旗がその首都に掲げられるとか、ましてやアメリカの軍人たちがベオグラードの街の治安維持を行うとは考えていなかった。事実、主たる懸念はアメリカ軍をできるだけ早期に国に戻すことであった。この新たな帝国には、競いあうようなライバルの帝国がいるわけではない。帝国はグローバルである。その領域下では、いずれかの国家が他の国家に主権を行使するのではない。主権を有するのは帝国である。

ヨーロッパのリベラル派の著述家たちは、一八世紀の啓蒙時代に描かれたイマヌエル・カントの夢が、今、実現しようとしていると言っている。各国がみずからの諸法規および利益に従って行動するであろうことは認めながらも、カントは、国際的実践に関して、単一かつ普遍的で、合理的かつ最高の法体系が、全世界にかけて仮に確立しえたならば、永遠の平和が可能だと予測をしていた。リベラル派は、グローバルに適用しうるそのような行動規約を確立するときが来たのだと言っている。国際法および基本的人権は全世界において確立されなければならない。これらが侵害された場合、国家主権という特権に対して必要以上に留意することなく、有罪者には罰則が科されるべきである。仮に諸国家のリーダー自身が法を守ることに何ら関心をもたない場合、もしくは彼ら自身が人びとの基本的人権を完全に無視している場合、そうしたリーダーたちが救われるように国家主権を盾にすることが、なぜ許されるべきなのか。人権は、そのような場合には決して確立することはないであろう。そこで必要なのは、国家の実践に関するグローバルな法規を創案することであり、法規の監視と施行を担うための国際機関を創設することである。何の権限のもとにこれらの国際司法機関は設立されるのだろうか。国連総会のように一国一票の原則のもとに運営されるような機関では、そうした使命を果たすことはまったくできないであろう。自由民主主義国は一歩前に進み出て、理想のグローバル主権の運用に向けて、そのための制度空間を創造するという、自分たちの責任を受け入れなければならない。こうした主権領域のことを、先ほども触れたが、帝国と呼ぶのである。

もちろんヨーロッパおよび米国には、リベラル派ではない人が非常にたくさんいる。彼らは人権が世界中で確立されることなど夢にも思ってはいないだろう。彼らはみずからを現実主義者《リアリスト》と呼ぶ。彼らの頭のなかでは、国際政治における国益および国家権力の圧倒的な役割について何らの疑いもない。しかし、そのような彼らでさえも帝国の魅力について気づきはじめた。この理由は、帝国の第一の、そしてもっとも重要な機能が平和を維持することだからだ。恐怖を相互にバランスさせることで平和が保たれていた冷戦の日々は過去となった。世界で平和を維持する能力は、今では誰が担っているのだろうか。全世界にかけて平和の体制を構築しうる唯一の合法的で合理的かつ一般的に認知された権力は主権帝国である。この帝国は戦争をしない。ライバルはなく、敵もいない。したがって誰に対抗して戦争をしにいくのだろう。その軍事力は、唯一平和の維持にのみ活用される。言いかえると帝国の武装勢力は、戦争に突入する代わりに世界全体の警察としての役割を果たすのだ。彼らは、必要なら武力を使う――結局、警察も武力を使わざるをえない。――しかし合法的に、法規の範囲において、法の支配を打ち立てるためにそうするのである。必要な程度の武力の行使のみを行う。ちょうど警察が過剰な武力を使うと非難を受けることとまったく同じ原理が、帝国の武力行使にも当てはまる。アメリカ市民は今日、海外での軍事行動におけるアメリカ軍兵士の死を受け入れる用意はできていないのだということに、私たちは留意しておかなければならない。彼らはサダム・フセインやミロセビッチを悪党であり犯罪者だとみなすのであり、アメリカという国の敵だとはみなさない。悪者や犯罪者に対処するためには、警察を送り、その者らを逮捕し投獄するのである。誰も、警察が国のために命をかけるべきだとは思っていない。アメリカの軍隊は今や世界の警察として行動するつもりでいる。ペルシャ湾戦争においても命を落としたアメリカ人兵士は数名であり、セルビアでの戦争では、たしか、皆無であった。

ほとんどの人びとは、米国あるいは西洋の政策を特に好きではない人たちでさえ、帝国の第一の使命は平和を維持することだということについて納得する。イスラエルとパレスチナ間の紛争の場合を例にとってみよう。この場合には、双方の人びとが、米国の積極的な支援なしには、平和的解決あるいは本格的な和平案の可能性などないと主張するだろう。旧ユーゴスラビアをかつて構成していた分断地域においては、日々、新たな紛争が勃発している。それぞれの場合について国際的な介入の必要性が聞かれる。これはつまり、まずはヨーロッパの軍隊を意味し、もしそれが機能しないようならアメリカの爆弾、アメリカのミサイル、アメリカの兵士を意味するのだ。すでに五〇年間も解決されないままの状態が続いているカシミール紛争の場合についてさえ、インド、パキスタン双方のスポークスマンによると、解決の大枠は明らかではっきりしており、その上で必要なのは、双方を協議のテーブルにつかせて、承認の署名をするように強いる主権の力だということだ。唯一の問題は、帝国のリーダーが他のことであまりに多忙すぎて、その方向性での検討をする時間さえとれないということなのだ。

新たな帝国に関する理論家たちは、さらにもっと素晴らしい側面について語っている。この帝国は民主的である。この帝国には皇帝がいない。デモクラシーではそうあるべきように、ここでは人びとが主権者である。それがまさしくこの帝国には地理的限度がない理由である。帝国の規模を増大させるためには戦争を行い新しい領土を征服しなければならなかった昔の帝国とは同じではないのだ。より多くの人びとや数々の政府が、平和を求め、あるいは経済的繁栄という魅力に惹かれて、その傘下に身を寄せたがるゆえに、新たな帝国は拡大している。したがって帝国は領土を征服せず、また財産を破壊したりしない。むしろその権力の網のなかに新たな国々を取り込み、そのネットワーク上に居場所をつくってあげる。帝国にとっての鍵は、力ではなく統制である。力には常に限りがある。しかし統制には限度がない。したがって帝国のヴィジョンはグローバル・デモクラシーに向かう。

私たちは、まさに目の前で統制が実行されているのを目撃することができる。先に私は、経済と金融のグローバリゼーションを背景に、今やグローバルな統制が、国々の国民経済に対して実行されうることについて触れた。国際商取引法を書き直し、それらを施行するための新組織を創設しようという試みが急速に進められている。人権侵害容疑に対する罰則などの深く政治的な事象についてさえも、現在は、新たな国際司法機関の管轄事項とされている。ミロセビッチの裁判はこうした例のなかではもっとも劇的なものである。リベラル派らは、その他の同様に重要で広く知られている人権侵害についても、国際司法裁判所の場に持ち込まれることを希望している。ベルギーでは新たな法律が制定され、それによると、世界のあらゆる国における人権侵害は、ベルギーの裁判所で裁判にかけることができるとしている。最近ではルワンダの虐殺への関与につき四人が、この法律の下で有罪判決を受けた。ほんの一〇〇年ほど前にはコンゴ〔現在のコンゴ民主共和国〕で、世界でももっとも残酷な植民地体制を指揮していたベルギーが、現在では、世界のあらゆる場所における人権侵害に関して裁判を行う権利を主張しているという事実は奇妙な皮肉と言える。しかしこれらはもっとも目につくほんの一例にしかすぎない。仮に人権の保護が帝国の一機能だとしたら、かかる使命は、国際裁判所だけによって遂行されるわけではない。日常的にこつこつと、アムネスティ・インターナショナルや、国境なき医師団、あるいはオックスファムなどの無数の国際的なNGO組織によって行われている。これらの集団の有能かつ献身的な活動家たちは、たぶん、自分たちがまるで、帝国の偉大なる橋頭堡《きょうとうほ》を築くための砂や小石を運んでいる小さなリスのようだとは夢にも思ってはいないだろう。〈9〉しかし、そこにこそ帝国のイデオロギーの基礎が敷かれている。

そうしてここには、グローバルな主権帝国がある。しかし、今一度思い出していただきたいのは、この帝国の主権を国家主権の古いモデルに当てはめて考えるのは誤りだということだ。この帝国は地球全体の領土を自分が所有していると主張することはない。この帝国は、各国およびその住民たちが、その国の人びとの代表たる政府によって統治されるべきだという原則を認めている。それはすべての国が同じ憲法をもつべきだとか、同じ行政システムをもつべきだとかを要求しない。それは地球上の全土に対してなんらかの政治的均質性を主張することもない。その主要な行動指針は統制であり、侵略や占有ではない。その性質上、今日の帝国は、性質が変容した資本との一貫性を有する。

一九世紀における近代産業資本の性質の分析のなかで、マルクスは、商品が流通する新たな資本主義ネットワークの内部に、多くの前資本主義的生産体系要素が偶発的または一時的に組み込まれていたにもかかわらず、歴史的傾向が、いかに前資本主義的生産の避けがたい崩壊に向かい、しかるべき資本主義的生産の増加へ向かっていったかを示している。二つの段階を区別するにあたってマルクスは、資本による労働の包摂について、前者の段階を形式的包摂と呼び、後者を実質的包摂と呼んだ。[*7] マルクスより一世紀半の後、現在の資本の特徴を描写する多くの理論家たちは、資本はもはや、すべての生産が組み立てラインを有する大規模工場で行われなければならないという要請をしてはいないと指摘している。実際に、つい三〇年前までは先進工業国の大規模工場で生産されていた多くの商品が、今では、多国籍企業の監督の下で、実質的には第三世界の村々で家内工業として生産されている。新しい技術や、資本主義企業の経営上の組織改革、資本による労働力の統制の新手法や、金融商品および信用メカニズムの発展などの諸因子の新たな複合体を考えると、今日の資本は以前に比べてよりはるかに柔軟である。五〇年あるいは一〇〇年前と比べると相当に、今日の資本は、より幅広い多様性や異種混淆性に適応できる。また前資本主義的な伝統に属する多くの手法や実践ともうまく適合することを習得している。今日においては、多くの先進的な資本主義的組織において、従業員の労働時間があらかじめ一律に決められていないとか、仕事をたくさん家に持ち帰ってもよいことになっているとか、あるいは収入増加を狙い一日に一二時間あるいは一四時間仕事をしているなどの様子がみられる。グローバリゼーションの帰結の一つとして、産業革命以降初めて、世界中のそのようにおびただしい数の未組織の労働者、とりわけ女性労働者たちが、大規模資本による生産のための支配にさらされることになったことが挙げられる。私たちはかつて産業革命の歴史を学んだとき、最長労働時間や最低賃金を規制していた工場法は、資本の長期的な発展を促進するために成立した法案だったと教えられた。今日の資本は、成長の新たな未開拓分野を模索しながら、既存の諸法規は歴史によって課せられた足枷だと考えはじめるようになっている。完全になくしてしまうことが可能ではないとしても、それらによる支配からなんとか切り抜けることが、場合によっては賢明にみえる。

したがって、柔軟な資本は柔軟な主権と結合して、偶発的な現地の状況にみずからを適応させ、またそれゆえ、新しく適切な統治の形態をつくりだすために十分な柔軟性を有する帝国を生み出す。新しい帝国の理論家らは保守派、リベラル派、左派のいかんにかかわらず、今日の世界において平和を確立し、維持するためには、これが唯一の道だと強く断言する。政治的リーダーたちのあいだでは、おそらくすべての人が同じようにこの新たな現実に納得しているわけではないだろう。クリントン政権時代には、あたかもそのような帝国を導く意識的な政策があるかのように見えたことがたびたびあった。リベラル派は、現在のブッシュ政権が冷戦時代の古い考え方からいまだに抜け出せず、現在の世界の変容した現実とニーズについての配慮が不十分だと不満をこぼしている。

この章のまとめにあたり、世界中の左派の思想家たちを最近いらいらさせているいくつかの問題を提起したいと思う。左派に帰属する多くの著述家は、昨今、普遍的な人権の構築についてあまりに声高で、それらの人たちを、ありきたりのリベラルから区別するのが難しい。セルビアでの戦争〔コソボ紛争〕のあいだは、彼らの考え方とNATOのスポークスマンが公に出す声明とではほとんど差異がなかった。しかし左派の著述家のなかには、主権的な国民国家の枠を越え、より広くより深い民主的な政府形態を創造することを語る人もいる。ただし彼らの考え方はまだヨーロッパに限定されている。ヨーロッパの特殊な状況においては国家主権という拘束衣を脱ぎ捨てることを考えるのは容易だと、私はすでに述べた。他に関しては、国民国家の主権をそれほど軽く扱うのはもっとずっと困難である。もっとも新奇な提案はアントニオ・ネグリによるものだ。彼はこのように言う。今日の資本の状態が一九—二〇世紀の産業資本とは違うのとちょうど同じように、今日の帝国も、レーニンが描いた帝国主義とはきわめて異なる。今や、組織化された産業労働者層が資本との対立を先導するであろうという考え方はまったくもって信じがたい。同様に、国の中産階級の利益および第三世界の国民国家の主権は、帝国主義との対立のなかで擁護されなければならないという考え方も失敗する運命にある。グローバリゼーションに対しては、国民国家の法権力をもって闘うことはできない。求められているのは、グローバリゼーションの時代にふさわしい新たな革命的戦略を練りだすことだ。ネグリ曰く「世界中の搾取されている者は、普遍的人権だけでなく、普遍的市民権も要求するべきだ。もしも資本がグローバルでありうるのなら、そしてもしも主権がグローバルであることを主張しうるのなら、どうして労働者たちは世界のどの国においても職を探し、定住し、市民権を行使する権利を要求することができないというのか」。そしてネグリは断言する。「この要求だけが、グローバルな帝国そして資本に対して、真に革命的なチャレンジを挑むことになる」と。

もちろん政治戦略は、このように幾何学の定理のごとくには導き出されえない。世界中のマルチチュード[*8]が、非組織的な抗争を経て、ある日、自然発生的にグローバル資本の基礎を破壊するというネグリの夢は、何度となく思慮の足りない闘争に敗れてきた私たちには、まるで雨の日に話してもらった、希望いっぱいのお伽噺とほとんど同じに思える。産業資本および国民主権の古い秩序に対して、中心をもたないグローバルな帝国の新たな現実はまったく違うのだと、ハートとネグリがことさら言い立てるのは、間違いなく性急にすぎ、夢想的である。しかし、だからといってグローバリゼーションの理論家たちが私たちに語ること、すなわち、国民経済の周りに壁を築いてグローバルの触手を避けるのは不可能である、ということを無視する理由にはならない。求められているのはしたがって、帝国によって導入される統治の柔軟な戦略に対する適切な反応である。それはつまり、同様に柔軟で、混交し、多様な、反帝国の政治である。「グローバリゼーションは立ち去れ」というのはあまり賢いスローガンではない。しかし、すべてのグローバルな潮流に押し流されてしまうのも、同様にばかげており、現実的ではない。私たちはインドで、右派および左派が掲げる前者にあたるスローガンを耳にし、印刷媒体およびテレビを通じて後者の傾向を日々、目にする。インド政府のリーダーたちに関する限り、彼らは帝国の複雑な奥義をあまりに深く理解してしまっていて、アジアのこの地域の地方長官に任命されるためにワシントンに行き、ひれ伏してきたようにみえる。言うまでもなく、資本のグローバルな支配、あるいは労働者の利益または被抑圧層の苦悩などは、彼らには関係のない問題なのだ。彼らが言うには、今日のアメリカの覇権は揺るぎないものであり、協調することこそが賢明である。

奇妙なのは、帝国が揺るぎない主権による覇権を形づくれば形づくるほど、世界はそれに抵抗するということだ。今日において、西洋の諸政府のリーダーたち、あるいは多国籍企業の代表者たち、または国際金融機関の役員たちがどこかの土地で会合のために集まろうとすると、その都市には何千もの運動者たちが集まってデモを行い、公式行事を妨害するまでにいたることもしばしばだ。こうしたことは最近もヨーロッパおよび北アメリカの諸都市で起こっているが、中心的な組織があるわけではなく、どうやら自発的に起こっている。これらのデモ行為が、なんらかのひっかき傷やへこみを残すことはままあるにしても、資本あるいは帝国の基盤を揺るがしていると考えることはばかげている。しかしグローバリゼーションのために、さまざまな集団に属する人びとが自分たちの環境や生活様式を自分で統御することができなくなったことに疑いの余地はない。統御は、資本および帝国の本拠地に集約化されている。そしてそれに対しては誰も統御する力をもちあわせない。なぜなら関係者たちは、市民による何らかの組織体によって選ばれた者たちではなく、いずれの代表組織に対しても何らの責任をも負ってはいないからである。これが今日の帝国についての主要な矛盾である。帝国はデモクラシーを支持する。しかし、今までのところ、グローバル・デモクラシーにかかる何らの枠組みをも提示してきていない。そして、ほとんどの人が帝国の権力という現実に従うのであるが、その支配については何ら倫理的正当性はない。サルカール教授の学生のなかでももっとも優秀だった一人、ラナジット・グハの表現したフレーズを借用するとこのように言うことができる。これは「ヘゲモニーなき支配〔下からの合意のない裸の権力による支配〕」だと。[10] すべての帝国のごとく、この帝国もいつの日か崩壊するであろう。帝国の危機は、デモクラシーという問題をめぐり、深まっていく。つまり、デモクラシーの実践を広げ、深めるために、世界のさまざまな場所で今も行われている諸抗争によってである。

二〇〇一年八月一八日、カルカッタのプレジデンシー・カレッジにおいて西ベンガル歴史協会主催により実施された二〇〇一年スソーバン・サルカール記念講演より。著者本人によるベンガル語から英語への翻訳。

第5章　闘いの賛歌

九月一一日にこの都市で行われた攻撃は、許しがたい野蛮なものだったと思う。私は政治的な非暴力を称賛する立場はとらない。植民地またポスト植民地の諸国の政治学を研究する者として私は、近代的世界における支配の構造が、大規模かつ効率的な暴力を展開する能力に深く根差している場合、不公平な支配と闘っている人びとが政治的暴力を使うことをどんなときにも避けなければならないと主張することは、無理なことであり正当化されることでもないとの確信をもつにいたっている。しかし、民間人をターゲットとした意図的な暴力行為によって五〇〇〇人の一般男性および女性の殺害を正当化するような反帝国主義的あるいは反植民地的な政治はありえない。たとえ、もし、なんらかの政治的論理の曲解に基づいて自分が米国と戦争状態にあるのだという考えをもったのだとしても、それを戦争行為としてさえも正当化することは難しい。私はそのような意図的かつ計算された大規模なテロ行為は、基本的に誤った政治およびイデオロギーによるものであり、それは拒否され、かつ非難されるべきだと信じている。そのような宗教的また民族的な狂信のイデオロギーが今日、広くひろまっており、それらは決して、ある特定の宗教コミュニティに限られたことではない。私は、世界中でそれほどまでに多くの人びとが、なぜそのように狂信的なイデオロギーに説得されるのかという理由を、私たちは共感をもって理解しなければならないと思う。ただしそれは、そうした人びとの政治に私たちが共感しなければならないということでも、それを支持しなければならないということを意味するのでもない。

ここまで述べてきたことを踏まえた上で、これらの脅威への反応に関する問題について話を進める。米国大統領は、事後、数時間のうちに、自国は戦争状態にある旨の声明を出した。たとえとしてすぐさまパールハーバーがとりあげられた。第二次世界大戦以後、アメリカがこのようにして攻撃されたことはなかったと、私たちは告げられた。そのとき以来、私は、あの声明を発表することがなぜ必要だったのか、問いつづけている。あの決断は、なぜあれほど早く下されたのか。それは西洋諸国の一般の人びとの記憶のなかで、戦争というものがそれほどまでになじみやすい考えだったからなのか？フィクションから歴史書そして映画にいたるまで、西洋には、戦争というものが何を意味し、自国が戦争状態になったときにいかに行動するべきかを人びとに教える大衆文化の情報源が無数にある。私たちは先週この国で、人びとが旗を掲げ、献血のために並んでいるのを、あるいは教会の追悼式で「共和国のための闘いの賛歌」[*1]を歌っている姿を見た。前例のない暴力行為は、戦争という行為として枠づけられることで理解可能となった。おそらく国事には経験不足であったジョージ・ブッシュは、自分は「生死を問わず」[*2]ウサーマ・ビン・ラーディンを捉えたいと語ったとき、国務省の熟練の退役軍人たちよりも、民衆の理解により近いところにいたのだろう。復讐あるいは報復はまた、戦争には

たのだ。え、彼は、戦争に関するアメリカの国民的言語として長年慣れ親しまれているレトリックを使っていた時点において、それが、ある意味限られた彼の政治ボキャブラリーの範囲内でのことだったとはいなじみやすい感情である。したがってブッシュ大統領が「やつらをいぶり出してやっつけろ」[*3]と語っ

今、はっきりしているのは、それほどまでに迅速に戦争を宣言したことにより、米国の意思決定者たちは、容易に抜け出せない場所にみずからを追い込むことになったということだ。あの攻撃から一〇日後、目に見える軍事的反応はみられなかった。専門家はこれが従来の敵とは違うということを、人びとに伝えようと試みていた。その敵には国がなく、領土がなく、国境もない。攻撃の明らかな対象がないのである。国際的な連合を組み、敵を効果的に攻撃するには、時間がかかりそうだ。これは特定の国や民族に対する戦争ではない。テロリズムに対する戦争なのだ。しかし戦争だということを一度告げられた人びとは、はっきりわかる反応の欠如に失望している。怒りと落胆が国内で高まり、実際に噴出しそうである。人びとは、比喩的な戦争をしようとする気分にはない。私にもいくらか単純な表現を用いることをお許しいただけるとするならば、彼らは血に飢えているのだ。

明確な敵もターゲットも欠いているので、レトリックはおうおうにして露骨な宗教的、民族的、文化的な憎しみへとずれていってしまう。モスクや寺院への攻撃や、外国人風の男性、女性に対する暴力、そして少なくとも二件の殺人があったことから、それはもはや単にレトリックにすぎないとは言えない。大統領を含むトップリーダーたちは、アラブ系アメリカ人に向けて、彼らの安全は脅かされないと安心させようとしている。それにもかかわらず、文化的に不寛容な言辞は続いている。責任あ

るリーダーたちは、世界の野蛮に対して何をなすべきかについて、そしてアラブ名を有する隣人と「おむつを頭に巻いた」人〔ターバンを巻いた人について揶揄的に語る表現〕は注意深く観察する必要があることについて、テレビやラジオにおいて語っている。彼らは、アフガニスタンやイラク、シリア、そしてリビアなどの国々を「終わらせる」ことを、そしてレバノンとパレスチナのイスラーム過激派を「すべて殺してしまう」ことを語っているのだ。もしもこれがエリート層の話し方だとするのなら、ごく普通の人びとが、この戦争を文明の衝突だと解することを、私たちに非難できるだろうか。

思うに私たちは責任と説明責任について問いかけることができ、また、そうすべきである。今も伝えられているように、仮に対テロ戦争が、この国がこれまでに闘ってきた他の戦争とは異なる戦争なのであれば、その点は初日から明らかにされるべきであった。そうだとしたらなぜ、なじみ深い表現を用いながら敵なる国々や民族に対する報復を掻き立てることによって、全員を誤った方向に導いたのか。米国が仮に、実際に、国境のない新しい世界において唯一の超大国であるとしたならば、その新たな帝国としての役割を担うには、古典的な戦争という文化資源は著しく不十分かつ不適切となる。リーダーたちはみずからを、そして国を、そのような役割に向けて準備するなかで、責任ある行動をとってきているのだろうか。

世界の他の国々に対する米国の役割については、その責任というもうひとつの大きな問いがある。圧倒的な軍事的かつ経済的優勢の下、世界のいずれの地においても、米国の一挙手一投足は、その対象となった国々あるいは諸社会に対して甚大な影響を与えざるをえない。アメリカは、自国の行動の長期的な帰結や、おうおうにして意図しない帰結までをも考慮した上で責任ある行動をとってきたであろうか。ここでは、たとえばアメリカの政策が甚大な歴史的衝撃を残した中東でのことは話題にしないことにし、アフガニスタンについて話させていただく。一九八〇年代前半のアフガニスタンにおいて、米国はソビエト連邦を相手に長期にわたる代理戦争を行った。それは史上最大のCIA作戦だったと言われている。米国はパキスタンの軍政およびサウジアラビアの保守的な君主政治と協同し、アフガンの軍隊を組織し、訓練し、資金援助し、武装した。さらに彼らのイスラームのイデオロギーを奨励し、彼らがソ連軍を追い出した際には、それを称賛した。私は昨晩、テレビ番組で、コロンビア大学の廊下でよく会うズビグネフ・ブレジンスキー氏[*4]が、最後のソ連兵がアムダリヤ川を渡ってソ連に帰っていったとき、それは実にいい気分だったと語っているのを目にした。彼はさらに、もしもそのときそれがソ連崩壊の始まりだったと知っていたならば、さらにもっといい気持ちだっただろうと言っていた。私はアメリカの関与が、その地域にもたらしたとみられる悲惨な帰結について、彼が一瞬たりとも思いを馳せることがあったとは思わない。ターリバーンは一九八〇年代にパキスタンのムジャーヒディーン[*5]のキャンプ地から生まれた。ウサーマ・ビン・ラーディンは当時、イスラーム闘士たちのヒーローとなっていた。パキスタンの軍隊自体に、イスラーム過激主義のイデオロギーが深く刻まれた。その結果は現在誰もがみてとれるところだ。米国は、その地域に対して行われたことに対して、そしてその地域が今、世界のその他に対して行っていることについて、米国にもなんらかの責任があることを一度でも受け入れたことがあったであろうか。

戦艦や爆撃機や特殊部隊の軍勢がもろもろの軍事行動のために配置されている今日、こうした問題が投げかけられるべきである。アフガニスタンにおいてまた戦争が起こった場合、それがもたらす顚末がどのようなものになるか考えている人が誰かいるだろうか。パキスタンにもたらされる帰結は何か。核兵器を保有する国が二カ国も存在する上に、宗教・宗派的対立で政治的雰囲気が煮えくりかえっている南アジア全体に対してもたらされる帰結はどうであろうか。

好むと好まざるとにかかわらず、理解するかしないかにかかわらず、米国は今日、世界唯一の帝国としての権力を有している。そうであるからアメリカが行うことのすべては、全世界に対してなんらかの帰結をもたらす。アメリカの国防アナリストが考えなければならないのは、軍事行動によって副次的に起きる被害のことだけではない。アメリカの指導者は世界中の人びとの歴史や社会に対してもたらす副次的被害についても考えなければならないのだ。もし米国が世界唯一の超大国だというのなら、米国は、自国の行動につき、世界全体の人びとに対して責任をもたなければならない。

私はアメリカの指導者もアメリカの人びとも、現代の歴史が彼らに課している計り知れない倫理的な責任を認識しているとは信じることができない。世界貿易センターへの攻撃の直後にブッシュ大統領が思い浮かべることができたのは、唯一、西部劇の映画で彼が以前見たであろう「お尋ね者」のポスターだったのではないか。世界全体が、過去十年前後に世界で起こった多大な変化に対して柔軟かつ繊細に適応するアメリカの政策を期待しているなか、私たちが目のあたりにすることになるのは、おそらく、いつものアメリカの傲慢さと暴力と無神経さであろう。悲しいことだが、たぶん、二一世紀最初の戦争は、二〇世紀に起こった多くの戦争と結局何も変わるところのないものとなるだろう。

二〇〇一年九月二一日にニューヨークにてコロンビア大学の学生が主催したミーティングにおける講演に基づく。

第6章　セキュラリズムの矛盾

I

南アジアのさまざまな地域内で最近何カ月かに起こったすべてのことを考慮すると、この時点で私たちがセキュラリズム[*1]の見通しについて、分析的な思考に基づく冷徹な論理を適用し、覚めた口調で語ることは容易なことではない。今は、南アジアの諸国で通常の政治が行われているときではない。国により、たとえばアフガニスタンなどでは、内戦と外国による軍事介入が、以前から存在していた政治機構を根絶した。そこでの政治はいまだに戦争を通じて処理されており、新しい政治秩序に向けた安定した基盤が築かれているか否かについて語るには時期尚早である。パキスタンにおいては、みずからの国をリベラル・デモクラシーという高級クラブへの加入に導きたい将軍と、自分たちの独自ブランドのイスラーム社会を構築したい筋金入りの原理主義者たちとのあいだで、容赦のない闘争があるといわれている。ただし私たちが、現在のパキスタンの現実は、さらにより複雑な状況にあると信じるに十分な理由がある。[*2] ネパールでは王宮での異様な大虐殺に続き、治安部隊と毛沢東主義武装勢力間において事実上の全面戦争が起こった。[*3] スリランカに関しては、長引く暴力的な民族紛争で引き裂かれた国に平和をもたらすための新たな打開が見えたようではある。[*4] しかし過去には、あまりに何度もそのような希望が粉々に打ち砕かれてきたため、近い将来にスリランカに通常の政治が行われることを期待するのは性急であろう。政治の領域における宗教上の衝突が稀であるバングラデシュでさえも、最近、選挙の後にマイノリティ・コミュニティに対する攻撃が続発した。[*5] 幸運なことに、市民や政治集団の時宜にかなった介入により、なんとかダメージの拡大をくいとめることができた。しかしインド北部および西部のいくつかの地域、特にグジャラートでは、組織化された暴力によるマイノリティ・コミュニティへの攻撃が恐ろしい規模にまで達し、立憲国家はすべての市民の身体的安全を保障するという考えそのものが脅威にさらされている。[*6] 私は、インドにおいて合法的な政治だとされてきたこれまでの領域に新たな要素が入ってきたと提言しても、自分が過度に心配性になっているとは思わない。過激派グループからではなく、代議制のまさに中心部で、今、上がってきている声は、憲法で保障されたマイノリティの諸権利は、もう一度最初から政治的領域において交渉されなおさなければならないというものである。このことは、インドにおけるセキュラリズムの問題を、新たな、感情的な文脈に置き換えた。

もう一つ、ここ数カ月間にその意味が高まった新たな要素がある。九・一一の事件を受け、米国はテロリズムに対する世界的戦争を主導することを宣言し、世界政治のなかで、帝国としての新たな役割を買って出た。私はここで、いわゆる対テロ戦争がアメリカの現政権がみずからの国益と考えることをまったく冷徹に追求していることと、いかにつながっているかを分析しようとしているのではない。しかし南アジア諸国のセキュラリズムの政治に即座にもたらされた帰結が、少なくとも二つある。一つは国家の安全保障およびテロとの闘いを大義として市民的自由の抑制を行うという法的手段に、新たな正当性が付与されたことである。たとえばインドにおいては裁判を経ない拘留や監視手段の拡大に関する新たな法律が制定された。[*7] 市民的自由や民主的権利のための数々の運動や長年の苦闘の成果は、一瞬のうちに破棄されてしまった。政府の広報官は落ち着き払って、リベラル・デモクラシーがテロと闘うために米国や英国が新たな諸法を持ち得たのであるのだから、この国だってできるのではないかと主張してみせた。二つ目の、そしてより微妙な影響は、「テロリスト」という言葉の周縁で唐突に凝固した新たに複雑な意味あいによるものである。繰り返される問いかけに直面し、アメリカの政治的リーダーたちは、対テロ戦争はイスラームに対する戦争ではないことを引き続き強調した。それにもかかわらず、テロリズムの意味合いについては、政治的な明晰さも一貫性もまったくみられなかった。そして一方で、米国は現実主義的な政治的目的を冷徹に追求していた。これにともなって、ほとんどの人は、昨今の無秩序な時代において誰をテロリストと呼びうるのか、みずからの結論を導き出した。たとえばあるヒンドゥー右派組織のリーダーによる「ムスリムたち全員がテロリストというわけではない。しかしテロリストのほとんどはムスリムである」〈1〉という内容で行われた最近の非難には、正当であるかのような新たな響きがある。そのような発言がばかげていると片づけられてしまった時代もあった。しかしもはやそうではない。そのような発言には今やグローバルな同意があるようにみえるからだ。インドの首相でさえ、最近のゴアでの与党インド人民党〔ヒンドゥー・ナショナリズム色の強い全国政党。ＢＪＰと略称〕の会議でのスピーチのなかで、大まかに言って同様のことを述べた。[*8]

したがって現在の状況には、私たちを憤慨させ、腹立たせ、いらいらさせることが非常に多い。そのような状況ではあるものの、私には、プロの社会科学者また研究者として、科学的言説として認められている形態の範囲のなかで、セキュラリズムについての論争を続ける責任がある。これを行うため、私はアフガニスタンやパキスタン、あるいはグジャラートといった戦場から離れ、比較的もう少し穏やかな地域であるインド東部へとあえて目を移すことにする。私の直観では、過去二五年間、共産党主導の左翼戦線政府によって支配されてきた西ベンガルのような地点に焦点をあてることによって、私たちはセキュラリズムの民主的政治の諸条件について有益な議論ができるのではなかろうかと思う。以下では特に、インドにおけるセキュラリズムの政治の内部的な矛盾であると私が考える事柄に、どのように対処できるのかについて焦点をあてたい。

II

数年前に出版した論文のなかで私は、インドのセキュラリズムの政治につき、自分の目線からは矛盾だと考えられる点、二点について指摘した。〈2〉一点目は、インドの政治リーダーのかなりの部分の人たちが、宗教と政治の領域を分離したいという願望を共有しているにもかかわらず、独立インド国家は、多岐にわたる歴史的理由を背景に、さまざまな宗教的組織の規制、資金繰り、場合によっては運営にまで関与せざるをえなかった点である。そして二点目は、インド市民である宗教的マイノリティの人びとが国家と交渉するにあたって、誰がそのマイノリティ・コミュニティを代表するかを決定する手続きがない点である。その人びとは、マイノリティの宗教コミュニティに帰属するものとして法的に定められており、彼らの独自のパーソナル・ロー〔親族・相続法〕に従い、また彼らみずからの教育機関を設立・運営する権利を有しているにもかかわらずである。

インドにおいてセキュラリズムおよびコミュナリズム〔宗派主義〕の政治は、過去二〇年間の激動の歴史を経験してきた。[*9] しかしながらこれら二つの矛盾点については克服も解決もなされているとは私は思わない。私はセキュラリズムの政治にとって、より民主的な状況の創出は、私たちがこれらの矛盾に立ち向かうことなしには起こりえないという考えを堅く心に抱きつづけている。それは決して容易な課題ではない。以下に、メディアから「マドラサ論争」[*10] と名づけられた西ベンガル州の最近のエピソードを論じながら、それについて示していく。

二〇〇二年一月一九日、西ベンガルのブッダデーブ・バッターチャーリヤ州首相は、シリグリにおける集会での演説のなかで、西ベンガル・マドラサ委員会に登録していない多くのマドラサ〔ムスリムの宗教学校〕では、パキスタンの情報機関工作員を含む反国家的テロリストたちが活発に活動しており、こうした認可されていないマドラサは閉校されなければならないと語った。仮にこの三日後にカルカッタでの大事件が起こっていなかったら、この見解は、しかしながら、それほどの影響を残すものではなかったのかもしれない。

二〇〇二年一月二二日、カルカッタのアメリカンセンターの前に二台のオートバイが乗りつけた。そこで治安維持にあたっていた警察官は、ちょうどそのとき任務交代の最中だった。突然、そのバイクの後部座席に乗っていた者が自動小銃を取りだし、撃ちはじめた。警察官らはどうやら、この予期せぬ攻撃に不意を突かれ、反応さえできなかったらしい。二人の男は四〇秒間にわたって、ライフルで六〇発以上の弾を発射した後、オートバイで逃走した。後には死亡した五人の警官と、負傷者数名が残されていた。この事件は即刻トップニュースとして海外にも伝えられた。最初の推測では、それは米国に対するイスラーム・テロリストたちの攻撃が、再度起こったのではないかというものだった。後に、それはドバイに拠点をおく犯罪組織によって行われたものであり、以前に警察との交戦によって命を落とした仲間の死に対する復讐を行ったことが明らかにされた。しかしその犯罪者のネットワークは、インドのさまざまな場所で活動しているイスラーム主義過激派と目される者たちのネットワークと重なりあうものだった。この殺人事件との関連で逮捕された最初の容疑者は、カルカッタから三〇マイルほど北の、北二四パルガナー県〔西ベンガル州の南東部にある県。カルカッタに隣接する〕の、あるマドラサの数学教師だった。この人物は禁止処分を受けているイスラーム学生組織ＳＩＭＩ〔「インド学生イスラーム運動」〕の一員だった。もう一人別のマドラサ教師で、パキスタンの諜報機関とつながりがあるバングラデシュ人とされる者も、ムルシダーバード県[*11]で逮捕された。

一月二四日、カルカッタの新聞に対して、ブッダデーブ・バッターチャーリヤ州首相は、自己の先の発言を説明する上でこう述べた。「すべてのマドラサではなく、一部のマドラサは――繰り返すが、一部のマドラサだが――反国家的プロパガンダに関与している。この点について、私たちは決定的な情報を摑んでいる。これは受け入れがたいことだ」。四日後、ムルシダーバード県のドームカル町での集会において同氏は、すべてのマドラサはマドラサ委員会への登録に努めなければならないと述べた。「私たちは、未登録の場合、ここでのマドラサの運営を認めない」と述べ、同氏は県庁に対して、ムルシダーバードの全マドラサについて調査を実行し、学生数、教員数、寄宿生数、資金源などについての報告を行うようにと指示を出した〈3〉。

新聞で伝えられた州首相のその発言は、ただちに論争に火をつけた。州首相は警察によるマドラサの監視を示唆することによって、西ベンガル州のムスリム・コミュニティ全体を中傷したとされたのだ。もしも特定の諸機関に対する明確な申し立てがあったのなら、法律違反者は罰せられなければならない。しかし、なぜにマイノリティの教育機関の体制全体がひとくくりに汚名を着せられなければならないのか。マドラサの学生たちは、カルカッタでデモを行い、州首相に謝罪を求めた。マドラサの教育体制に関する「間違った情報と理解の低さ」のせいでマドラサの教師陣はいやがらせを受けており、さらに魔女狩りの雰囲気がつくりだされてしまっている、と学生たちは言った。〔ムスリムの読者が多い〕ウルドゥー語の新聞はバッターチャーリヤを、L・K・アードヴァーニー[*12]やバル・タッカレー[*13]などヒンドゥー教右派のリーダーたちにたとえるだけではなく、「パキスタンの軍事独裁者たるムシャラフ」とも比べていると伝えられた〈4〉。もろもろの抗議運動は、ムスリム組織や野党の立場から声を上げているという者たちだけではなく、与党である左翼戦線の仲間たちからも起こった。左翼戦線のリーダーたちは、州首相の声明はデリーのインド人民党のリーダーたちの発言のようにただならぬ響きをもち、州内のマイノリティ・コミュニティに誤ったメッセージを送ることになると語った。実際二月六日に左翼戦線は、政府の立場をはっきりさせるために緊急集会を開いた。[5]

一月三一日に、州のマイノリティ委員会はムスリムの知識人および学識経験者による集会を開催した。そこにおいてインド共産党（マルクス主義）のマイノリティ問題担当相モハンマド・サリームは、州首相はすべてのマドラサに対して包括的な非難をしているわけではなく、したがって魔女狩りなどは行われないことを説明した。それどころかサリーム氏は、マドラサを開設したコミュニティのリーダーに対して、彼らのイニシアティブを称えたのだった。「これらの教育施設は国の財産である。個人あるいは組織において、政府が学校を開校しうる以前の段階で遠隔地域にまでいたり、なんらかの教育を広めたことは称賛に値する」と。しかし彼は「反インド勢力の第二戦線であるインド─バングラデシュ国境沿いの反国家的で宗派主義的な社会勢力」に対して政府は手段を講じなければいけないとして、「テロリズムは特定の宗教に限定されたものではない。マドラサ、モスク、寺院あるいはクラブかどうかにはかかわらず取り締まりが行われるだろう[6]」と述べ、州首相を擁護した。

いずれにしても、ムスリムたちは、テロリズムとの共謀という、彼らからするとコミュニティ全体に対するいわれのない非難に対して興奮状態にあるという報道が続いた。彼らはマドラサの何人かの教師たちが、アメリカンセンターにおける殺人事件の後に警官に連行され、証拠不十分につき、後に釈放されたと訴えていた。[7]申し立てによると、警察は一定の先入観と根も葉もないステレオタイプをもとに捜査を進めていたということである。北二四パルガナー県およびナディア県の境界地区のいくつかの地点からは、州首相の声明はインド人民党のアードヴァーニー内務大臣のそれとほとんど同じに聞こえたと、マイノリティ・コミュニティ〔ムスリムを指す〕に属している共産党の党員が警戒を募らせたという報告まである。たとえば、四〇年間共産党党員であったワリス・シェイクは、「州首相によるあのような声明は、憤るムスリムたちのなかで組織拡大を図るテロリストたちの恰好の材料となり、彼らを支援することになってしまうのみである」と語った[8]。二月四日、カルカッタにおいてインド・ウラマー協会[*14]が主催した驚くほど大規模な集会で[9]ブッダデーブ・バッターチャーリヤは、今度は米国とイスラエルの代理人と呼ばれ、公共の場で謝罪をすることが再度要求された。

事態は明らかに行きすぎていた。二月七日に州首相がムスリムの諸団体および知識人たちを招集し、その場で彼自身の立場を説明することが発表された[10]。州首相はさらに、シリグリでの自分の発言につき、報道およびインド共産党（マルクス主義）の党新聞『ガナ・シャクティ（人民の力）』のなかで、誤った引用をされたと主張した。二月六日の左翼戦線の会合においては、ブッダデーブ・バッターチャーリヤは戦線の仲間からも、そして前州首相のジョーティ・バスからさえも厳しく非難されたらしい[11]。

この頃までには、そうした予期せぬ影響への対処戦略が練られたようにみえた。鍵となった手立てはテロリズムの問題とマドラサ教育の問題を切り離すことだった。州首相も、政府も、全マドラサがテロリストのプロパガンダあるいは人員確保に関与しているということを示唆したことはないと説明した。政府は、そのような関与の具体的な証拠があるときにのみ特定の組織や個人に対して行動を起こすであろうし、それも法規に従って行われる。マドラサ教育の問題はまったくもって別の事項であり、諸報道は、この問題についての州首相の声明とテロリズムについての問題とを絡めようとしたことで、州首相の所見について不正確な伝え方をした。マドラサ教育に関する限り、西ベンガル州の左翼戦線政府はインドのどの政府よりも多くのことをしてきた。左翼戦線の会長であるビーマン・ボースは、ウォーレン・ヘイスティングによってアリア・マドラサがカルカッタに設立された一七八〇年から左翼戦線が権力を掌握した一九七七年までの二〇〇年近くのあいだに、西ベンガル州では合計で二三八校のマドラサが政府の承認をもって建設されたと説明した。一九七七年以降の二五年間でこの数は二倍以上になった。一九七七年にはマドラサ教育に対する政府支出は五〇万ルピーであったが、二〇〇一年には一一億五〇〇〇万ルピーとなり、二〇〇〇倍以上の伸びとなった。州のマドラサ委員会に登録しているマドラサの、教師や支援スタッフの給与を含む、財政上の責任は政府がすべて負っている。[*15] 西ベンガル州において登録済みのマドラサを卒業した学生には、すべての大学およびすべての専門課程への入学資格が与えられている。これは独立インドにおいて先例のないことだ、と。〈12〉

　二月七日に州首相は、作家、ジャーナリスト、教師、医師、モスクの宗教指導者《イマーム》を含む、ムスリムの指導者や知識人らの一団と会った。彼は、メディアによって伝えられた彼の言葉が混乱や不安を生じさせたことにつき認め、そのことへの非難に対して自己の非を受け止める覚悟があること、そして自戒の念を表明した。彼は、反国家因子が州内において活発だということを繰り返し、その上で、しかしそのような活動はマドラサに限定されているわけではないと説明した。ちょうど、ヒンドゥー原理主義組織があるように、反国家的なテロリスト活動に関与していたラシュカレタイバ[*16]のような組織もある。自分が、すべてのマドラサが疑惑の渦中にあると示唆したことは、これまで決してない。マドラサがなんらかの政府の承認を得る法的義務はなく、また、誰がそれを経営しているのかにかかわらず、政府が私立学校を閉鎖することが可能となるような法律はない。「憲法はマイノリティに、みずからの教育機関を運営する権利を保障している」と同氏は述べた。「キリスト教宣教師およびヒンドゥー教組織もやはり彼ら独自の学校を運営している」。しかしマドラサにおけるカリキュラムの近代化の問題は差し迫った問題だった。政府はその問題を検討するために、前州知事のA・R・キドワイー教授をリーダーとする委員会を設置した。「私たちは未承認のマドラサに対し、カリキュラムの変更を行い、近代的な課目が宗教的課目とともに導入されうるように説得することに努めます。私たちは彼らに対して教育の主流に参加するように、強く勧めるつもりです」。同氏は、ムスリム・コミュニティのリーダーらは、ムスリムの子どもたちが、専門的職に就くためのより高いスキルを獲得し、他の国民から隔絶してしまうことのないような教育を与える方法について、真剣に考えるようにと要求した。集会の最後には二つの主要なモスクの指導者らが、この数日間、州首相の発言をめぐって多大な緊張が生まれたが、コミュニケーションギャップのいくらかの部分についてはその溝を埋めることができた、と述べた[13]。

州首相の釈明についてメディアでは、州首相は、党および左翼戦線の内外双方からの拒否反応で余儀なく譲歩をさせられたとの解釈が一般的だった。評論家のなかには、インドのセキュラリズムの範囲のなかでイスラーム原理主義の問題と取り組むための勇気ある発議が、マイノリティの票田からの容赦ない圧力で窮地に立たされていると主張する者もいた。また二点の興味深い組織変更が報告された。第一には、誤解や論争を考慮し、マドラサの管理運営が学校教育大臣であるカンティ・ビスワースの責任範囲から外され、マイノリティ問題大臣のモハンマド・サリームの担当に移される可能性が提案された。ビスワースはマドラサ改革について強硬路線をとっており、宗教教育を行っていた政府支援のシニア・マドラサを、[*17] 厳格な非宗教的カリキュラムに沿っている高等マドラサへ転換することを推し進めていた。ビスワースは以前から「なぜ政府は、マドラサにおいて宗教教育を行う教師陣に月給を払わなければならないのか？他の宗教学校に対してはそのようにしてきてはいないのに」との疑問を投げかけていたようだ。〈14〉もう一つの重大な変化はインド共産党（マルクス主義）の日刊紙『ガナ・シャクティ（人民の力）』においてのことであった。州首相は、自己の発言が党新聞における記事のなかでさえ不正確に伝えられていたと述べていた。ベテランの労働組合員で前国会議員のディペン・ゴーシュは、その日刊紙の編集責任者としての地位を放棄するように打診され、二月二五日には比較的目立たない州委員会の構成員であるナーラーヤン・ダッタが彼の代わりにその地位に任命された。

III

論争を再構築してみると、インドにおける宗教的マイノリティに対する世俗的国家政策の数々の可能性と制約がはっきりとしてくる。西ベンガル州の左翼戦線、特にインド共産党（マルクス主義）は、大規模なムスリムのマイノリティを抱えながら、また一九六〇年代までの宗教紛争の長い歴史にもかかわらず、過去二五年間においてはずっとこの州には宗教間の平和があったことを、当然のプライドとともに、常に明言してきた。例外としては一九九二年のバーブリー・マスジドの破壊[*18]とバングラデシュにおけるヒンドゥー寺院への攻撃に続いた短期的な暴動――行政と政治による迅速な対応ですぐさま抑制された――が挙げられるが、それを除けば左翼戦線支配下における西ベンガル州では、宗教間の暴動はなかった。西ベンガル州の選挙管理委員のほとんどの者は、左翼戦線は一貫して、ムスリム票の過半数を獲得していたと語っている。左翼諸党および、ここでもふたたびインド共産党（マルクス主義）は特に、いくつかの地区においてマイノリティ・コミュニティからリーダーを採用していた。これらの若いリーダーたちの多くが左翼諸党に魅力を感じたのは世俗的、近代的、進歩的組織というイメージが理由だったことが考えられる。

マドラサの近代化の問題は、テロリズムについての疑念との関連で、突然、脚光を浴びることになったが、インド共産党（マルクス主義）の指導者は、すでにしばらくの年月にわたり、この問題に関わってきていたと考えられる。マドラサ委員会に登録しているマドラサに対する政府の財政的支援の拡大と並行して、左翼戦線は一九八〇年代において、さらなる変革のプロセスを主導していた。その結果、高等および中等マドラサ――校数にすると約四〇〇校――が、アラビア語の必須課程一つを除き、通常の中高等学校と同じカリキュラムに従うことになった。実際、最近の論争のなかでも指摘があったが、州の高等マドラサにはムスリムではない教師および学生が非常に多くいた。男子学生よりも女子学生のほうが多かったが、これは、多くのムスリムの家族が娘たちを通常の中学校に入れるよりもマドラサに入れるほうが、より安心だとみている事実を反映していた。教師たちは、その他のすべての中学校の教師と同様にスクールサービス委員会という組織を通じて採用されていた。さらにマドラサ委員会に登録し、また財政的支援を政府から受けている一〇〇あまりのシニア・マドラサもカリキュラムの見直しに従った。その結果、約三分の二の課程が英語、ベンガル語、物理学、生命科学、数学、歴史、地理で構成され、約三分の一の課程をイスラームの宗教および法が占める内容になった。シニア・マドラサは、宗教的な職業に向けても世俗的な職業に向けても、十分な訓練を生徒たちに施しておらず、異常な状態になっていたと申し立てられた。マドラサ委員会体制に与しない多くの私立のマドラサで宗教的な教育を受けることを希望する生徒はどんどん減少していた〈15〉。マドラサのカリキュラムを今またさらに近代化するため、新たなイニシアティブがとられた。A・R・キドワイー教授を委員長とする委員会が設立され、問題を検討することになった。キドワイー自身、最近の論争のあいだに行われたインタビューのなかで、マドラサのカリキュラムを新たな雇用機会にさらに対応可能なものにするために、伝統的なユーナーニー医学[*19]や現代アラビア語をカリキュラムに導入する可能性を提案していた〈16〉。

いずれにしても、アメリカンセンターでの殺人事件以前から、イスラームの軍事グループの活動やプロパガンダに対する未登録のマドラサの関与について、党のリーダーたちが懸念を募らせていたことには変わりなかった。それはただ単に、警察情報局の報告書がそうした関与を示唆していたからだけではなかった。党のムスリムのリーダーたち自身も、原理主義のプロパガンダがムスリムの居住地区のなかで生み出している影響を認識するようになっていたのだ。『ガナ・シャクティ〈人民の力〉』〈17〉の論説の掲載記事として、インド共産党（マルクス主義）の大臣であるアニスル・ラハマーンが驚くような例を提供している。「ラーディンのための断食」というタイトルがつけられたその記事では、ひとりの指導者〈ラハマーンその人〉があるムスリムの村を訪ねたときのことが描写されている。彼は、ちょうどその村が断食の最中だと告げられた。ラマダーン月はまだまだ先だったので彼は驚いて、村人にその断食は何のためなのかと尋ねた。村人によると、村では帝国主義的な米国の攻撃の標的となったウサーマ・ビン・ラーディンの安全を祈っているのだということだった。大臣が出席する予定だった会合は、全員の断食の時間が終わった後、夕方遅くから始まった。記事の続きには、インドのムスリムはなぜビン・ラーディンを支援する理由がないかに関するいくつかの点について、ラフマーン・チャチャという村の長老が、政治的倫理や戦術との関連で論じたスピーチの要約が記されていた。この議論が、共産党の大臣自身の意見としてではなく、コミュニティの非政治的な「賢者」の声として紹介されていたことは興味深い。しかしその記事がもっとも衝撃的なのは、少数の「性急で無分別な青年たち」が、多くの普通のムスリムたちに対してもたらしている影響について認めていることである。

意見がもっとも分かれる点は、もちろん私立のマドラサの問題であり、急速にその数が増えてきていることについては誰にも異論のないところである。本当のところ、マドラサ委員会に登録していない私立マドラサが何校ほどあるのか、きちんと数えた者はいない。州が支援しているマドラサの一〇倍の数の私立マドラサが存在していると話す人も多い。私立のマドラサでは、学生たちに食事が提供され、多くの場合は宿泊場所も与えられるために人気があると広く言われてきた。インド共産党（マルクス主義）の大臣であるモハンマド・サリームが言うように、「まともな食事を家族が用意できない家庭の子どもたちは、食事や寝場所、そしてある程度の教育が与えられるこれらのマドラサを好むのだろう〈18〉」。何度も指摘されていることだが、マドラサはムスリムの親たちからすると、少なくとも息子に関しては、決して第一の選択肢にはならない。もしも経済的に許すのならば、親たちはむしろ普通の中学校をまず選ぶ。ほとんどの若いムスリムたちにとって、宗教的な職業はそれほど魅力的なものではなかったが、ただそれ以外の選択肢は低賃金かつ非熟練の肉体労働だということのみが理由となって、そこに入るのだった。マイノリティが独自の学校を運営する権利について声高に発言していた者たちも、自分の子どもをマドラサに送ってはいなかった。私立マドラサが伸びてきたのは、州が満たしえていない社会的ニーズがあったからである。コミュニティは、政府が機能していなかった部分を担っていたのだ。

私立マドラサはどのようにして資金を調達したのだろうか。コミュニティのリーダーたちは、寄付はムスリムの宗教的義務の一つであり、多くの人がその義務を非常に真面目に受け止めたのだと主張した。ほとんどの私立マドラサは近隣の家族から集められた資金や食料をもとに運営されていた。そして、大きなイスラームの財団がいくつか存在しており、そのなかにはサウジアラビアやペルシャ湾岸諸国に拠点をおく国際的財団から資金提供を受けているものも確かにあった。こうした財団は、時に私立マドラサに助成金を出していた。西ベンガル州のいくつかの私立マドラサは、複数の大きなビルを保有し、それぞれで三〇〇人から四〇〇人の生徒に無償で寮生活を送らせていた。こうした資金を地元で確保することはできないであろう。ただしこれらのマドラサの経営陣は、それが汚れた金であるとの示唆に対しては不快感を表明した。彼らの主張によると、すべての助成は合法的であり、デリーの関連省庁による審査を通過したものだということだった〈19〉。

これらの私立マドラサで教えられている課程の内容はどうであろうか。ジハードの戦士を賛美し、シャリーア[20]（イスラーム法）によって民法を差し替えることを要求しているとされる教材を引用したセンセーショナルな記事が主要紙の報道のなかに存在していた。しかし、ここにおいても再度、政治的な忠誠心のいかんにかかわらず、私立マドラサによって施される教育の質について、ほとんどのムスリムの代表者は、明らかに低い評価を下していた。彼らの不満は、州が支援する学校数が限られていること、そしてそれらの運営も必ずしも良くないこと、また代替の世俗的な私立教育にはあまりにお金がかかりすぎるということであった。

西ベンガル州の論争は、私からみると、セキュラリズムによる民主政治の条件を判断する上で鍵となるようなある重要な事実を提示している。そこでの問題は、世俗化する国家と、文化的アイデンティティを保全しようとするマイノリティ・コミュニティとの対立の一つとしてうまく提起されるにはいたらなかった。そうした論の傾向性は強力なものだったが、支配的なものとはならなかった。社会改革の問題は、ムスリム・コミュニティそのものの内部から出現しているものであると指摘する議論もいくつかあった。こうした傾向性も決して決定的なものではなかった。が、たしかに存在していた。それだけでなく、それは、誰がマイノリティ・コミュニティを代表するのかという問題に強く影響を与えた。この点についてはムルシダーバード県の議員であり、インド共産党（マルクス主義）メンバーであるマイヌル・ハサンによる記事でうまく明らかにされている[21]。

マイヌル・ハサンは、マドラサ教育の歴史と、さらには最近のカリキュラムの変更について述べた後、中学校が不足しているために私立マドラサが増加しているのだという見解を否定している。内部の者として彼は、マドラサを始めるという取り組みの、コミュニティ内部における主な理由は、ムスリムの青年に職を提供するためだったと論じている。ほとんどのマドラサは、地域コミュニティのイニシアティブによって、多くの場合、政党の支援を受けて設立されていた。またチャリティーによる寄付（ザカートやフィトラなど〔イスラームに基づく寄付行為〕）を通じてコミュニティ内で資金調達をすることが可能であった。ほとんどのマドラサはわずかな予算で運営されていたが、そこでは、教育を受けたムスリムたちに働き口が提供された。彼らは私立のマドラサで教えたり、モスクでイスラームの法学者となったり、年間を通じて宗教的集会で講義を行ったりするのだった。たとえあまり多くの収入をもたらすものではなくとも、これらは必要な役割であったし、少しばかりの教育しかないムスリムたちに、他の道はほとんど開かれていなかった。

記事の残りの部分は、マドラサのさらなる近代化に対する強い嘆願である。近代的な教育は必要がないと主張するムスリムは一人もいないであろう。その一方で私立マドラサでは近代教育を提供していないことについて、誰もが賛成する。ではなぜ政府は前面に出てきて「ムッラ〔宗教的指導者〕の生産工場」ではない近代的なマドラサを始めないのだろうか。ムスリム・コミュニティは、政策を支援するのみではなく、近代的な教育を提供するマドラサの設立に対し、資金的にも積極的に貢献するべきだ。

最後に、破壊的なプロパガンダやテロリズムの問題である。マイヌル・ハサンは法律を施行し、国家の安全を保障することが政府の任務であるという立場をはっきりさせている。警察ではなく、コミュニティが、破壊的行動に加担している組織に対処すると主張するのは子どもじみている、と彼はいう。むしろコミュニティの責務は、政府が正しい政策を立て、それを適切に導入できるように、必要な状況を提供することである。コミュニティで好かれ、敬意を抱かれているあるモスクの宗教指導者《イマーム》がいると想像してほしい、と彼はいう。その人が何年ものあいだ、人びとの祈りを導いてきたとする。今その人が、実はバングラデシュ出身で、この国で暮らし就労するための必要書類を保持していないことが判明したとする。彼が違法滞在しているという事実について争う人はいないだろう。しかし正しい策は、監督当局に、彼が必要書類をそろえるのを支援するように促すことではないだろうか。コミュニティはこうしたことを試みるべきであって、違法行為があるときに国家は動くべきではないと主張してはならない。

IV

誰がマイノリティを代表するのか。その問題は、マドラサに関する論争のなかで直接提起された。州首相がムスリムの知識人およびマドラサの教師陣と会合を開いた後、政党筋では、その会合の式典でのコーランの朗誦をめぐって不平が聞かれた[22]。なぜムスリム・コミュニティの代表者が出席する会合というと、いやおうなく宗教指導者《イマーム》たちや宗教学者《マウラナ》たちとの会合を意味することになるのか。その明らかな答えは、宗教的マイノリティと徴づけられ、コミュニティを代表すると主張しうる組織化された団体は、宗教的組織以外には公的領域にほとんど存在しないからである。なぜ、人口の五分の一がムスリムで、その中間層が拡大している西ベンガル州において、そうしたことが起きるのだろう。

それは、何人かのムスリムの専門家が説明した通り、コミュニティの組織は、宗教的職業に就いているムスリム男性らによって支配される傾向にあるが、彼らは、首尾よく都会の世俗的職業にこぎ着いた者たちに不信を抱き、かつ憤りを感じていることが原因だった。西ベンガル州のムスリムの圧倒的大多数は、村落にいて貧しい。都会の中間層のムスリムにとって、それらの人びとを代表することは可能ではなく、またたぶん、そう望むこともなかった。あるムスリムの官僚は「教育を受けていない、あるいは中途半端にしか受けていない集団は、非寛容で、狂信的で、危険である」との見解を示していた。

リベラルな意見をもつ専門職のムスリムが、宗派主義的な諸組織によって悪口の標的とされることは珍しいことではなかった。その結果、こうした人びとは、通常、コミュニティ諸組織のすべてからすっかり距離をおき、それらを、みずからの宗教的権威を誇示する人びととの手による揺るぐことのない支配のなかにおいたままにしておくことを選ぶのだった。ベンガル語の主要日刊紙に記事を書いているある記者によると、西ベンガル州の普通中学校に通う全学生のほぼ二〇パーセントがムスリムだということとだ。一方、政界を掻き回すのは私立マドラサの問題のほうだが、この問題に関わってくる学生数はたった二〇〇〇〜三〇〇〇人なのだ。「政治リーダーは、あとどれだけ長い期間、宗教指導者《イマーム》たちに屈服し、ムスリム社会内部の改革を見あわせるのだろうか?」とその記者は問いかけていた。州および国の政界にいるムスリムの政治家たちは、一様に、メインストリームの組織において教育を受けており、世俗的な職業に就いていることが多かった。しかしムスリム社会の改革に関して議論が起こるたびに、皆が、コミュニティの代表者として耳を傾けるのは、毎回、宗教指導者《イマーム》たちであった。

彼女は「ムスリムの原理主義および宗教的偏狭との闘争における主な障害は、ムスリム社会のなかで増大しつつある、教育を受けた啓蒙的な人びとのグループの沈黙である」と主張する。〈23〉

そこで次のような問いが浮かぶ。世俗国家において、マイノリティ・コミュニティの内部的改変についての議論を行うための適切な制度とはいかなるものか？独立して以来インドでは、近代化する国家がたびたび伝統的な社会組織や実践を法的・行政的な干渉を通じて変化させようとしてきたが、それに対してマイノリティの宗教コミュニティは、彼らはそれぞれの宗教的および文化的アイデンティティを守る権利を有するべきであり、さもなければ社会を均質化しようとする多数派主義の政治に翻弄されてしまうという主張を常に行ってきた。インド国家は一般的に、マイノリティ・コミュニティの組織や実践に関して、近代化のための干渉という計略の推進をおおむね避けてきた。そのことは結果として、近年、ヒンドゥー右翼がインド国家および中道・左派の諸政党の「擬似セキュラリズムおよびマイノリティ融和政策」を非難する激しいキャンペーンを生むことになった。西ベンガル州の場合でさえ、私たちがみてきた通り、私立マドラサを政府の規制下においてもよいのではないかという提案は、ムスリムのコミュニティを代表していると主張する人びとからの激しい抗議を引き起こし、政府は、多くの人が譲歩とみなす動きをとらざるをえなくなった。コミュニティの制度内部がみずから改革のために動くという代替案については、多くの潜在的な改革者によって、非常に困難で実現可能性がないこととみられている。西ベンガル州の場合でさえ、ムスリムのリベラルな中間層がコミュニティの制度に関与しようとすると、またしても、階級、職業、イデオロギー的方向性などの諸因子がその邪魔をすることを私たちは目のあたりにしてきた。

しかし、私が思うに第三の可能性があり、それは最近の西ベンガル州の論争の文脈のなかにさえみてうかがえる。それは優勢な傾向ではないのだが、はっきりとした存在になっている。この改革主義的介入は国家の法的・行政的な装置の内部で限定的に起こるのではない。あるいは市民社会の非政治的領域で起こるわけでもない。むしろ、それは、私がこれまで政治社会と呼んできた、開発および福祉の広域にわたる政府諸機能とコミュニティの諸制度の働きとのあいだにおける重なりあいのなかで機能するのである。これは、正式な市民権に基づいた市民的規範には相反する、半合法的実践の領域であることが多い。しかしこの領域においては、多くの貧困層や恵まれない人びとが福祉や開発に関する政府の諸機能を利用できるように、新たな、そして多くの場合文脈的で過渡的な、公平かつ公正な規範をつくりだす試みがみられる。そこでは、人びとを代表するという主張が行われるが、それは、政府諸機能とコミュニティの諸組織のあいだの重複的領域において確立されなければならない。西ベンガル州の場合には、国家の介入や市民社会の行動を通じてではなく、むしろ政治的代表者を主体として、改革キャンペーンを推進する試みがみられるのだ。西ベンガル州の左派政党の政治的代表者たちのなかで、ムスリムの者は、通常、ムスリムの有権者たちから大きな民衆的支援を得ている。それは、彼らの能力というよりも、彼らが職、健康、教育、水、道路、電気等々の利益の提供を公約していることによる。ただし、コミュニティ諸組織もまた政府諸機能のネットワークに組み入れられているという理由だけから、マイノリティ・コミュニティの政治的代表である彼らが、コミュニティ内の諸問題について語る権利を必ずしも断念するとは限らない。マイヌル・ハサンが指摘した通り、私立マドラサの設立についてさえ、地元の政治リーダーたちの積極的な関与のもとに行われなければならないのである。この領域こそが、政府とコミュニティの内外を横断する改革主義的な介入がさまざまなモードで生じうる領域である。そうした介入によってこそ、誰がマイノリティを代表するのかという問いが民主化される可能性がある。

私はここにおいて、セキュラリズムの政治の異なる様態について、ヒントのみを提示したにすぎない。私は潜在的可能性として、その重要性を強調する。ただし、私はその現実性について誇張すべきではなかろう。二〇世紀のベンガルにおけるヒンドゥー・ムスリム関係を学んだ者として、また、そこでの宗教間暴力についての膨大な証拠と密接に関わって生きてきた者として、ヒンドゥーかムスリムかにかかわらず、ベンガルの人びとが内在的にもっているセキュラリズムのいっさいについて、バラ色の考えを何ら抱くことはできない。実際、私はたびたび、西ベンガル州およびバングラデシュにおいて宗教間対立の問題はなんらかのかたちで解決されてきたと考える、多くの左派およびリベラル派の人びとの自己満足について心配している。他方で、過去三〇年のあいだに西ベンガル州の村落地方で起こった大きな政治的動員は、デモクラシーについての深い示唆を与えるものだと強く思う。デモクラシーそのものがセキュラリズムを保証するものではまったくないことは、広く知られている。選挙での多数派が、マイノリティ・コミュニティを攻撃するために動員されることがしばしばあるからだ。このことはグジャラート州においてはっきりとみることができる。その一方、マイノリティに保障されている諸権利に基づいて伝統主義者さらには原理主義者が、マイノリティ・コミュニティの内部において、より発言権を得ることになっているというのも事実である。ただし、誰が彼らを代表するのかという問題についての交渉が、より効果的な民主的プロセスによって行われるようになれば別である。私は、西ベンガル州の政治社会において、こうしたプロセスが働いているとみている。

しかし、この論争のなかで同様に強調されてきたもう一つの点は、地方の固有な状況における政治的可能性に対し、グローバル政治上のさまざまな要因が課している限界についてである。二〇〇一年九月一一日の事件のあとに米国が起こしたグローバル政治の潮流は、世界のほとんどの場における政治社会に新たな制約を課した。いわゆる「テロとの戦争」を遂行するにあたって帝国のもつ諸特権が今や強引に行使されるようになった。確立されていた国際諸法規および手続きは傲慢に無視されるようになった。また自国の安全のためという名目によって、市民および在留外国人双方の市民権が剝奪されるようにもなった。さらに何にもまして、「テロリスト」および「テロリズムに共鳴する者たち」というユビキタスな、そして無限に融通のきく概念――その人の政治的欲求が、支配体制や支配的権力の怒りをたまたま買っている、ほとんどあらゆる個々人、グループ、民族、国民に対して用いることができるレッテル――が、世界中に拡散するようになった。これらはいずれも民衆政治にとってはマイナスの影響しか及ぼさない。私が何度か指摘してきた通り、政治社会は紳士クラブではない。政治社会は、しばしば意地悪く、危険な場となりうる。近代の自由社会擁護のためと主張する人びとが、皮肉にも国家暴力を展開させている。政治社会における暴力的で憎悪に満ちた動員は、その正当性をそのなかから引き出していく一方、忍耐強く人道的で民主的ながら華やかではない社会変革のもろもろの試みは、厳しい重圧下におかれてしまう。今日、ニュースを騒がせるのはほとんど前者〈暴力的で憎悪に満ちた動員〉にあたるものばかりだ。ただしかし、歴史は、後者の努力〈社会変革のもろもろの試み〉を通じてつくられていくことをただ望むのみである。

二〇〇二年四月二一日、オハイオ州オベリンのオベリンカレッジにおける「セキュラリズムの位置づけ」についてのカンファレンスで。結びの講演より。

第7章　インドの都市は、ついにブルジョア的になりつつあるのか

あるいは、このように叫ぶこともできよう。
インドの都市はブルジョア的になってしまうのか。

I

背後の感情がいかなるものかはさておき、このような問いかけをするにはいくつかの理由がある。第一に、過去一〇年前後のあいだに、インドでは都市を浄化し、通りや公有地から不法占拠者や不法侵入者を排除して、正式な市民の本来的な利用のために公共の空間を取り戻そうという試みがなされてきたことが見て取れる。この運動は市民グループによって推進されており、すべての人が法に従うような健全な環境に対する市民の権利の擁護を唱える、ある活動家の裁判官から一貫した支援を受け

ている。第二に、すべてのインドの大都市において中間層の郊外居住化が進行するなかで、他方では、植民地以前のものか植民地時代のものかにかかわらず、歴史的都市の建築遺産および文化遺産の保全に関する懸念が増大しており、それが組織化された動きや諸法規に現れてきている。第三には、公的空間が正式な市民の一般的な利用のために取り戻されている一方、エリート層の消費とエリート層の生活様式とエリート層の文化のために分離・保護された空間が広がり、増えてきている。

これは多くの意味で、独立後、インドの都市によって構築されてきたパターンとは逆方向の動きである。そのパターンとは——一九五〇年代および一九六〇年代において——植民地時代に作り出された都市のエリート層が、政府機関の役職にあったヨーロッパ人に取って代わり、民衆による選挙代表制の新たな制度を統制する手法を編みだし、都市に対する彼らの社会的・政治的支配権を行使するようになった、というものである。カルカッタにおいてはたとえば、裕福な地主たちや専門的職業に就く者たちは、与党の会議派の後援者になったり、選挙で代議士になったりすることが多かった。富裕層は都市近郊における社会的、文化的、道徳的リーダーシップを発揮するにあたり、一般的な中間層の動きの先頭に立っていた。そこにはたとえば学校、スポーツクラブ、市場、喫茶店、図書館、公園、宗教的集会、慈善事業組織等々といった、非常に密度の濃い地域組織ネットワークが存在していることが通常であった。それらは富裕層や中間層によって組織され、支援されており、それらのネットワークを通じて活発な参加型の都市コミュニティの感覚が創造され育成された。中間層の子どもたちにとっては、近隣の学校に通い、近くの公園で遊ぶということが、そして青年男子にとっては、近所のクラブあるいは喫茶店にアッダ、（仲間のあいだで知的な議論を行う集まりのこと。カルカッタで、教育のある中間層青年のあいだで盛んに行われた〕をしに集うことが、また主婦にとっては近所の図書館から本を借りる、あるいは近くの市場で洋服を買うということが、年配の者にとっては近隣の施設に集まって宗教説法や礼拝音楽を聴くことが特別ではなく普通のことであった。ほとんどの地域は階級的に混ざりあっていた。大型の邸宅あるいは優雅な中流の家々が並んだ表通りの裏には、奉公人たちの住む混みあったスラム街が隠されている。都市の工業地域は、もちろん大勢のスラム居住者人口を包含している。しかしながら、都市の貧困層は、富裕層とのパトロン‐クライアント関係の結びつきを有することが多く、それは単に個人的な関係だけではなく、慈善的な組織さらには組合の原型のようなものによって媒介されていた。それはディペーシュ・チャクラバルティが、カルカッタのジュート工場労働者について記した彼の著書のなかで示した通りである。〈1〉産業労働者階級が政治活動家によって組織化されたときでさえ、諸組合が中産知識人階層とスラム居住労働者とのあいだに活発なつながりを提供した。

少なくともカルカッタの都市に関する限り、独立後の最初の二〇年間は、近隣地域コミュニティを創造し育成しようと試みた近隣地域の諸制度のネットワークを通じて、富裕層の社会・政治的な支配と中間層の文化的リーダーシップが維持されていたと、私は主張したい。カルカッタにおける近隣地域は階級的には均質ではなく、言語、宗教、民族という点においてもしばしば多様であった。〈2〉階級間の社会的境界はさまざまな文脈のなかではっきりと維持されていた一方、階級の枠を越えるコミュニティの感覚もまた、〔ベンガル語で〕ポラと呼ばれる近隣地域という考え方を通じて積極的に育てられていた。こうした考え方は近隣地域の諸組織によって日々支えられていたというだけでなく、地元チームと他近隣地域のチームが戦うサッカーの試合、野外シアターや地元の公園での音楽パフォーマンス、あるいは毎年行われるドゥルガー・プージャー〔ドゥルガー女神を供養する秋の大祭〕などもろもろの機会に大勢の住民が定期的に集まっていた。ただし、これらのコミュニティの構成は、階級に関しては混成していたものの、そのほとんどの場合において言語、宗教、また民族的には均質であった。一九六〇年代初頭にこの現象を詳しく研究したニルマル・クマール・ボースは、居住地の選択には必ずしもそうでないとしても、人びとの社会的紐帯において、カルカッタでは同じ民族集団が一緒に集まる傾向があることを突き止めた。宗教あるいは言語によって枠づけられる各民族コミュニティは、近隣地域の空間においては他集団と重なりあいながらも事実上は分離していた。ベンガル人だけでなくマールワール人、オリッサ人、ウルドゥー語を話すムスリム、英国人との混血インド人〔アングロ・インディアン〕、グジャラート人、パンジャーブ人、中国人など、それぞれが独自の結社のネットワークを有していた。このボースによる、ある意味、失望させられるような結論は「都市人口のなかの多様な民族集団は、総じて互いに、インドのカースト間にみられるのと同様な関係をもつにいたっている」ということだった。〈3〉 実のところ都市におけるベンガル語を話す人の割合――一九六一年には六三%――を考え、さらにベンガル語を話す人が住んでいる近隣地域が、唯一の民族的に均質な地域と言える事実を考えると、カルカッタの都市におけるベンガル人の立場は、インドの多くの村落地域における支配カーストのそれとある意味同様のものだったと言い得る。ベンガル人の近隣地域における公共生活が濃密で目に見えやすいことによって、圧倒的なベンガル人都市としてのこの街の外観そのものが生み出された。

しかし富裕層や権力者層とのパトロン‐クライアント関係によって維持されるカーストのような結社的生活は、近代的都市におけるブルジョアの公共的生活の定義にしっくり合うとは必ずしも言えない。明らかにカルカッタは、一九五〇年代、一九六〇年代の他のインドの諸都市同様、本来の近代都市へと移行することに失敗した。ニルマル・ボースは、一九六五年の『サイエンティフィック・アメリカン』に掲載された有名な論文において、カルカッタを「大都市を生み出すと想定された産業革命に先駆けて……歴史の段階が合わないまま……伝統的な農業経済の環境のなかに現れた時期尚早の大都市」と呼んだ。〈4〉工業都市カルカッタにおける労働者階級の組織や意識の性質についてディペーシュ・チャクラバルティが出した結論もそれとほとんど変わらなかった。彼が論じるには、工場やスラム街において維持されていた前ブルジョア的モードの社会のありかたは、労働者が一つの階級として行動する能力を阻害していた。〈5〉一九七〇年代初期に初めてボンベイを訪れた後、私には、都市とブルジョアの関係が素晴らしく近代的で有機的なものに思え、それに羨ましさを感じたことを記憶している。ただしボンベイの歴史について詳しくなるにつれ、すぐにそうした考えは捨てるにいたった。カルカッタが近代的でもブルジョア的でもないと言うのなら、ボンベイにしても同じことだ。そうした発見は慰めとなった。

II

社会的・政治的支配の古い構造は、デモクラシーと開発の二重の影響によって、一九七〇年代と一九八〇年代にその大部分が様変わりを遂げた。敵対する諸政党が都市部において選挙支援への動員を増やす努力を強めた一方、主に地方からの移住によって生じた大都市部における人口の大幅な増加は、政情不安、犯罪、ホームレス問題、不衛生、疾病に象徴されるように爆発寸前の社会状況を生み出した。これが特に都市の貧困層を対象とした住居、衛生、水、電気、交通手段、学校、公共医療サービスなどの提供という、新たな懸念につながった。この何十年間かに、都市生活の構造のなかで、その構造を限界まで圧迫するほどに急増していた貧困層人口に対応するための開発や福祉の事業が急増した。それらの事業は、主に中央政府の資金援助をともなうもの、また世界銀行などの機関からの相当な額に及ぶ国際的支援をともなうものが多かった。

一方における選挙向けの動員に対する要求と、もう一方の福祉配分の論理は重なりあい、一体となった。私は本書の他のさまざまな部分でそうした領域のことを政治社会と表現し、市民社会の古典的な考えと区別してきた。都市の貧困層のための福祉行政は、市民社会において組織された市民と国家との通常の関係の論理とは必然的に異なる論理に従わざるをえなかった。都市の貧困層の暮らしにおいては、公共の土地に不法占拠者として住み、公共の交通手段に無銭乗車して移動し、水や電気を盗み、公園や通りを不法に利用するなどのことが頻繁にみられた。そうした資源が利用可能である以上、貧困層が政府からの便益を受けるのは、まず彼らがやり方を正し、正式な市民になってからであると主張するのは、非現実的だった。一九七〇年代、一九八〇年代におけるいくつもの都市開発計画では、貧困層の大部分が、住む場所についての正当な権利がないまま都市に住まなければならないことを前提としていた。それでも監督当局はスラムに、水、衛生設備、学校、医療センターを提供した。電気会社は、盗電による損失の低減化を図るために、不法占拠集落全体を相手に共通レートを交渉した。ボンベイおよびカルカッタの郊外の鉄道局は、予算の算定にあたり、あたり前のように半数あるいはそれ以上の通勤客が切符を買わないであろうことを前提としていた。都市における貧困層の人口は、平和な状態に治められていなければならないし、もっと言えば面倒をみてあげないといけなかった。その背景には、彼らは都市の経済に必要な労働力およびサービスを供給しており、もしも何らの配慮も払われなければ、全市民の安全や幸せを脅かすかもしれなかったことが挙げられる。

非常事態宣言時におけるスラムの強制的な取り壊し時と、デリーのトルクマーン門地域からの居住者の立ち退きのニュースが広まったときに国中に広く拡散した嫌悪感は、ほとんど象徴的と言っていいほど、その時勢における一般的な態度を代表していた。街を一掃することへのサンジャイ・ガーンディー〔インディラの次男で、会議派青年部のリーダーであった〕の熱意は、ポストコロニアル都市の民主的文化とは対極にあるとみられた。このような一般的な態度は、一九八〇年代における都市の貧困層の支援に取り組む司法の全面的な意欲のなかにも反映されていた。それは、貧困層が都市に住み、生活をする権利があること、そしてさらに政府の監督当局は、なんらかの再定住地や更生支援を提供しないで恣意的に彼らを強制退去させたり、罰則を与えたりすることはできないのだということを事実上、承認するものであった。

しかしこのプロセスが、貧困層に対して市民権を与えることを意味していると考えるのは誤りであるだろう。そうはならなかった。実際のところ、本書の他の部分でかなりの紙面を割いて論じた通り、市民と人口は、注意深く概念的に区別される。人口は人びとについての経験的カテゴリーであり、開発・福祉政策の執行にとって意味のある特定の社会的あるいは経済的な属性を備えているものである。したがって、スラムに居住する子どもたちのためとか、貧困線以下のワーキング・マザーのためなど、さらにたとえば雨季には洪水になりやすい居住地のためなど、それぞれ特定の事業がありうる。この種のそれぞれの事業や、それらの事業が策定されるもとにあるより広範な政策は、個別の住民集団を同定する。その同定は、国勢調査や地籍調査を通じて行われ、その規模そして一定の社会経済的または文化的な特徴が経験的に決定され記録される。人口諸集団はそのようにして統治知識の分類体系によって生み出される。市民権の場合には、国家主権を分かちあい、国家に対して権利を主張できるという倫理的な意味あいを内包するが、人口諸集団の場合はそれとは違い、倫理的な請求権をそもそももちあわせてはいない。彼らが統治機関からなんらかの配慮を受けるとしたら、それは彼らが単に、経済的・政治的・社会的アウトプットの観点からみた費用対効果を根本原理とする政策の恩恵を受けるにいたったということにすぎない。これらの計算が変われば政策は変更され、政策の対象集団の構成も変更される。実際、詳細な理由づけはなしに、ここでごく一般的な理論的指摘をさせてもらうとすると、開発と福祉に関する政府の行政が異種混成的な社会を生み出したのだろうと私は考える。それは、多様な人口諸集団からなる社会であり、そこでは多様で柔軟な政策による対応が必要とされる。そこうした社会のありかたは、均質的《ホモジニアス》なネーションへのこだわりが基本的かつ徹底的である、市民権の概念と著しい対照をなしている。

都市の貧困層に帰属する人口諸集団が、なぜ正式な市民と対等に扱われえないのかには、明らかな理由がある。もしも不法占拠者に対し、政府の監督当局が、公共のあるいは私的な土地における彼らの不法な占有になんらかの正当性を与えるとしたら、合法的に所有されている財産権の構造全体が脅かされてしまうことになる。都市の貧困層の大部分の住居および生計は、法律違反を前提とする場合があまりに多く、まさにそれゆえに彼らを合法的な市民として扱うことはできないのだ。またその一方で先に触れた通り、これらの人口諸集団を都市に必要な居住者としてとらえ、一定種類の便益および保護を与えることに、強力な社会的、政治的理由も認められるのだった。地方公共団体の組織、警察、医療サービス、交通局、電力供給会社など、さまざまな機関の要人たちは、法制度や財産制度の枠組み全体を危険にさらすことなく、実際の状況に応じて、あるいはその場その場で、または例外的に、便宜や便益を供給するための多くの方法を考案した。低賃金労働者や奉公人たちを都市の公共生活に統合するために政府当局によってつくられた、あるいは少なくとも認められた、擬似法的な取り決めの基礎構造全体の出現は、一九七〇年代および一九八〇年代におけるインドの諸都市の統治に関するおそらくもっとも画期的な発展だったと言えるかもしれない。

これらの取り決めは、市民社会と国家の関係の領域で機能していたのではないし、実際、それはありえない。それは憲法上保護された権利構造内に枠組みされた関係を国家と結んでいる、正式な市民の居住領域である。市民社会における市民の諸結社は、法律に従う市民を代表しているため、権利として、政府組織からの配慮を要求することができる。政府組織は、不法占拠者や露店商たちの諸結社を、市民社会の合法的な諸結社と同じように扱うことはできないのである。

政府諸機関と都市の貧困層の人口諸集団との関係は、市民社会の領域ではなく、政治社会の領域で決定される。ここは異種混成的な社会の領域であり、多角的で柔軟な政策が実行される。そしてそれらの政策に適応し、立ち向かい、利用しようと模索する人口諸集団には多様で戦略的な対応が生まれているのだ。この統治性の領域に関する政策は、決して、単に福祉に支出することではない。むしろ望ましい成果を導くために、絶えず、報奨と費用、誘導と懲罰の見直しをする試みが行われている。したがってスラム街には、スラム居住者が街路や公園を汚さないようにという期待の下に、公衆衛生が提供されうるのだ。もしもこれが期待通りにうまくいかない場合には、報奨と費用の別の枠組みが試されることになるだろう。明らかにこのことは、監督当局と人口諸集団間に継続的な交渉の場をつくりだす。いかなる利益がどの集団に、どれぐらいの期間にわたって与えられるのかは、一連の戦略的な交渉の結果次第となる。

これが政治社会の領域である。私たちは、ここで市民社会における国家と市民のあいだの関係を話題にしているのではない。それとは対照的に、これらは人口諸集団と政策を実行する政府機関との関係である。監督当局を相手に戦略的政治交渉というゲームをするには、人口諸集団も、みずからを組織立てなくてはならない。政府の政策は、常に彼らを、異種混成的な社会の個別要素ととらえて対処しようとする。政治組織の使命は、ある人口集団の経験的事実としての個別性を、コミュニティとしての倫理的連帯へと鋳直すことである。これが一九七〇年代、一九八〇年代のインドの都市の政治社会において、何度となく達成されてきたことだ。

そこには政治リーダーと政党による、動員と仲介がなされる新たな領域の開拓が含まれていた。富裕エリート層および中間層を一方に、貧困層を他方においたパトロン－クライアント関係の古い構造は急速に変わった。貧困層に向けての社会福祉事業に関する政府行政の政治は、政党および政治リーダーたちによる競争的な動員というまったく新たな領域を生み出した。この期間にボンベイやカルカッタのような古くからの産業諸都市で生じたもっとも著しい変化の一つとして挙げられるのは、工場で組織された労働組合の有効性が低下し、スラムを中心に組織化された運動が増加したことである。ボンベイにおいて共産党主導の労働組合は、まず型破りな労働運動組織者のダッタ・サーマント[*1]が率いる運動によって、そしてその後ヒンドゥー主義の右派であるシヴ・セーナーの支部間で構成する近隣地域ベースのネットワーク組織を通じてつぶされた。カルカッタでは、最初に一九七一―一九七二年にインド共産党（マルクス・レーニン主義）[*2]およびインド共産党（マルクス主義）の活動家に対する国家テロが起こり、一〇〇〇人以上が死亡、数千人が投獄あるいは国外退去になった。[*3]一九七七年の非常事態〔第2章訳注14参照〕の終焉まで、都市における左翼政党の政治活動は実際上許されなかった。インディラ・ガーンディー率いる国民会議派の若手指導者たちが、新たに都市的な政治社会の構造をつくりあげたのはこの時期である。ここでもまた、基本的には近隣地域が基礎となり、多くの場合、慎重なる区域分けの上で誰がどの地域の集団に帰属しているかをなるべくはっきりと確定させていた。こうして成り立ったそれぞれの地域グループは、自分たちを監督当局による懲罰的な行動から守るため、そして政府政策がもたらす利益を享受するために、政治リーダーあるいは政党によって代表されることを模索した。共産主義者たちが一九七七年以降に都市の政治に戻ってきた際、彼らも同様の方向で近隣地域の組織化を進めた。興味深いことに左派政党が、現在、すでに二五年間にわたって西ベンガル州を支配しているにもかかわらず、一九七〇年代初期にカルカッタの比較的古い地区において国民会議派リーダーたちが構築した支持構造の多くは、いまだに完全に残ったままである。

一九七〇年代および一九八〇年代における貧困層の競争的な選挙動員により、貧困層は新たな戦略的資源を使うことが可能となった。貧困層は今や、選択の権利を行使できる、あるいは少なくとも選択の権利を行使すると脅かすことができる。仮にある指導者もしくは政党が彼らのために何かを為すことができなかったとすると、彼らは次の選挙では、支持する側を変えるとか、ライバル政党に票を入れると脅かすことができる。これは実際にインドのいくつもの大都市で何度となく起こったことである。もちろん政治社会の場におけるこれらの交渉の大部分は法律に違反する行動をともなうものなので、それらのなかには暗示的レベル以上の暴力も常に含まれている。市民社会の平和的な合法性は、ここにおいては常に保証されているわけではないからこそ、政治社会における有効な動員は暴力の統制的組織化〔主に下層民を暴力集団として組織化して、政党による動員のための手段として用いること〕を意味することが多い。これに関してはボンベイ、デリー、カルカッタ、マドラスで見られる集合住宅やスラム街から無数の例を挙げることができるだろう。トーマス・ブロム・ハンセンによるボンベイのシヴ・セーナーに関する最近の著書には、この現象に関するものとして私の知る限りでもっとも体系的な研究が記されている。〈6〉

III

状況は今やふたたび変化した。一九九〇年以来、そして過去五年間ほどにおそらくもっとも劇的に、インドの大都市に対する支配の態度に明らかな変換が起きたのだ。このことが私のこの話のなかでの冒頭の疑問を掻き立てたのである。つまり、インドの都市はついにブルジョア的になりつつあるのか？ということだ。それは一九八〇年代に存在した政治社会が後退したということではない。それは単に政府の都市政策の変化にともない、政治社会の下で組織された特定の人口諸集団が変化したということに過ぎないのかもしれない。しかし間違いなく市民社会の活動は活発になり目に見えるようになっている。インドの大都市という大都市において、組織化された市民の諸集団が前面に現れ、市民生活の質の向上のために、土地や公共空間そして主要道路の適切な使用に関する法および諸規制を制定し、それらを厳格に遵守するように、行政および司法に対して要請している。どこにおいても、不法侵入者と汚染者から都市を解放することを、いわば、都市をその正式な市民の手に戻すことを訴える叫びが支配しているようなのだ。

この変化の理由を理解するにあたって私は、近代インドのイメージにおける都市の位置について考えることが必要であると思う。インドの村落部については、ナショナリズムの時代に、保全あるいは変革のための創造的でイデオロギー色の強い、情熱的なプロジェクトが多数見られた。しかし、再三の指摘のとおり、理想的な未来のインドの都市についての根本的な思想はほとんど生まれなかった。

ギャーン・プラカーシュは近年、この点について検討している。〈7〉そのパラドックスは実に興味深い。なぜなら一九世紀および二〇世紀におけるインドの植民地近代の場は明らかに都市であり、そここそ、インドのナショナリスト・エリート層が生み出された場であるからだ。しかしナショナリズムの時代に生きそして働いた二世代、三世代にわたる社会・政治思想家、学者や芸術家、詩人、そして小説家たちは、自己の想像的なエネルギーのほとんどを、未来のインドの都市について考えるのではなく、近代という時代に適合するインドの村落部という理念を生み出す仕事に充てたのだ。

パラドックスの答えはたぶん、都市について考える上でインド人エリート層の行為主体性が、周知の通り欠如していたということにあると考えられる。近代産業そのもののように、産業都市は西洋近代の産物であったことに疑いの余地はない。英領インドの植民地都市は大まかに言って英国の植民地支配者層の創造物であり、インド人はそれにみずからを合わせたのだった。インドの偉大なる植民地都市の中間層には、周りの環境をみずからは支配してはいないという感覚が常にあったように私にはみえる。一九世紀末にカルカッタの中間層に対して多大なる精神的影響を及ぼしたラーマクリシュナ・パラマハンサ[*4]は、彼の信者に対し、都市の裕福な家庭に住み込みで働いて一生涯を過ごしたというメイドの話を何度もしていた。

そのメイドは雇用者宅を自分の家と呼んでいたが、彼女は心の奥底で、それが彼女の家ではないことはわかっていた。彼女の家は遠くの村にあった。〈8〉長いあいだおそらく一九五〇年代になるまで、大都市は、インド人の中間層の心に精神的落ち着きや故郷の安らぎをもたらすことがないままであった。

彼らの生命と未来が都市の運命と必然的に結びついていることが動かせない事実となったときでさ

え も、中間層は非常に両義的な立場をとった。金銭と商業とによって腐敗し、危険なほどに誘惑的な娯楽によって汚された、完全に世俗的な場所としての大都市に対する民衆の態度のいくらかは、都市の中間層にも共有されていた。この様子はババーニーチャラン・バンデョーパーディャーイが、おそらくインドの都市社会学では初のテキスト[9]とみられる『カリカーター・カマラーライ〔吉祥の女神ラクシュミーの住まう街、カルカッタ〕』を書いた一八二〇年代の早い時期にすでにみられている。そうこうするうちに拡大家族が経済的変化の圧力で崩壊し、核家族に関する新しい倫理が模索された。しかし新たな倫理は、都市の外の世界を——そこにおける学校、通り、公園、市場、劇場などを——家族にとっても、郊外の環境のなかで成長している子どもたちにとっても、危険だとみなしていた[10]。中間層はこれらの都市の制度に対して、自分たちの道徳的影響力を行使し、一九五〇年代および一九六〇年代のカルカッタのこととして私が前述した、近隣地域のモラル・コミュニティの構造を形成していた。

しかしながらまだ明らかに誰の手にも負えない部分があった。インドの産業大都市の想像上の形態学——いうなればモラル・マップであるが——はいかなるものであったのか。西洋のモデルについては、すでに植民地支配者の庇護の下で模倣されていたが、その結果については賛否両論ある。諸モデルが期待した成果をもたらすことがなく失敗に終わった時点で、都会のインド人たちは単純に、その不完全な模倣にみずからを適合させた。その結果、ニルマル・ボースが「時期尚早の大都市」と嘆いたような反応が多々生まれた。しかしインドの産業大都市についての新たなモデルは存在していなかった。ジャワハルラール・ネルーは、インドの歴史にも伝統にも制約を受けない未来都市、チャンディーガルの建設のためにル・コルビュジエ[*5]を招いたが、それは、ユートピアの夢というよりもおそらく彼の絶望の兆しを示していた。というのは、ネルーには、未来のインドの都市として彼が採用できるような系統だった理念がまったくなかったからだ。

一九七〇年代にインドの大都市が爆発的に拡大すると、先に私が触れた通り、特に都市の貧困層に照準をあてた福祉政策などを通じて、その衝撃を抑制し、恐るべき結末を鎮めようという試みがなされた。具体的には、都市においてきちんとした生活を送るには十分な資源を有しない人口諸集団に対して必要な物資を融通するために、市民的な規範や諸法規に対する無数の違反を許容した。都市の諸サービスは破綻するほどまでに酷使され、都市環境の質は急速に劣化した。人口過密と不衛生については、大方、第三世界の工業化には不可避な要素として受け入れられた。西側諸国と同等の生活の質を期待することには無理があるのだと議論がなされた。メキシコシティ、サンパウロ、ラゴス、カイロ、バンコク、マニラ等々――第三世界の他の諸都市でも同じことが起こっていたのではなかったか。

一九七〇年代、一九八〇年代において、政治社会の領域で都市の貧困層を管理・運営するということは、都市の政治に対する富裕層の古い支配の終焉を意味しただけでなく、さらに重要なこととして、都市政治のごたごたからの中間層の撤退を意味するものであった。このことは一九九〇年代の変革にとって重要な前提条件だったと私には思える。地方公共団体当局、警察、土地開発事業者、犯罪者集団、スラム居住者、あるいは路上行商人など、それぞれのあいだの混乱したやりとりにまつわる面倒くさい問題は、泥臭い地方政治家たちにまかせ、正式な市民は市民社会に退却していった。都市の貧困層の生活について関与する場合においてさえも――実際そういう場合は数多かったのだったが――中間層の運動は意図的に、厳密に非政治的な世界で活動するNGOに限られた。

一九九〇年代において、ポスト産業都市という新たな考え方は世界的に模倣されるようになった。これは産業革命のエンジンであった伝統的な製造業の終焉をみた都市のことである。新たな都市は、製造業によってではなく、金融業およびさまざまな法人向けサービスによって主導される。世界の諸国民経済がグローバル化された資本ネットワークによって統合され、製造業そしてサービス業までもが、ヨーロッパおよび北米における従来の諸工業都市から世界中のさまざまな拠点へ拡散したことにより、経営統制機能の集中化の必要性は以前より大きくなった。新たな都市を特徴づけるのは、最新の輸送・通信施設そしてオフィス空間を有する中央ビジネス地区である。これは大都市間の、そして情報処理や統制機能を遂行するグローバルネットワークの結束点だ。経営および金融のオペレーションの他に広告、会計、法務、銀行業など一定の種類のサービスは、こうしたビジネス地区に集中する傾向にある。

ビジネス企業の新たな配置によって、社内で生産するのではなく、市場から多岐にわたるサービスを調達し利用する需要が創出された。新たな大都市の成長は、基本的に製造業からサービス業優勢の都市経済への移行というかたちで特徴づけられる。したがって、中央ビジネス地区の外にある都市の残りの部分は、地区間の物理的な連続性があるということを越えて、機能的な相互関連性を有するのだが、社会的には差別化される都市空間として特徴づけられていく。このように経営陣やテクノクラートなどのエリートのために新たに分離された閉鎖的空間が創られている。これらは米国のいくつかの都市にみられるような排他的な近郊地域や、パリ、アムステルダム、ブリュッセル、ローマ、そしてミラノのような歴史的都市において刷新され再開発された地区にもみられるものである。新しいハイテク関係の諸産業は、最新で環境的にもっとも魅力的な大都市周辺に拠点を構える傾向がある。同時に、新たな大都市はグローバルなつながりを有する一方、地域においては、機能的に必要ではない、また社会的にあるいは政治的に秩序を乱しがちにみえる人口の多くからは隔絶していることが多い〈11〉。

グローバル化されたポスト産業都市というこうした新たな考え方は、一九九〇年代のある時期からインドにおいても広まりはじめた。バンガロールはその目的にもっともかなった場所だと言われた都市であったが、ハイデラバードも間もなく同様のことを唱えた。しかし私は、インドのいたるところの都市中間層による、都市とはなんであるべきか、また都市とはどのような姿をとるべきかということに対する考え方が、こうしたポスト産業のグローバルなイメージに今や深く影響されていると推察する。経済の自由化によって生まれた雰囲気もこれに関係した。だがより影響の強かったのは、海外旅行がインドの中間層にずっと身近になったことに加え、映画やテレビ番組そしてインターネットを通じて、グローバルな諸都市のイメージが深く浸透したことであろう。政府は、州さらには市町村のレベルであっても、グローバル経済とのつながりを直接もち、外国からの投資を呼び込まなければならないという強い圧力によって直接的な影響を受けていた。その結果、一方では中間層の市民組織から、公共空間や主要道路への制約のないアクセスや、清潔で健康的な都市環境に対するみずからの権利に対して、より強い主張があがるようになった。そして他方で政府の政策は、都市の貧困層が生計を立てていくための支援をするという考えには急速に背を向けるようになり、代わりに、先進のテクノロジーや新たなサービス産業を取り込むための条件を整えるインフラの向上に多大なる配慮を注ぐようになった。したがって製造業は都市の境界の外に移転させられている。また不法占拠者や不法侵入者たちは強制退去させられている。そして市場の力により、古くなった都市の、過密になり荒廃した部分が、高価値の商業・居住地区へと急速に転換しうるようにするために、財産法および借地借家法は書き換えられている。仮にこれが新たなそしてグローバルな二一世紀の都市についてのブルジョア的ヴィジョンなのであれば、今回私たちは、それを首尾よくとらえることができたのかもしれない。

しかし予測される社会的かつ政治的コストは、おそらくいまだに見積もられてはいないのだろう。新たな大都市は、新たな社会的不均衡の場所となることに疑いの余地はほとんどない。国家主導の産業化と輸入代替が中間層を生んだのとは違い、新たな大都市経済は、中間層の拡大を導くことはない。そのゆくえはむしろ、国際市場への輸出と、個人消費ではなく組織によるサービスの消費次第となるであろう。新しい大都市は、経営陣層やテクノクラートなどのエリート、さらには非常に高賃金の従業者――専門職、中間および下位レベルのマネジャー、ブローカー、あらゆる種類の中間業者――からなる新たな階級の人びとに帰属するのであろう。エリート層は、空間的に区切られ、パーソナルなネットワークでつながったサブカルチャーを構築し、ビジネスセンター、隔離された居住地域、閉鎖的なレストランやゴルフ場、芸術文化センターを備え、空港への容易なアクセスが確保された独自のコミュニティを形成するであろう。経営陣のエリートたちは、都市の一般行政については民主的に選挙で選ばれた代表に譲るであろう一方、ビジネスの展望に影響をもたらすような戦略的決定への政治指導者たちからの干渉には、おそらくあらゆる場合に抵抗するであろう。新たな消費産業は、昔のように、節約志向の中間層の家族によって創られた市場に主導される場合とは違い、高額支出をする新しいワーカーによって牽引されるであろう。ここにおいて、グローバルな都市の新しい消費者のライフスタイルと美学が根づいていく。これらの客層向けのショップやレストラン、芸術、そしてエンターテイメントのために隔離され閉鎖された空間が存在するようになる。新たな経済にはまた、そこに割り当てられた低賃金労働者が必要でもある。開発国家によるかつての保護がないなかでは、都市に住む資金的な余裕はまずないであろうから、彼らはたぶん遠方から通勤することになるのだ。都市の古い居住者の大部分は、しかしながら、新しい経済にとっては不必要となる。彼らは自分たちがもう不要だということを抗議せずに受け入れるだろうか。それとも彼らは新たな、歴然としたそれらの社会的格差に反撃するだろうか。もしもデモクラシーが、実際にインドの諸都市に根づいているとしたら、政治社会は新しい都市体制へ統制的に移行するための交渉を行う手段を提供するであろうか。それとも政治社会は無政府主義的な抵抗へと爆発するのだろうか。

これらは私たちの都市の現状が対峙している未解決の大きな問題である。たぶん、破滅的状況にはいたらないであろう。アシス・ナンディ[*6]が私たちに何度も諭してくれている通り、科学やクリケット、映画、医学、そしてテロリズムにさえみられたように、今回もまた、私たちは地域固有の在来的《ヴァナキュラー》な才能でもって、ポスト産業都市の輸入されたモデルを堕落させ、不純で非効率的で、しかし最終的[*7]にはさほど害悪を及ぼさない異種混淆物《ハイブリッド》に変えてしまうだろう。しかしそれを裏づける証拠は、現在までのはあまり慰めになるようなものではないことを私はここで白状しなければならない。カルカッタは、村落地方における政治社会の実践の結果に関してはもっとも肯定的な内容が認められる州に存在するが、この街においてさえ、歴史的諸条件によって、伝統的な都市産業の悲痛な壊滅が確実となってしまっている。このことは新たな市場動向と相まって、都市の北部および中央部の半分以上の地区で、過去二〇年間にわたる絶対人口の着実な減少を引き起こしてきた。したがって西ベンガル州の中間層においては郊外居住化が進展している。カルカッタの都市地区全体においてはそれが顕著で、ベンガル語を話す人たちは、今や人口の五一％にすぎず、旧市街区では、同数値はおそらく四〇％を超えることはないであろう（なお一九六一年には六三％であった）。より印象的なのは二二％の都市人口が他州からの移民である一方、一二％のみが西ベンガル州の他地域の出身であるという事実である。明らかに一九六〇年代および一九七〇年代とは違い、都市の低賃金労働者に対する需要は、もはやカルカッタの後背地である村落からの移民によって満たされているのではない。このことは、もう一つの歴然とした事実によって裏づけされている。その事実とは、都市のベンガル語話者の五分の一もの人が、男女ともに、大学卒の学歴を有するということである。[12] これは西ベンガル州村落部における土地改革および農業開発の成功への賛辞となる。これによって、小農たちの窮乏化に歯止めがかけられ、村落部における土地なし層に一年を通じて仕事が提供されたのであった。ただしそこには、ベンガルの中間層が、みずからの愛すべき都市において文化的リーダーシップを失いかねないという、意図しない、大いに皮肉な帰結がともなうこととなってしまった。

私が見る限り、反応はすっかり混乱したもので、ほとんど愚かなものである。一方で政治的リーダーシップは、無数のイデオロギー的ハードルにつまずいた後（インド共産党（マルクス主義）を中心とする西ベンガル州政府は、その左派的イデオロギーのために新自由主義的な政策を受け入れることをためらっていた）、ついに、カルカッタの経済復興は海外投資によって後押しされ、グローバル市場のために生産活動を行うハイテク産業次第であることを認めざるをえないところまで追い詰められた。そのための状況を整えるべく、都市には修復と新たなインフラ整備が必要となった。都市空間をポスト産業都市モデルとして適応させていくための再興の工程として、私がすでに描写したすべての工程が、政府支援の下、カルカッタで始動された。オフィス街や高層マンションビル群、排他的なショッピングモールや、隔離され徹底的に警備された富裕層向け居住地区等々に場所を譲るための、不法占拠者や露店商の強制退去そしてスラム街の浄化などもその一つにあたる。仮にこれらの政策の背後に計画があり、もしその計画が成功した場合、私たちが手にするのは、グローバル資本の回路に統合された大都市である。そしてそれは、グローバル化されたコスモポリタンなサブカルチャーに帰属し、あるいは少なくとも帰属することを切望する新進のマネジャーや技術系出身者や専門家や中間業者などに文化的に支配される大都市であるに違いない。しかし他方で、もう一つの政治的リーダーシップの反応は、新たなベンガル人らしさを断固として主張することだった。それは法律によってカルカッタの英語およびヒンドゥスターニー語の名称をコルカタに変更したり、[*8]その他のいくつかの施策を導入すると脅したりすることで、ベンガル人の中間層が、みずから物理的には見捨てた都市に対して、自分の文化的な支配権を再度刻み込もうとすることなどにみられる。

計画――モラル・マップ、あるいは想像上の形態学――が欠落していることは悪いことではないのかもしれない。たぶんそれが、グローバルな設計に対して、在来的《ヴァナキュラー》な抵抗が究極的に成功する方法だろう。それにしても私は、グローバリティの新たな体制における想像的かつ物質的な力によってもたらされているとてつもない挑戦を撃退しようとする、自意識のない地域的実践がどれほど能力をもっているのかについて、真剣に心配している。私の心労は職業的なものかもしれない。私は、しかし、自意識の高い人びとの集まりが、インドの諸都市の未来へと通ずるなんらかの手がかりを提供してくれることを想像して止まない。単なる偶然で行きあたるのではなく、考え抜いた末にいたる道へと向かうために。私が間違っていたとしても、歴史にとってはどちらでもいいことだ。ただし、もし私が正しいとしたら、私たちの集団的な努力は大いに報われることになるであろう。

二〇〇三年一月一一―一三日、発展途上社会研究センターにおいて、Sarai の主催した City One Conference の基調セッションでの講演より。

あとがき

運命の日[*1]

物事が動いていくさまの不可避性に心痛を感じる。溢れ出した水はひたひたと水かさを増しつづける。唯一の問いは、いつ堤防が決壊するかだ。ただしこれは何かの自然災害が起こるのを待っている場合とは違う。これらの事象は、大きな賭け金をかけて役目を演じている世界のリーダーたちの完全な管理下にある。ではなぜ、世界は窮地に追い込まれているのか。

まず、対イラク戦争に向かうことについての、これみよがしの道徳的諸理由についてはここでは横に置かせていただくとする。彼らの支持者たちでさえ、そうした理由を、外交上の課題を遂行するための言語上の手段として以外には信じていない。これらの道徳的諸理由は、北朝鮮ではなくイラクに、サウジアラビアやパキスタンではなくイラクに、イスラエルではなくイラクに選択的に適用されており、ダブルスタンダードのそしりを免れないだけでなく、外交ゲームの要求に沿うようにその内容は変えられていく。私たちは当初、軍事行動の本当の目的は、既存の体制を変えてイラクを解放することだと告げられていた。それが、国連の支持を模索する必要が生じた時点でその目的は変えられ、イラクの武装解除ということになった。そして国連の支持がもはや期待薄になると、その道徳的主張はまた、サダム・フセインの追放およびイラクの解放となった。これらの道徳的議論が、ただの道具的仕掛け――他の目的を追求するための体裁よく仕立てられた言葉遣い――以外に何か意味があることを誰が信じるだろうか。

では本当の目的は何なのか。現在の事象の連鎖は、ブッシュ大統領によって二〇〇二年八月に唐突に口火を切られたことにほとんど疑いはない。私たちは最近になってよく、イラクが武装解除するまでに世界は一二年の長い年月を待ちつづけたということを耳にしている。仮に国連がこの間、実際に行動を起こし損ねていたのであれば、米国は、国連の他の主要国とともに、その責任の一端を担わなければならないことは確かであろう。ただ実際のところ、世界の列強国のあいだには、イラクは効果的に抑制されているという一般的なコンセンサスがあった。唯一の論争は、国連が課していた制裁措置を解除するかどうかということのみであった。ブッシュ大統領が二〇〇二年八月にあげたイラクに対する突然の騒ぎ声は、世界の外交コミュニティを完全なる驚きに包んだ。

米国政府は、なぜ、イラクに照準を定めることに決めたのか。二〇〇二年のある時点で、ディック・チェイニー、ドナルド・ラムズフェルド、ポール・ウォルフォウィッツ、リチャード・パールなどの、ジョージ・ブッシュ（父）の側近たちによって構成されている、政府内でもっとも影響力のある集団が、九月一一日の事件以降の状況は、米国にとっては危機というよりも、新たな好機を生み出したという考え方を提案したことが知られている。グローバルな対テロ戦争と、米国に対する世界的な同情は、世界全体の秩序を作り変え、「アメリカの世紀」を始動させる契機になりえたのだ。米国は、封じ込めと抑止の代わりに、軍事力の圧倒的な優位性と、予測されるあらゆる脅威に対して先制攻撃をする権利を、断固として主張するべきだ。世界にみられるごろつき体制や問題地域が、国家主権にかこつけて膿みつづけるのを許すのではなく、米国は、世界の政治的地図を変更し、新たなる世界帝国の善き指導者たるアメリカの真の使命を全うするために、軍事力をもって介入すべきである。

中東は、この帝国の構想をもっとも劇的に披露するのに適した劇場だった。サダム・フセインを排除しろ。そしてイラクにおける永久なる米国の軍事的存在を確立しよう。イラクの原油による収入で費用をまかないながら、他人の言いなりになるような政府をイラクに創ろうではないか。このことはサウジアラビアやシリアに差し迫った圧力となることだろう。そのインパクトは、あまりに大きく、パレスチナのインティファーダの支え手も破綻にいたるだろう。そのときがイスラエルとパレスチナの二国共存による永続的な解決案を強行するときである。イスラーム過激派はそのもっとも強力なスローガンを失うであろう。新たな熱意と目的によって主導される帝国アメリカは、世界に平和をもたらすのだ。

道徳の盲信者たちの場合、あらゆる手段は、それがどれだけ疑問のあるものでも、どれだけ不人気でも、みずからの目的に到達することで正当化されるのだと信じ込むような、背筋が寒くなる自信を得ていることが多い。今日の米国政府は、右派の派閥集団によって先導されており、その姿勢や野望は、近年、西側の民主主義を乗っ取るにいたった勢力のなかでもっとも反動的なものである。この集団は、イラク戦争を始める前に国連の承認を模索することには賛成していなかったことが知られている。ブッシュ大統領は、軍事行動についてのより大きな国際的正当性を確保するためには国連ルートを取るようにと、トニー・ブレアやコリン・パウウェルによってどうやら説得されたようだ。その試みも外交上の大失敗に終わった今、国連はアメリカ人の悪口の標的となっている。アメリカのメディアでは、フランスに対してだけでなく、貧しく読み書きができない人びとで溢れているギニアやアンゴラのような国々にもアメリカの外交政策を裁くことを許容する国際組織について、抑制のない悪口が浴びせられている。このことで露呈されたアメリカの評論家たちの傲慢さと、ほとんどあからさまな人種差別については何ら驚きもない。新しい点は、そうした米国のものの見方が、私たちが知っている世界秩序の将来にとって大きな意味をもつことである。

それが二〇〇三年の三月をそれほどまでに決定的瞬間にしている所以である。フランス、ロシア、中国、ドイツそして他の多数の安全保障委員会の加盟国が、いわゆる新決議案〔イラクが決定に従わなかったことを軍事行動の根拠とするための決議案〕に対して抵抗した理由は、彼らがサダム・フセインを支援することで何か得するからではない。損得で言うならば、むしろそれらの国々は、アメリカの意思に逆らうことによって、おそらく多くの損をするであろう。一つには、イラクでの大量殺戮《さつりく》が終わった後、戦利品を分けあうハゲタカたちのお祭りに、きっとそれらの国々は招かれない。それらの国々が抵抗する理由は、脱植民地化後の時代に構築された、多国間枠組みの民主的な国際組織を放棄し、新たな帝国的支配の構造を導入することに不本意であったからだ。

米国が本当に要求しているのは、新たなアメリカの世紀において、どの国であっても米国に対する拒否権を有するべきではないということだ。言いかえると、仮に国連が国際組織として機能していくのであれば、米国は事実上、拒否権を有する唯一の国であるべきだということなのだ。イラクについての論争は、すべての国々に対して、そのような策動を承認する覚悟があるかどうかを決断するように挑んでいる。今の時点においては、ほとんどの国が拒否している。それらの国々は、そうすることについて、地球全体に及ぶ、例をみないほどの戦争反対の民衆運動によって、大いに勇気づけられていた。世界でもっとも高位の代表組織たる国連は、数カ月前に、アメリカの軍事戦略家らが一方的に決めた戦争日程を力ずくで承認させられることを拒否した〈1〉。

戦争は、今、国連の承認なしにイラクで始められる。サダム・フセインは追放されるであろうし、国はひどく破壊されるであろう。しかし歴史はそこでは終わらない。揺るぎない支配権を希求するアメリカの探求は、世界における現行の軍事的かつ経済的な権力の配分との一貫性を有しているのかもしれない。しかしそれは時代の民主的精神に真っ向から反するものである。国連によって代表される原則は、あらゆる場所における民主的組織に共有されている。それらは絶対的権力を牽制《けんせい》するためのものだ。もし国連になんらかの意義があるのだとすれば、それは米国の絶対主義に制限をかけるということにある。その闘いに、まだ負けたわけではない。それは戦争とその余波のコスト計算がなされるときに再開される。最終的には、今では忘れ去られているアメリカの評論家、ウォルター・リップマンが、かつて彼の読者たちに指摘をした通り「被支配者の総意は、無知なる圧制者から身を守る手段であるだけではない。それは善意の暴君に対する保険でもある」のである。

訳者解説

1　ポストコロニアルの現実を生きる

著者パルタ・チャタジー

本書は、Partha Chatterjee 2004. *The Politics of the Governed: Reflections on Popular Politics in Most of the World*. New York: Columbia University Press. の翻訳である。元の書名をそのまま訳すと『統治される人びとの政治――世界のほとんどにおける民衆政治についての省察』となる。著者のパルタ・チャタジーは、一九四七年一一月五日、カルカッタ（現コルカタ）生まれ。インドが独立して間もなくこの世に生を享けた。ポストコロニアル状況に生きる困難と希望を如実に体験し、考えぬいてきた世代である。

チャタジーは大学院より米国に渡り、一九七二年ロチェスター大学で政治学の博士号を取得した。その後、一九七三年にカルカッタ社会科学研究センター（The Centre for Studies in Social Sciences, Calcutta,

CSSSC）のフェローに着任、一九七九年から教授を、一九九七年から二〇〇七年まで所長を務めた。一九九七年からはコロンビア大学教授にも就任し、現在、カルカッタ社会科学研究センター名誉教授（政治学）およびコロンビア大学教授（人類学および中東・アジア言語文化）を務める。

チャタジーは、ポストコロニアル研究の旗手の一人として世界的に名高い。またサバルタン・スタディーズ・グループの主要メンバーとして、ラナジット・グハやギャーネーンドラ・パーンデーと共に、当グループの活動を主導した。一九八二年に創刊された『サバルタン・スタディーズ』の第一巻において、ラナジット・グハの巻頭趣旨文に続いて掲載されたのは、当時、弱冠三五歳のチャタジーの論文であった。歴史における非エリート民衆の行為主体性を回復しようとしたサバルタン・スタディーズは、世界の学界に大きな衝撃を与えた。歴史と政治における民衆の位置づけをめぐる問いは、その後一貫して、チャタジーの仕事を貫いている。

現実のヘテロトピアに立ちむかう

ところでチャタジーは、ベンガル地方の民衆芸能であるジャトラ演劇の歌い手でもある。研究センターの倍の給料を出すからぜひ専属歌手になってほしいと、とあるジャトラ劇団から口説かれたこともあるらしい（本人談）。チャタジーがその誘いに乗らなかったのは学界にとって幸いであった。チャタジーの味わい深い美声は、映画『その名にちなんで』のサウンドトラックで聞くことができる。この映画は、インド・カルカッタから米国・ニューヨークに移住した家族を描いたもので、ベンガル系アメリカ人であるジュンパ・ラヒリのベストセラー小説をインド出身の映画監督ミーラー・ナーイルが映像化（二〇〇六年公開）したものである。この映画でチャタジーは移民のひとりとして登場し、ベンガル系コミュニティのパーティにおいて、やや酔っ払ったように「我ら改革されしヒンドゥー《アムラ・リフォームド・ヒンドゥ》」というユーモアにあふれた歌を歌っている。曰く、着るものや言葉そして行動や価値観も欧米風と現地風のチャンポンの自分たち。酒はたしかにちょっと飲み過ぎるが文明進歩の度合いに応じて免じてほしい。「魚とも獣とも見えない風変わりなもの、人間として珍妙なる我ら」という自己諷刺の歌である。[*1] この歌詞自体もベンガル語と英語とのまぜこぜとなっている。この歌をつうじてチャタジーは、この映画のテーマに重ねて、欧米文化とインド・ベンガル文化の間でどっちつかずの近代ベンガル人をみずから揶揄し、その異種混成的な場所からどう生きられるのかを問いかけようとしているように見える。そこには、非西洋のポストコロニアル社会が抱える矛盾を、苦みをもった皮肉とおかしみと共に、現実のままに認識し引き受けようという姿勢がある。

　チャタジーは言う。「ポストコロニアル世界の理論家は、グローバルなコスモポリタニズムからも、さらに自民族優越主義からも、距離を置くような道を歩まなくてはならない」（本書五四頁）。理念的規範のユートピアを求めようとするのではなく、みずからの実際の歴史を引き受け、あくまで現実のヘテロトピア（異種混成的な場）に立ち向かうこと、そうした覚悟と態度がこの言葉にはある。ここにポストコロニアルの知識人としての矜持をみることができるだろう。

　チャタジーの論が冴え渡るのは、ポストコロニアル社会のこうした異種混成的な成り立ちや矛盾を、これまでの政治学や歴史学になかった新しい視点や枠組を通じて、現実のなかからとりだしてみせるときである。チャタジーの提起する「統治される人びとの政治」や「政治社会」という概念は、ポストコロニアル・ネーションという世界のほとんどの場所における現実の政治が実際にはどのような論理で成り立っているのか、そしてそれがモダニティの理念や制度といかにからみあっているのかを、その複雑さと困難そして希望と共に、鮮やかに示してくれる。

以下では、まずチャタジーの理論的視座について、特にネーション論とサバルタン論に着目しながら論じる。そこでは、ポストコロニアルという視点が近代世界全体の成り立ちを理解するのに必要不可欠なものであることを示したい。次いで、本書の鍵概念である「統治される人びとの政治」と「政治社会」について説明する。これらの枠組から現代政治をみることによって、デモクラシーに関する私たちの理解は再考を迫られるだろう。最後に、ポストコロニアル世界において希望はどこにあるのか、チャタジーの考えをアパドゥライ、ドゥルーズ、フーコーと比較しながら検討したい。

2 ネーションとサバルタン

ポストコロニアル・ネーションのはらむ差異と矛盾

チャタジーの視座は、ポストコロニアル的なスケールの大きさと一種のひねりを有する。チャタジーがフーコーから多くを学んだことは統治性《ガバメンタリティ》という概念の使用からも明らかだろう。だがフーコーが主に西欧の歴史を対象としたのに対して、チャタジーの視点は欧米とアジア・アフリカをまたいだグローバルなものになっている。そしてフーコーが権力と主体の双方が同時に構築される場としての制度に着目し、その知=権力の全体をある程度、一貫性をもったものとして描こうとしたのに対して、チャタジーはさまざまなものが触れあい交渉するコンタクトゾーンとしての植民地において、〈統治する者と統治される者〉が差異と矛盾をはらみながら異種混成的に相互作用する過程を描く。このことが大事なのは、近代の統治技術の発展にとって、アジア・アフリカにおける植民地統治の経験と理論づけは決定的に重要な意味を持っていたからである。つまり統治性の歴史は、ヨーロッパのものとしてではなく、常にグローバルなものとして語られなければならないのだ。[*2]

ここで注意が必要なのは、帝国・植民地というコンタクトゾーンにおいては、先にそれぞれ固有の主体があってそれらが出会うのではなく、潜在的な異種混成性から、異《い》なるものや他なるもの、つまり差異づけが生み出されていくということである。そのため植民地における統治と政治は必然的に、植民者／被植民者、外来／在来、個人／コミュニティ、などの差異づけやカテゴリー構成の過程を内包することとなる。これらの差異はコンタクトゾーンで生成するのであり、植民者が西洋由来の統治制度をもって支配をなし、他方、被植民者が現地の社会関係や文化価値を用いて抵抗するといった帝国主義対民族主義の単純な枠組では収まらない。そもそも帝国・植民地空間における名誉、階級、宗教、カースト、エスニシティ、ジェンダーなどの差異付けは、英国人とインド人というカテゴリーを時に横断し、また時にそれらの差異を強化しつつ、さまざまな軸で人口諸集団を区分するものであった。

これらの差異づけやカテゴリー構成は、一方において、植民地主義的あるいはオリエンタリズム的（さらにはオーナメンタリズム的）な支配のための枠組であると同時に、他方においては、人びとが植民地国家に対してみずからの固有性——たとえばインド人としての、あるいはムスリムや「不可触民」

としての——を主張し、一定の配慮を要求するための枠組ともなる。[*3] そのため植民地における政治活動は、植民地主義的な差別を否定するための「普遍主義」——平等な諸個人のアソシエーションとしての市民社会の領域そして人民主権の原則——を主張すると同時に、特別の配慮を自集団に対して要求するための「特殊主義」——固有の民族あるいは被差別集団やマイノリティといった諸コミュニティへの特別措置——を主張するという、両側面が複雑にからみあうものとなる。

　チャタジーは、以前の仕事において、インド・ナショナリズムにおける普遍主義と特殊主義という二つの言説空間を「ソト」と「ウチ」と表現していた。チャタジーによると、インドにおける「反植民地的ナショナリズム」は、「社会的な制度と実践の世界を物質と精神という二つの領域」に分断した。[*4] そして、ソトの「物質」的領域においては西洋の優越性を認めたうえで、そこから学ぶことによって科学技術や政治的権利において平等になることを求め、他方で「ウチ」の精神的領域において、植民地化されていない主権とみずからの文化的アイデンティティを求めたのであった。これは、日本の「和魂洋才」、朝鮮の「東道西器」、中国の「中体西用」と同様、自文化の精神を維持しつつ、西洋から先進技術を学ぼうとする動きであった。ただしインドのような植民地において、こうした戦略は近代国家樹立のためのスローガンにとどまるものではなく、植民地主義に対する抵抗の形態であったということは心に留めておく必要がある。

　これらのソトとウチあるいは普遍主義と特殊主義は、近代と伝統の対立というかたちで理解されてはならない。そこにあったのは新しい近代の時間と古くからある前近代（伝統）の時間の混合ではなく、むしろ植民地近代において構築されたソトとウチあるいは普遍主義と特殊主義であった。つまりここには「近代の異種混成的な時間」があるのだ（本書三一頁）。「伝統」と呼ばれているものがしばしば近代になって再編されてできたものであることは、指摘されてすでに久しい。[*5] そのことはここでいうウチにもあてはまる。さらにソトの普遍主義も、もともと西洋にあったものが非西洋世界に広まったのではなく、西洋と非西洋世界が接触する帝国・植民地経験のなかで構築されたものである。誰がどのような権利をもつべきかにかかる政治思想は、「人間とは何か」という人文的／人類学的な思考と共に進行した。その基底にあるのは、近代における異文化接触の経験であり、植民地における「市民権」をめぐる相克の歴史であった。つまり近代普遍主義も、ヨーロッパのものではなく、グローバルな歴史の産物なのである。

大澤真幸も指摘するとおり、一般的に言って、普遍主義と特殊主義の交差する場にネーションはある。[*6] つまり、市民社会的な個人の平等な権利に基づく普遍主義がある一方で、政治社会を構成する固有の民族やコミュニティという特殊主義があるところに、ネーションは構築される。チャタジーも「ネーションの近代的形式は普遍的であり固有でもある」と指摘する（本書六一頁）。

ここで問われなくてはならないのは、ネーションにおいて市民権の普遍主義とアイデンティティの特殊主義はいかにして結びつくのかということである。しかし管見の限り、この問いに明確な答えを出している者は誰もいない。チャタジーの論が示唆するのは、ネーションの構成における普遍主義と特殊主義のつながりを可能にしたのは帝国・植民地経験である、ということだ。ポストコロニアルの視点こそが、ネーションの謎を解く鍵を提供する。

インドのナショナリズムは、帝国主義からの自己の独立を主張するために、普遍平等な市民権と同時に自己固有のアイデンティティを主張せざるをえなかった。普遍主義と特殊主義を媒介したのは、植民地近代というねじれであった。一方、欧米におけるナショナリズムも帝国・植民地経験と切り離せない。欧米人は、異文化接触を通じて、自己とは異なる他者を後進的な諸人口（非市民）としてカテゴリー化することにより、逆に、みずからの民族についてはそのままで文明的であると自己肯定をすることができた。つまり、イギリス人であることやフランス人であることがすなわち普遍的かつ市民的であることに等しいとされた背景には、帝国支配における異民族の他者化と非市民化があったのである。欧米のナショナリズムは、他者を後れた特殊とし、自己を文明的普遍とする帝国主義的ナショナリズムであったといえよう。欧米が近代史を通じて帝国主義的な圧政をアジア・アフリカ諸国で行っていたにもかかわらず、自由と平等という近代政治理念を堅持することができたのは、このような他者否定とその裏返しとしての自己肯定があったからだ。なお付け加えるならば、戦前の日本は、欧米とは異なる自己を普遍化するためのイデオロギーを模索し、アジア主義を通じて、自己をアジアの盟主と位置づけようとした。そこでは「八紘一宇」という独自の普遍主義と日本のアイデンティティという特殊主義とが結びつけられたのであるが、その基盤にも近代日本の帝国・植民地経験があったと言えよう。戦後の日本は、普遍主義と特殊主義の矛盾という問題を追求することなく、いわば棚上げして今に至っている。それは自らの帝国・植民地経験（戦前・戦中の植民地支配および米国による占領）についての歴史的検討が十分になされていないということでもある。ポストコロニアルそしてポスト帝国の視点から日本というネーションそしてアジアとの関係を問い直すことが必要な所以だ。

「想像の共同体」というユートピア

このようにポストコロニアルの視点は、植民地理解を超えて、近代世界一般の成り立ちを考えるために不可欠である。しかしこうした視点は、たとえばベネディクト・アンダーソンの進歩主義的なネーション理解にはまったく欠けたものであった。周知のとおりアンダーソンは『想像の共同体』のなかで、近代的な社会空間は「均質で空虚な時間」のなかにあると論じる。[*7] そこに広がる出版資本主義において、同じ新聞や小説を読む国民は、ひとつの同時的経験を共有するコミュニティを想像するのである。こうして想像された共同体こそがネーションである。チャタジーが指摘するとおり、このように想定された「均質で空虚な時間」とは資本にとってのユートピアに他ならない。資本はそうした空っぽの時間のなかでこそもっとも効率的に機能できる。ここでは資本が広がるのを邪魔するものは何もない。資本の動きに抵抗しそれを阻害するものがあるとすれば、それは未開で異質な他者だ。彼らは文明化されるか、さもなければ抑圧されねばならない。アンダーソンのネーション論は、西洋の帝国主義的ナショナリズムを範型としつつ、それを支える植民地支配を考慮に入れないものである。

では、アンダーソンにとって特殊主義はいかなる位置づけを与えられるのか。本書で示されるとおり、アンダーソンは『比較の亡霊』のなかで、共同体についての二種類の系列を考察している。[*8] ひとつはネーションや市民といった普遍主義的なカテゴリーとされる「非限定型の系列」であり、もうひとつはたとえばムスリムや黒人などの特殊主義的なアイデンティティに基づく「限定型の系列」である。アンダーソンにとっては、前者の非限定型の系列こそが人びとの積極的な政治的連帯をもたらしうるものであり、後者の限定型の系列は人びとを特定の帰属へと抑圧的に押し込めるものである。アンダーソンは啓蒙主義的な普遍主義を支持し、それこそが「均質で空虚な時間」を共有するグローバル世界の倫理的基盤となるべきだと主張する。アンダーソンは明らかに進歩主義史観に立つ。[*9]

チャタジーは、このような啓蒙主義的な理想自体を否定するわけではない。むしろそうした近代の想像がポストコロニアル世界の一部となっていることを認める。しかし、こうした想像された時間は、実際の空間のどこにも存在していない。それは空想のユートピアに過ぎず、現実の世界はさまざまな時間や空間が混在する「ヘテロトピア」なのである。アジア・アフリカにおけるナショナリズムは、この異種混成的なヘテロトピアを基盤としてたちあがるものだ。

チャタジーは、『ネーションとその断片』（一九九三年）のなかで、アンダーソンのユートピア的なナショナリズム論を次のように批判している。

もし欧米以外の地域におけるナショナリズムが、ヨーロッパおよび南北アメリカにおいて「モジュラー（規格）」化され他地域に提供された諸形態から、想像された共同体のありかたを選ばなくてはいけないとしたら、自分たちで想像する余地は何があるというのだろう。その場合歴史は、ポストコロニアル世界に生きる私たちを、ずっと近代の単なる消費者であるように運命づけているということになる。ヨーロッパおよび南北アメリカは歴史の唯一なる真の主体であって、植民地的な啓蒙と搾取という台本だけでなく、私たちの反植民地的抵抗とポストコロニアルの苦境という筋書きも、私たちの代わりに考えておいてくれたというのか。それでは、私たちの想像でさえも永遠に植民地化されたままである。

私がこうした議論に反対するのは感傷的な理由からではない。その議論が、反植民地的ナショナリズムについての実際と合致していないからだ。アジア・アフリカにおけるナショナリズムの想像のなかでもっとも力強くかつ創造的なものは、近代西洋によって流布された国民社会の「モジュラー（規格）」化された形態と同一ではなく、むしろそれとの差異によって措定されたのである。[*10]

チャタジーはネーションの想像において、被植民者が固有の自己のありかたを創造的に構築する余地が大いにあったと主張する。つまりナショナリズムの想像のありかたは規格化されたものではなく、むしろきわめて多元的である。ポストコロニアルのナショナリズムにおいては、市民権の普遍主義とアイデンティティの特殊主義が植民地経験を媒介として結びついており、そこでは、西洋近代の普遍主義を相対化する固有性の力学が必然的に働くのだ。

ナショナリズムをめぐるチャタジーの議論はさらに先を行く。本書においてチャタジーが明示的に示したのは、植民地期インドにおけるナショナリズムが欧米のものと異なっていただけでなく、それ自体の内部においてさらなる複雑なダイナミズムを有していたことである。[*11]ネーションのウチなる固有性はひとつの一貫した国民文化に還元できるものではない。それは異種混成性に満ちている。

植民地状況においては、ネーションが植民地権力に対して独立を勝ち取るための民族運動を展開するだけでなく、その来るべきネーションのなかでより平等な社会をつくるために被差別集団やマイノリティ――ダリト（旧不可触民カースト）やムスリムや女性など――が政治・社会運動を展開せざるをえない。つまり植民地主義に対するナショナリズムはカースト、エスニシティ、宗教、ジェンダーの問題を抜きに語ることはできないし、また被抑圧者による政治・社会運動は、不可触民解放運動であれ、フェミニズムであれ、グローバルな支配・被支配関係の問題を考慮に入れずに論じることはできない。

植民地におけるナショナリズムは、普遍的平等性と諸コミュニティの固有性、そして、国際的な民族運動と国内的な政治・社会運動という双方の契機を抱えこんでおり、それらが葛藤と軋轢を起こしながら複雑にからみあっている。このことはひとつの「想像された共同体」としてポストコロニアル・ネーションを語ることはできないことを意味する。ポストコロニアル・ネーションは、そもそも矛盾を抱え込んで成立したのであり、そこにおける政治はさまざまな亀裂を内包しているのだ。

サバルタン・スタディーズにおける本書の位置づけ

ポストコロニアル・ネーションに内包された矛盾はネガティヴな意味あいのみを持つのではない。現代民主政治において、個人の普遍的平等性という「支配」的な語りや制度だけでなく、諸コミュニティの多様性への配慮の重要性が着目されるようになってきた背景には、そうした葛藤や軋轢が積極的な展開をもたらしてきた経緯がある。ネーションの異種混成性への着目は、チャタジーが主要メンバーの一人であったサバルタン・スタディーズでの、民族運動史におけるサバルタン（被抑圧者）の位置づけについての問いとも関連する。

初期のサバルタン・スタディーズにおいては、農民や部族民などのサバルタンによる「反乱」に注目していた。それはナショナリズムについてのエリート中心主義的な歴史叙述に対抗して、サバルタンの歴史的主体性を認めようとする姿勢に根ざしていた。そしてサバルタン・スタディーズは、そうしたサバルタンの行為主体性を支える「サバルタン意識」を明らかにすることを通じて、彼らの政治的行為の意味と価値を理解しようとした。サバルタン・スタディーズの創刊号に収められたチャタジーの「ベンガルにおける農村関係と宗派主義、一九二六―一九三五年」は、そのためにサバルタン意識を基礎づける宗教に着目したのであった。[*12]

しかしその後のサバルタン・スタディーズにおいては、サバルタンはある意識を共有する集団であるというよりも、ある特定の歴史的瞬間において支配的な制度・言説体系に抵抗する行為主体であると理解されるようになる。そしてサバルタンたちがいかに支配的な制度・構造から疎外されているのかを理解するために、研究の焦点は急速に、支配的な制度・構造の生成過程そのものに向かうようになる。それはポストコロニアル研究の文脈においては、ナショナリズムの言説がいかに構築されたかを問うものであった。チャタジーはすでに一九八四年の論文「ガーンディーと市民社会批判」において、インド・ナショナリズムにおける市民社会の言説構築を批判的に検討している。[*13] チャタジーによるポストコロニアル・ネーション批判の仕事はその後、名著の誉れ高い『ナショナリストの思想と植民地世界』および『ネーションとその断片』として結実する。[*14]

そのあいだもチャタジーは、サバルタンへの着目を忘れたわけではなかった。そしてついに本書においてチャタジーは、ポストコロニアル・ネーションにおけるサバルタン政治についての理解を、その理論的な枠組と共に表明したのである。ここでチャタジーは、ネーションの「支配」的な市民社会の言説・制度に対して、サバルタンがいかなる政治的な行為主体性を有しているかを、初期サバルタン・スタディーズのように非日常的な反乱においてではなく、日常的な政治実践においてとらえようとした。そしてサバルタンによる政治実践をとらえる視座を、個人の権利を基礎とする市民社会ではなく、統治性の政治の場である政治社会に定めたのであった。これによって、ポストコロニアル研究の表舞台にサバルタンはふたたび登場したのである。本書はサバルタン研究による現代政治理解の到達点の高みを示していると言ってもよい。

3　デモクラシーを再考する

「統治される人びとの政治」としてのデモクラシー

チャタジーは、現代の国家政治を考えるにあたって、〈支配者《ルーラー》と被支配者《ルールド》〉ではなく〈統治する者と統治される者〉について考えることを勧めている。〈支配者と被支配者〉という場合には、権力を有する少数の支配者（治者）とその他の多数の被支配者（被治者）との存在を前提とし、支配者が被支配者を一方的に上から支配し秩序づけることが想定されている。ここでは権力の所在が問題であり、西洋の近世・近代国家の場合には「国家の最高権力たる主権を有するのは誰か」が体制上の枢要な問いとなってきた。絶対王政において国家主権は君主におかれたようにである。主権概念はそこでは、絶対君主の排他的な支配権を正当化するためのものであった。しかしデモクラシーの思想と運動において、主権のありかは、君主から人民に転換される。被支配者であったはずの人民が、今度は集合的主体として主権者となったのである。通常、デモクラシーはこのような人民主権の制度として理解される。「人民の人民による人民のための政治」というリンカーンの有名な言葉は、支配者と被支配者がどちらも人民であるという、このデモクラシーの原則を指し示したものだ。

しかしチャタジーは、近代民主国家の骨組となるはずの「人民主権」という枠組ではなく、「統治される人びとの政治」という枠組でデモクラシーを考えるべきだとする。これはどういうことだろうか。

近代政治の父として名高いマキャヴェリの国政術において重要なのは、領土に対する主権を確保することだけでなく、治世下の人びとと物資をよりよく管理するという統治技法であった。近代政治において、主権とは異なる、統治性というもうひとつの問題系の存在を指摘し、その重要性が一六世紀以来現在に至るまで高まっていることに注目したのは、周知のとおりミシェル・フーコーである。[*15] 近代国家は一九世紀に至ると、その巨大化した官僚機構によって「人口」の統治をなすことを、実質的に主要な任務とするようになる。そして統治の対象たる諸人口をさまざまなカテゴリーに分類し、数え、その属性を記すことによって管理した。英領インドの植民地支配においても、特に一九世紀半ば以降、こうした近代国家の統治技法は統計学と民族学のかたちで執拗なまでに執行された。こうした統治性の働きは現在では末端まで浸透し、個々の身体を管理するまでに至っている。

現在、国家の正当性は、この統治性の働きによって諸人口の福祉（well-being）がどれだけ実現されるかに大きくかかっていると言ってよいだろう。人びとは、宗教、カースト、階級の異なるさまざまな人口集団としてみずからの特殊なニーズを満たすことを政府に要求すると同時に、時には国民として連帯を形成しながら政府による統治のあり方を批判することもある。ここでは、国家政治の主要な過程は、支配者（君主であれ人民の代表であれ）が主権を維持したり執行したりすることだけにあるのではなく、〈統治する者と統治される者〉とのあいだの統治のありかたをめぐる交渉にあると言ってよいだろう。

つまり国家政治の重心は主権から統治へと移りつつあるのだ。ここにおいてデモクラシーの理解も変わる必要がある。統治性の働きが大きな重要性をもつ現代国家において、デモクラシーは人民に主権があるという法的・制度的な枠組ではなく、統治される人びとが政府諸組織に対してよりよき統治を要求し実現しようとする政治過程の全体を指すことになる。チャタジーが今日におけるデモクラシーは「統治される人びとの政治」としてとらえられるべきであると言う所以である。

チャタジーは、この統治性をめぐるデモクラシーの領域を「政治社会」と名づけ、諸個人の法的権利が主要な問題領域となる「市民社会」と区別する。市民社会の観念は、諸個人が束縛から解放されて自由と権利を獲得していくという普遍主義的な近代化のユートピア物語と整合的であり、現在支配的な言説・制度となっている。われわれが教科書で習うのは、こうした支配的な言説・制度であろう。しかし、このようなユートピア的で規範的な言説・制度を通じてのみでは、近代国家において実際に重要性を帯びている統治性の政治を理解することはできない。現実の政治は、あるべき規範からの逸脱としてしかとらえることができなくなってしまう。

統治性の政治における人びとの関心事は、法的に何が正しいかではなく、実際に自分たちの生活が向上するかどうかである。そのために人びとはさまざまな経路を用い、国家に対して政治的交渉を行う。こうした人びとの動きこそがデモクラシーの現実であり、ポストコロニアルの政治を理解するための焦点となる。

チャタジーは、上からの統治性の働きが、現実にある「社会的なるもの（the social）」と相互作用し、そこに社会的範疇が構築され、さらには人びとによる政治的主体化のための基盤となっていくことに着目する。たとえば、インドにおいてカーストや宗教にかかる諸カテゴリー——「指定カースト」「指定部族民」「宗教的マイノリティ」など——が、上からの統治のためだけでなく、下からの諸要求の基盤となっていったようにである。この〈統治する者と統治される者〉が出会う場所こそが、統治する側の普遍的な技術・制度・価値と、統治される側の固有な社会的現実がからみあう、異種混成的な現実の政治の場である。デモクラシーの要諦は、統治される人びとがこの政治の場において行為主体性《エージェンシー》を発揮し、その場を変容することができるかどうかにある。そこにおいて、みずからをどのようなカテゴリーに置くかは、きわめて政治的な重要性を帯びることになるのだが、その営みはポストコロニアル的な複雑さと困難さをはらむ。

サバルタンによる新たな民衆政治《ポピュラー・ポリティクス》の可能性——市民社会と政治社会の対立から

近代政治に矛盾と葛藤を抱えこんでいるのはインドだけではない。自己自身が普遍主義を代表していると信じることができるごく一部の横柄な人びとを除く、「世界のほとんどの場」においてである。その矛盾の核心にあるものは何か。チャタジーによるとそれは、市民社会という普遍主義的理念と、政治社会における特殊主義的要求との対立である。

現在、統治性の政治とそこにおける特殊主義的要求は、あくまで普遍主義的な規範からの例外であり、いまだあるべき理念が実現されていない遅れたかたちであるとして語られることが多い。どこにもないユートピア的な理念規範を設定して、そこから現実を「いまだ……されていない」というかたちで批判する進歩主義的な知識人エリートたちの姿はおなじみのものであり、日本を含む世界各地でみられる。

チャタジーは、理念的規範にとらわれた市民社会のエリートと、現実そのものの潜在力をみようとする政治社会の当事者との対話について、次のような印象的なシーンを本書で取り上げている。それは、ある会議において知識人エリートたちが、インドにおいて普遍主義的理想が衰退していることを嘆いたときのことであった。聴衆のひとりであったダリトの活動家が、なぜリベラルや左派の知識人らはそれほど悲観的なのかと質問したのである。ダリト活動家にとって二〇世紀の後半は、ダリトなどの被抑圧集団の政治的参加が大いに進展した希望にあふれたときであった。だがエリート知識人にとってみれば、そうしたアイデンティティに基づいた政治的動きは、すべての個人が教養と財産をもって自由・平等な市民として活動するといった普遍的理念にはそぐわないものである。それでもリベラルや左派としては、被抑圧集団が社会政治的進出をすることを否定するわけにはいかない。そこで知識人たちは沈黙せざるをえなかった。チャタジーは言う。

私は、次のように再度、確信させられながらその場を立ち去った。統治性によって生み出された政治が、ナショナリズムの普遍主義的理想と同等の立場において、ネーションの近代的政治生活の現実的時空間で正当な部分をなすことを承認するように要求せずに、ただナショナリズムの普遍主義的理想を主張することは倫理的に正当性を欠くのだと（本書五六―五七頁）。

統治性の政治を認めるということは、平等な市民という普遍主義的理念を受容しながら同時に、現実の人口諸集団の多様性を受け入れ、それぞれの固有のニーズおよびアイデンティティ、そしてそれにもとづく政治的活動を承認するということである。そうでないと、グローバル資本主義と結びついた支配体制は普遍主義的理念の名のもとに維持されつづけ、人口諸集団を分類し数え統御する――そして統御不可能な場合には人類あるいは文明の敵として抹殺する――という統治技術（と最終解決手段としての暴力装置）のみが支配者の道具として増殖することとなるであろう。

このチャタジーの議論は、あくまで現実に焦点をあてているが、政治的正義に関わる新しい理念の登場を予感させるものでもある。ブルジョワ市民たちが絶対王制に対して自由と平等な市民による国民主権を唱えたことには、その時代的要請があった。しかし現在必要なのは、民族、階級、人種、宗教、カースト、ジェンダーの異なる多様な人口諸集団が政治過程に参加して、その多様な要求と価値を政治に反映させることであろう。ここでは「人民（people）」という一つの集団が国家主権をもつという理念の有効性はある程度相対化され、統治性の政治において多様なる諸「人口（population）」が参加主体性をもつことをいかに保障するかがポイントとなる。

現代世界において、統治性の政治における特殊主義的な要求の動きが盛んになるのを前にして、チャタジーは次のように言う。「現代的な実践を、再定義された規範として考えることはできないだろうか。つまり近代国家における規範的標準は、平等の市民権というよりも、多様なる（differentiated）市民権にあることを裏づける実践としてである[*16]」。この考えは、市民権の考え方に、人間の同一性に基づく平等だけではなく、人間の差異に基づく多様性をとりいれようとする点で注目される。

別の角度から見るならばこれは、財産権の不可侵を焦点とする市民法的な正義から、生命・生活の保障を焦点とする民主政治的な正義へ、そして平等に基づく権利《ライト》から、多様性に配慮した権原《エンタイトルメント》へと、法的・政治的価値の重心が移行していることを意味する。通常はこれを、夜警国家から福祉国家へ、というかたちで主に国家の役割の移行として理解するのだが、チャタジーはそこに民主政治と市民権の変容というより根底的なレベルでの変化をみる。こうした状況変化のなかで、市民社会を中心とした政治において声をもたなかったサバルタンたち――たとえば自分の居住地に法的な権利は有さない不法占拠民の例を本書から思い出す――は、政治社会においてみずからのニーズを要求するに至っている。これは「市民」ではなく「人口」を主体とする新たな民衆政治《ポピュラー・ポリティクス》の可能性を告げるものである。

リベラル・デモクラシーの限界

チャタジーの枠組において秀逸なのは、現代インドにおけるサバルタンの行為主体性を理解するにあたって、市民社会と政治社会そしてモダニティとデモクラシーの対立を含んだからみあいに着目したことであろう。民主化によってサバルタンたちは政治の主役に簡単になれるわけではない。「大衆による正当性とエリートによる統御」という相反する力学は、民主政治における内在的な矛盾としてつきまとう。つまり大衆が支持することによってはじめて政権は民主的な正当性をもって維持できるが、国家運営においてエリートは上からの統御をみずからの手中に収めておこうとするのである。

ここにおいてエリートは、モダニティの合理性の名においてみずからの指導的立場を堅持しようとする。しかしサバルタン大衆は、デモクラシーの原則に基づいてみずからの立場や価値観を守ろうとする。モダニティの理性的規範が支配的な場が市民社会であり、そうした規範が通用せず、民衆の支持するものを例外としてさえ通そうとするのが政治社会である。

実際の政治は、こうした市民社会と政治社会そしてモダニティとデモクラシーの矛盾と対立を含んだ相互作用のなかで展開するのであり、本書は、そうした政治の現実をきわめて興味深くヴィヴィッドに描写している。たとえば、「不可触民」のリーダーでインド最初の法務大臣でもあったアンベードカルの政治実践は、平等の理想を主張するために普遍主義的な市民権を高らかに謳いながら、他方で「不可触民」という特殊主義的なアイデンティティに基づいた固有の権利を主張せざるをえないという矛盾と苦渋に満ちたものであった。また、サンターン・ダル教団のリーダー、バラーク・ブラフマチャーリの「死亡」をめぐって、それを無分別三昧の境地にあるとみなす信者と、公共衛生の観点から処置を強行せざるをえなかった政府との葛藤を描いた箇所、そして鉄道コロニーの不法居住者が、市民法的な観点からは権利をもたないはずが、政治社会的な活動を通じてさまざまな権益を獲得しようとするさまを描いた箇所などがあげられよう。

チャタジーに導かれて私たちは、人民主権そして市民権の平等という高邁な理念と、統治性の政治という日常の現実とのあいだの矛盾を目の当たりにする。それは均質な国民と異種混成なる社会との二律背反でもある。「世界のほとんどの場所」に通じる、こうした政治の現実を読むとき、リベラル・デモクラシーにおける楽観的かつしばしば横暴ともなる前提、すなわち近代合理性と民主的意志は本来きっと一致するはずだという目的論は再考されざるを得ない。普遍主義的理念と特殊主義的要求はどちらもそれぞれ意味ある政治力学を有してきたのであり、現実の政治はそれらのあいだの矛盾や二律背反をみずからのものとして引き受けるしかないのだ。

4　希望の源泉としての異種混成性——ユートピアからヘテロトピアへ

希望はどこにあるのか——外部か内部か

チャタジーによると、資本のグローバル化が進む現在、モダニティとデモクラシーの対立にこそ着目する必要がある。そしてチャタジーは、グローバル・モダニティに基づくコスモポリタニズムを賞揚するアルジュン・アパドゥライを厳しく批判する。それは結局、植民地主義的な支配体制を擁護することになるのではないかというのだ。代わりにチャタジーは、ネーション内部のデモクラシーにこそサバルタンにとっての希望をみようとする。[*17]

さて、希望はどこにあるのか。グローバル・モダニティかそれともナショナル・デモクラシーか。ネーションの外部か内部か。私自身はこの対立の彼方に希望はあると考えているが、[*18] ここではチャタジーの考え方をより深く理解することに集中しよう。

藤倉達郎は、アパドゥライの『グローバリゼーションと暴力』におけるきわめて優れた訳者解説のなかで、アパドゥライとチャタジーの対立はモダニティのとらえかたの違いに端を発するのだと指摘する。[*19] アパドゥライは、モダニティのありかたは別の新たな人びとが関わることによって変わりうるのだと論じる。たとえばクリケットのようにである。植民地権力はクリケットを通じてインド人がイギリス紳士のように文明化されることを願ったのであるが、クリケットはインドにおいて現地化され、まったく違うものになった。[*20] 同じようにモダニティや市民社会のありかたも、関わる人びとが異なり、新たな文脈に置かれると、元とは違う新しいものに変化することもある、とアパドゥライは言うのだ。

現在、モダニティは世界中に広がっており、そのなかでさまざまな人が、さまざまなモダニティをつくりだしうる。ここにアパドゥライは希望を見ようとする。

チャタジーも、モダニティの文化が変わりうること自体については同意するだろう。チャタジーは、「コカコーラ文化がこの国に入ってきても、それはすぐにインド的性格を帯び、インド的伝統と呼ばれる、似ても似つかないものへと変貌するだろう」と語っている。[*21] 本書でも、7章の終わりあたりでグローバルな設計に対する在来的な抵抗のしぶとさについて言及されている。

チャタジーが憂慮するのは、インド人が培った「西洋という理念」に対する愛のなかでモダニティを好むあまり、インドのデモクラシーは民衆に配慮しすぎであり、もっと合理性を重んじるべきだという声が出つつあることである。[*22] インドはデモクラシーがあるために、上からの強力なリーダーシップが発揮できずに、もっと早く豊かで偉大になれるはずなのにそうなっていないといういらだちが、中間層から聞かれるようになっている。そしてさらに、都市中間層のヒンドゥー文化をあるべきインド文化として広めることにより、国民文化をより統一的なものにしようとするヒンドゥー主義的な動きもある。[*23]

チャタジーはモダニティ自体を拒否しているわけではない。それはポストコロニアル・ネーションの欠かせない一部である。そのことはたとえばアンベードカルについての本書の記述を読んでもわかる。チャタジーは政治社会の民主政治のなかで、人びとが政治のかたちを創造的に変えて、より実質的な平等をつくりだす能力があると信じている。それはモダンでありしかもその地域の人びとの現実に合った新たな政治のあり方を求める過程である。チャタジーは言う。

現在、新しい世代の国家指導者たちは、近代国民国家の誇りと栄光を獲得するためにはデモクラシーの圧力に抵抗することを学ぶ必要がある、と語る。……私たちはこうした選択を断固として拒否しなければならない。私たちの国民国家の条件として、モダニティとデモクラシーは同時に両方とも求められ達成されなければならない。[*24]

モダニティとデモクラシーを双方共に達成すべきことについて、チャタジーとアパドゥライは同意できるだろう。そしてその方向性は異なれど、それが新たな政治文化を創造する過程となることについても二人は一致するはずだ。残る両者の違いは、こうした新たな社会・政治の創造はいかにして可能かというヴィジョンにある。

この点で、アパドゥライは魔法に賭けているのだ、という藤倉の指摘は鋭い。アパドゥライは、中枢組織も決まり事ももたずに増殖するような、「トランスナショナルな組織のユートピア的な細胞性」によって、平和と平等を求める新たな運動が起きていることに注目する。[*25] それは魔法のように曖昧で不確実なものにすぎないかもしれない。それでもアパドゥライは、「善意の小さな細胞たちが日常的に用いる魔法がゆっくりと力を増して、より平等でより平和な状況を生み出していく可能性」に希望を見るのだ。[*26] アパドゥライは、国民国家の制度を超えた「グローバル市民社会」こそに、その魔法の働きをみる。このヴィジョンがきわめて魅力的であることは間違いない。

しかしこれに対してチャタジーは、そのような曖昧でユートピア的な魔法に人びとの将来を賭けてはならない、と考える。そうした魔法への夢は、今のままで希望をもちつづけよう、ユートピアへの動きはすでにあるのだ、という現状肯定に結局はなってしまう。それは現在の支配体制を支持することにつながりかねない。むしろチャタジーは、サバルタンといわれる民衆を含む人びとが現状の支配体制を変えていく可能性に賭ける。ただしこれらの人びとが政治的な行為主体性《エージェンシー》をもつためには、やはり国民国家とデモクラシーという「制度」が必要だと考える。そしてそこにおける現実の政治のなかにこそ希望の源泉を見るのだ。チャタジーが、グローバル・モダニティではなく、ナショナル・デモクラシーを支持する理由はここにある。

　これは、チャタジーがみずからの植民地経験の歴史を否定せずに引き受けようとする態度とも通ずる。チャタジーは、統治性の政治のもとにある人口を重視するが、「人口」といういかにも植民地主義的なカテゴリーが政治的主体となる契機を重んじるということがきわめて興味深い。アパドゥライが「市民」的文化を賞揚し、グローバルな植民地近代を肯定しているところがあるのに対して、チャタジーは植民地主義への批判的スタンスを堅持しつつ、しかしそれでもその統治性の制度から生まれる「人口」の政治的主体性に希望を見出そうとするのだ。

ポストコロニアル論の可能性――異種混成的な現実に画する「始まり」の思想

　私のみるところ、チャタジーとアパドゥライの違いは、フーコーとドゥルーズの違いを参照することでよりはっきりするように思われる。フーコーとドゥルーズはどちらも、権力が強固かつ精緻に作動しているさまに注目する。私たちの主体性のありかた自体が、権力との関係でつくられたものである。では、権力に規定されている主体が、権力によって構築される世界をつくりかえることはいかに可能なのであろうか。フーコーとドゥルーズにおいては、その希望のありかをどこにどのように見つけようとするかが異なる。

　ドゥルーズは、権力によって定義される領域の外部として「潜勢力としての生」を語る。純粋の内在――超越のない内在、存在の一義性のなかで生成する多様体――たる潜勢力には絶対的な分割線は存在しない。それしか存在しないのだから、それとそれ以外を分ける分割線はないのである。つまり外部と内部の断絶は実は存在しない。あるのは、メビウスの帯のように外部（表）と内部（裏）がつながりながら、折りたたまれた「襞《ひだ》」である。[*27]そしてドゥルーズにとって主体化とは、「権力をみずからの内に折り曲げた、美的な存在」として自己をつくりあげることである。[*28]主体において権力は折りたたまれてあり、そのような「外部の内部」としての襞のトポロジーにおいて、権力の外部へと主体は反転しうる。こうしたドゥルーズの議論は、いわば魔法的なかたちで、潜勢力としての「生」を肯定するものだ。ドゥルーズが、世界を変える生の潜勢力への希望に賭けるとき、それはアパドゥライの魔法への夢を彷彿とさせる。アパドゥライもドゥルーズと同じく、この世界をつくりかえていく潜勢力は今ここにある、大事なのはそれを認め、肯定することだ、と言うであろう。

　アパドゥライにとって、ローカリティやナショナリティという場所は、いわばひとつの折りたたまれた部分にしか過ぎない。実際にあるのは、一にして多様に折りまげられたグローバル（として現れた潜勢力）のみである。潜勢力の動きにおうじて、その襞は開き、また別のかたちで折りたたまれうるのであり、ひとつのかたちに執着することは、潜勢力の自由な働きを妨げることになってしまう。アパドゥライがネーションにこだわらず、むしろ次の新たな展開を楽しみにしているように見えるのは、こうした潜勢力の自由な働きこそを重要視しているからだ。

これに対してフーコー（そしてチャタジー）は、ドゥルーズ（そしてアパドゥライ）のように一挙に潜勢力のレベルをもちだすのではなく、あくまで権力がつくりだす「現実」のレベルにとどまろうとする。人びとは権力との関係においてのみみずからの生を構築できる。主体性そのものが権力を内面化したものである。フーコーにとって重要なのは、遍在的な権力空間の内部で、人間存在がさまざまな生のかたちをつくりだす主体化の様態を明らかにすることであった。権力と主体の様態を歴史的に明らかにするためにフーコーが取った方法は、「制度」に着目することである。制度的な現実においてこそ、権力は具体的な形を取って作動し、また主体と呼ばれるものがたちあがるからだ。ここにおいて、「権力と主体は、制度という中継器のふたつの側面」として理解される。[*29] 制度は、主体の外に規則としてあるものではなく、自己という主体化を可能にする場である。そして権力は、そうした制度に力を与えるメカニズムとして作動する。

チャタジーがフーコーから学んだのは、統治性という視角だけではなく、その統治性の政治において展開する制度的な現実に着目する姿勢、権力からの解放を一気に求めるのではなく、権力が作動する場のなかで、主体が自己の存在様態をつくりなおす過程を辛抱強く見届けようとする態度であるように思われる。チャタジーとフーコーが潜勢力のレベルを考えていなかったわけではないだろう。しかし、権力の外部を名づけてしまうとき、それがあるのだと語ってしまうとき、私たちはいわば楽観的な思考停止に陥ってしまうことにならないだろうか。ドゥルーズの潜勢力や、アパドゥライのトランスナショナルな市民性《シヴィリティ》は実に魅力的である。それは私たちに未来への勇気を与えてくれる。しかしだからこそ、それを賞揚して語ることに私たちは注意深くなくてはならない。それが、私たちが実際に生きる複雑な現実に対峙しつづけることの妨げにならないように。[*30]

だがそうだとして、では私たちは、希望をどこに見つけることができるのか。それはフーコーにとっても切実な問いであった。だからこそフーコーは、通常の場所にあるような権力の均質性の押しつけを逃れ、それを批判し、反転しうるような、「異他の場所」あるいは「反場所」としての「ヘテロトピア」[*31]を語り、自己が自己との関係において自己を変容する「自己のテクノロジー」を問うたのであろう。[*32]しかしフーコーの論において、権力と主体の結びつきはあまりに強固である。生政治の権力はあらゆる場所を覆い尽くしている。そこには私たちの自由がある余剰空間を探すことはきわめて難しいように思われる。ではどうすればよいのか。

現実にとどまりながら希望を見つけること、これを可能にしたのがチャタジーのポストコロニアル論である。チャタジーが着目するのは、ポストコロニアル社会という「ほとんどの世界」において、制度的な現実に内在するズレや矛盾である。そのズレや矛盾によってこそ、自己が自己のあり方を想像/創造するための余剰空間は与えられる。その空間はこれまでもくりかえし触れてきた、市民社会のモダニティと政治社会のデモクラシーのあいだの葛藤と対立によってつくられる。その葛藤と対立を含んだ空間こそが、普遍主義と特殊主義そして平等性と多様性がズレをもって交差する異種混成的な場所であり、自己の再構築への希望を含んだ、チャタジーにとっての「ヘテロトピア」である。チャタジーのヘテロトピアは、フーコーのヘテロトピアのように権力の働きが反転する場所であるというよりも、統治性の働きが社会的なるものと相互作用をしながら、多様な人口諸集団があるなかで複数の政治戦略がからみあいながら展開する、現実の「異種混成の場」である。それは権力が作動する現実の場そのものであり、そこにおいてこそチャタジーは新たな生成変化への潜在的可能性を見るのである。

ポストコロニアル思想とは、単に被植民者による植民地権力への抵抗を論じるものではない。植民地近代は外部から自己を抑圧するものではなく、すでに自己の一部としてある。権力との関係においてしか主体は構築できないのだから。ポストコロニアルの主体には植民地近代がその内面にたしかに刻印されてある。しかし同時に、ポストコロニアル空間はさまざまなズレが顕在化する場所でもある。普遍主義と特殊主義、市民社会と政治社会、市民と人口、平等性と多様性などのズレは、ポストコロニアル的な差異として「世界のほとんどの場所」に存在する。それはポストコロニアル・ネーションにとっての困難であると同時に、現在の支配体制を問い直すための希望の場所でもある。ポストコロニアル思想は、進歩主義のユートピアにも潜勢力のユートピアにも容易に与することなく、私たちが生きる現実における異種混成性——ズレと差異に満ちたこの世界——を直視しようとする。その異種混成性こそが希望の源泉なのだ。

本書が捧げられたエドワード・サイードは、『始まりの現象』のなかで、人間による「始まり」の重要性を論じる。「始まりは意識的に意図された生産的な活動であり、そしてまた、喪失の感覚をともなう境遇をもつ活動である」[*33]。それは超越的な起源からの、人間による意図的な別れ（喪失）を意味する。始まりを画することは、起源を設定し、そこから導き出される規範を受け入れたり、その失われた起源をとりもどそうとしたりするのではなく、人間の営みにおける「反復」によって、今ここから、世界の意味を新たにつくりかえようとすることである。本書の文脈で言うならば、ナショナリズムの起源を設定し、そこからずれる現実を規範からの逸脱と見るのではなく、むしろ今ここから新たなネーションと社会をつくりだす始まりを画することである。サイードは強靭な思考と実践を現実のなかで展開した、まさに「非凡の学者」であった。

チャタジーはサイードと共に、常なる「始まり」をこの世界のなかに画そうとする。規範的で目的論的な進歩主義にも、政治制度の外部における潜勢力の魔法にも与しない。ユートピアではなく、現実においてこそ、新たなる「始まり」はある。

支配的な言説・制度に屈しないこと、今ここの私たちが生きる現実を正しく認識すること、そして、この異種混成的な現実のなかから新たな行動を起こすこと。現代世界の支配層が性急さを増すなかで、これらの重要性はますます大きくなっている。チャタジーは、「最後まで屈服しない」頑固な民衆と共に、常に現実を内側から異化しつづける可能性に賭けるのだ。

現代世界はポストコロニアルの視座を抜きに語ることはできない。私たちはみんな、帝国・植民地経験を基礎とする世界のなかで生きている。そのなかでネーションそしてグローバル市民社会を新たな植民地主義の牙城とするのではなく、多様な民衆を主体とするデモクラシーの場とすることはいかに可能なのか。私たちが住む日本においても、グローバル化の動きの性急さと、国民主義の重苦しさの双方を乗り越え、多様な人びとが差異を認めあいながら生きられる社会を構築することは喫緊の課題であろう。さらにアジアの人びととの関係を新たに再定義し構築しなおすことも重要な課題である。そのためには、近代日本およびアジアの帝国・植民地経験に向きあい、そのポストコロニアルの現実を理解することから始めなければならない。私たちがチャタジーから学ぶべきことは大きい。

本書の翻訳は、新部亨子と田辺明生の二人があたった。新部がまず全体を訳し、それを田辺がチェックするという方法をとったが、再検討を何度も重ねたために、原稿は二人のあいだを数え切れないほど往復した。最終的な責任は二人で共同に負うが、この翻訳の仕事自体は、新部の献身的な尽力によるところが大きいことは明記しておきたい。

＊　　＊　　＊

著者のパルタ・チャタジー氏には、ご著書の日本語訳を任せてくださったことにお礼を申しあげたい。二〇〇九年一月に東京でお会いしたときに、氏のきわめて明晰で鋭い議論にあらためて感銘を受け、本書の和訳計画があるのかをうかがったら、"No. You do it."とおっしゃってくださったのをなつかしく思い出す。その後、翻訳に際してのさまざまな問いあわせに迅速な回答をいただき、日本語版への序文もよせていただいた。拙い訳ではあるが、この本を通じてすこしでも多くの人が、チャタジー氏の議論に触発され、政治と社会を語る支配的な枠組を考えなおしてくださるきっかけとなれば幸いである。

本書をめぐる議論におつきあいくださり、さまざまな教示をくださった、藤倉達郎さん、三原芳秋さん、松嶋健さん、赤嶺宏介さん、金菱哲宏さん、そして常田夕美子に感謝を述べたい。また、世界思想社のみなさまは、訳文および解説についてとても丁寧で適切なアドバイスをくださり、翻訳から出版までの全過程を忍耐強く強力にサポートしてくださった。心からのお礼を申しあげる。

二〇一五年五月　京都　訳者を代表して

田辺明生

原注

第1章

〈1〉Benedict Anderson, *Imagined Communities: Reflections on the Origin and Spread of Nationalism*（London: Verso, 1983).〔アンダーソン『想像の共同体』白石隆・白石さや訳　リブロポート〕

〈2〉Benedict Anderson, *The Spectre of Comparisons: Nationalism, Southeast Asia and the World*（London: Verso, 1998), p. 29.〔アンダーソン『比較の亡霊』糟谷啓介・高地薫他訳　作品社　四六頁〕

〈3〉Michel Foucault, "Different Spaces" in James D. Faubion ed., *Essential Works of Foucault, 2: Aesthetics, Method and Epistemology*（New York: New Press, 1998), pp. 175–185.〔「他者の場所」工藤晋訳『ミシェル・フーコー思考集成Ⅹ　1984–88　倫理／道徳／啓蒙』筑摩書房　二七六―二七八頁〕

〈4〉Homi Bhabha, "DissemiNation" in Bhabha ed., *Nation and Narration*（London: Routledge, 1990), pp. 291–322.〔バーバ「国民の散種」大野真訳『批評空間』第一期九号　五二―八三頁〕

〈5〉"Alumnus, Author of Indian Constitution Honored," *Columbia University Record*, 21, 9（November 3, 1995), p. 3.

〈6〉B. R. Ambedkar, *Who Were the Shudras? How They Came to be the Fourth Varna in the Indo-Aryan Society*（1946; reprint, Bombay: Thackers, 1970); Ambedkar, *The Untouchables: Who Were They and Why They Became Untouchables*（New Delhi: Amrit Book Company, 1948).

〈7〉Satinath Bhaduri, *Dhorai charitmanas*（vol. 1, 1949; vol. 2, 1951) in Sankha Ghosh and Nirmalya Acharya eds. *Satinath granthabali,* 2, Calcutta: Signet, 1973, pp. 1–296.

〈8〉Shahid Amin, "Gandhi as Mahatma" in Ranajit Guha ed., *Subaltern Studies III*（Delhi: Oxford University Press, 1984）, pp. 1–61; Amin, *Event, Metaphor, Memory: Chauri Chaura 1922–1992*（Delhi: Oxford University Press, 1995）.

〈9〉M. N. Srinivas, *Social Change in Modern India*（Berkeley: University of California Press, 1966）; David Hardiman, *The Coming of the Devi: Adivasi Assertion in Western India*（Delhi: Oxford University Press, 1987）.

〈10〉*Dhorai charitmanas,* p. 70.

〈11〉Gail Omvedt, *Dalits and the Democratic Revolution: Dr. Ambedkar and the Dalit Movement in Colonial India*（New Delhi: Sage, 1994）, p. 146. に引用されている。

〈12〉Omvedt, *Dalits,* pp. 168–169. で論じられている。

〈13〉プーナ協定に関する説明および関連の引用については以下を参照のこと。Ravinder Kumar, "Gandhi, Ambedkar and the Poona Pact, 1932" in Jim Masselos ed., *Struggling and Ruling: The Indian National Congress, 1885–1985*（New Delhi: Sterling, 1987）; Omvedt, *Dalits,* pp. 161–189.

〈14〉Homi Bhabha, "DissemiNation".〔バーバ「国民の散種」〕

〈15〉*Dhorai,* pp. 222–223.

〈16〉B. R Ambedkar, *Pakistan or the Partition of India*（2nd ed., Bombay: Thacker, 1945）.

〈17〉Arun Shourie, *Worshipping False Gods: Ambedkar and the Facts Which Have Been Erased*（New Delhi: ASA Publications, 1997）. のような、政治的〔ヒンドゥー主義的政治勢力〕に裏づけられた無知や偏見にあたる場合に限られている。

〈18〉*Pakistan,* p. vii.

〈19〉*Pakistan,* pp. 55–87.

〈20〉*Pakistan,* p. 105.

〈21〉*Pakistan*, pp. 352–358.

〈22〉Anderson, *Spectre*, p. 44.〔アンダーソン『比較の亡霊』七四頁〕

〈23〉独立インドにおける被抑圧カーストへの機会付与に関する法規定についてはMarc Galanter, *Competing Equalities: Law and the Backward Classes in India* (Delhi: Oxford University Press, 1984). を参照のこと。

〈24〉アンベードカルの改宗についての近年の議論についてはGauri Viswanathan, *Outside the Fold: Conversion, Modernity, and Belief* (Princeton: Princeton University Press, 1998), pp. 211–239. を参照のこと。

第2章

〈1〉たとえば以下を参照のこと。Ibrahim Abu-Lughod, *Arab Rediscovery of Europe: A Study in Cultural Encounters* (Princeton: Princeton University Press, 1963); Timothy Mitchell, *Colonising Egypt* (Cambridge: Cambridge University Press, 1988).〔ミッチェル『エジプトを植民地化する』大塚和夫・赤堀雅幸訳　法政大学出版局〕

〈2〉Kabir Kausar, *Secret Correspondence of Tipu Sultan* (New Delhi: Light and Life, 1980), pp. 165, 219.

〈3〉James Sutherland and Sophia Dobson Collet, *The Life and Letters of Raja Rammohun Roy* in Dilip Kumar Biswas and Prabhat Chandra Ganguli eds. (1900; reprint, Calcutta: Sadharan Brahmo Samaj, 1962), p. 308. において引用されている。

〈4〉C. L. R. James, *The Black Jacobins: Toussaint L'Ouverture and the San Domingo Revolution* (New York: Vintage Books, 1963).〔ジェームズ『ブラック・ジャコバン』青木芳夫訳　大村書店〕

〈5〉以下において触れられている。Michel-Rolph Trouillot, *Silencing the Past: Power and the Production of History* (Boston: Beacon Press, 1995), p. 79.

〈6〉Trouillot, pp. 70–107.

〈7〉Étienne Balibar, *Masses, Classes, Ideas: Studies on Politics and Philosophy Before and After Marx* (New York: Routledge, 1994).

〈8〉特にKarl Marx, "On the Jewish Question"（1843）in Karl Marx and Frederick Engels, *Collected Works,* vol. 3（Moscow: Progress Publishers, 1975）, pp. 146–174.〔マルクス「ユダヤ人問題によせて」『マルクス＝エンゲルス全集　第一巻』花田圭介訳　大月書店　三八四―四一四頁〕

〈9〉Chapters on "The So-called Primitive Accumulation" in Karl Marx, *Capital,* vol. 1, tr. Samuel Moore and Edward Aveling（Moscow: Progress Publishers, 1954）, pp. 667–724.〔マルクス「いわゆる本源的蓄積」『資本論』第一巻　大月書店〕

〈10〉Karl Marx, "The British Rule in India" in Marx and Engels, *Collected Works,* vol. 12, pp. 125–133.〔マルクス「イギリスのインド支配」『マルクス＝エンゲルス全集　第九巻』大内兵衛・細川嘉六監訳　大月書店　一二一―一二七頁〕

〈11〉Correspondence with Vera Zasulish, in Teodor Shanin, *Late Marx and the Russian Road: Marx and 'the Peripheries of Capitalism'*（London: Routledge and Kegan Paul, 1983）; Karl Marx, *The Ethnological Notebooks,* ed. by Lawrence Krader（Assen: Van Gorcum, 1974）.

〈12〉これらの議論についての公平なサンプリングをしている二つの論集は次の通りである。Michael Sandel ed., *Liberalism and Its Critics*（New York: New York University Press, 1984）; Shlomo Avineri and Avner de-Shalit eds., *Communitarianism and Individualism*（Oxford: Oxford University Press, 1992）.

〈13〉特に以下を参照のこと。Quentin Skinner, *Liberty Before Liberalism*（Cambridge: Cambridge University Press, 1997）and Philip Pettit, *Republicanism: A Theory of Freedom and Government*（Oxford: Oxford University Press, 1997）.

〈14〉Pettit, *Republicanism,* p. 241.

〈15〉特に以下を参照のこと。Michel Foucault, "Governmentality" in Graham Burchell, Colin Gordon and Peter Miller, eds., *The Foucault Effect: Studies in Governmentality*（Chicago: University of Chicago Press, 1991）, pp. 87–104.〔フーコー「統治性」『ミシェル・フーコー思考集成Ⅶ　知／身体』石田英敬訳　筑摩書房　二四六―二七二頁〕

〈16〉Ian Hacking, *The Taming of Chance*（Cambridge: Cambridge University Press, 1990）.〔ハッキング『偶然を飼いならす』石原

英樹・重田園江訳　木鐸社〕; Mary Poovey, *Making a Social Body* (Chicago: University of Chicago Press, 1995) and *A History of the Modern Fact* (Chicago: University of Chicago Press, 1998).

〈17〉特に以下を参照のこと。Nikolas Rose, *Powers of Freedom: Reframing Political Thought* (Cambridge: Cambridge University Press, 1999); Peter Miller and Nikolas Rose, "Production, Identity and Democracy," *Theory and Society*, 24 (1995), pp. 427–467; Thomas Osborne, *Aspects of Enlightenment: Social Theory and the Ethics of Truth* (London: UCL Press, 1998).

〈18〉T. H. Marshall, *Citizenship and Social Class*, ed. by T. Bottomore (1949; London: Pluto Press, 1992), pp. 3–51.〔マーシャル『シティズンシップと社会的階級』岩崎信彦・中村健吾訳　法律文化社　三―一三〇頁〕

〈19〉Nicholas B. Dirks, *Castes of Mind: Colonialism and the Making of Modern India* (Princeton: Princeton University Press, 2001).

〈20〉K. Suresh Singh, ed., *People of India*, 43 vols. (Calcutta: Anthropological Survey of India, 1995).

〈21〉Partha Chatterjee, "The Poets and Death: On Civil and Political Society in the Non-Christian World" in Timothy Mitchell and Lila Abu-Lughod eds., *Questions of Modernity* (Minneapolis: University of Minnesota Press, 2000); "Beyond the Nation? Or Within?" *Social Text*, Autumn 1998; "Community in the East," *Economic and Political Weekly*, February 1998; "Introduction-The Wages of Freedom Fifty Years of the Indian Nation-State" in Partha Chatterjee ed., *Wages of Freedom: Fifty Years of the Indian Nation-State* (Delhi: Oxford University Press, 1998).

〈22〉こうした議論については以下を参照のこと。Jean L. Cohen and Andrew Arato, *Civil Society and Political Theory* (Cambridge: MIT Press, 1992).

〈23〉特に以下を参照のこと。Ranajit Guha, "On Some Aspects of the Historiography of Colonial India," *Subaltern Studies I* (Delhi: Oxford University Press, 1982), pp. 1–8.

〈24〉バラーク・ブラフマチャーリの死に関する調査にあたり、アージカール紙のアショーク・ダスグプタ氏、デーバシシュ・バッターチャーリヤ氏に多大なご支援をいただいたことを深謝する。

〈25〉*Ajkal*, May 18, 1993.

〈26〉*Ajkal*, June 21, 1993.

〈27〉*Ajkal*, June 26, 1993.

〈28〉*Ajkal*, June 26, 1993.

〈29〉*The Telegraph*, July 1, 1993; *The Statesman*, July 1, 1993.

〈30〉*Ajkal*, July 2, 1993.

〈31〉*Ajkal*, July 13, 1993.

〈32〉*Dainik Pratibedan*, February 5, 1994.

〈33〉スディープタ・カヴィラージは、これをトクヴィル的問題だと以下のなかで明示的に述べている。Sudipta Kaviraj, "The Culture of Representative Democracy" in Partha Chatterjee ed., *Wages of Freedom*, pp. 147–175.

〈34〉サバルタン・スタディーズ・グループの歴史学者らの諸著述はこれらの論点をきわめて念入りに検証している。特に以下の文献を参照のこと。Ranajit Guha, *Dominance Without Hegemony* (Cambridge: Harvard University Press, 1998).

第3章

〈1〉Asok Sen, "Life and Labour in a Squatters' Colony," Occasional Paper 138, Centre for Studies in Social Sciences, Calcutta, October 1992.

〈2〉本書においては定住者には仮名を用いている。

〈3〉鉄道コロニーにおいてノンフォーマル学校、医療センター、職業訓練所を運営している社会福祉ＮＧＯの

SAVERAが行った調査による。この調査および最近の居住地の状況についてはサウガタ・ローイ氏にご教示いただき、感謝したい。

〈4〉Asok Sen, "The Bindery Workers of Daftaripara: 1. Forms and Fragments," Occasional Paper 127, Centre for Studies in Social Sciences, Calcutta, April 1991.

〈5〉Asok Sen, "The Bindery Workers of Daftaripara: 2. Their Own Life-stories," Occasional Paper 128, Centre for Studies in Social Sciences, Calcutta, June 1991.

〈6〉Dwaipayan Bhattacharya, "Civic Community and its Margins: School Teachers in Rural West Bengal," *Economic and Political Weekly,* 36, 8 (February 24, 2001), : pp. 673-683.

〈7〉Robert D. Putnam, Robert Leonardi and Raffaella Y. Nanetti, *Making Democracy Work: Civic Traditions in Modern Italy* (Princeton: Princeton University Press, 1993). 〔パットナム『哲学する民主主義』河田潤一訳　ＮＴＴ出版〕

〈8〉この点を示唆していただき、アキール・ビルグラミ氏に感謝する。

〈9〉特に以下を参照。Michael M. Cernea, *The Economics of Involuntary Resettlement: Questions and Challenges* (Washington, D. C.: World Bank, 1999).

〈10〉より一般的な記述については以下を参照。Amartya Sen, *Development as Freedom* (New York: Random House, 1999). 〔セン『自由と経済開発』石塚雅彦訳　日本経済新聞社〕

〈11〉インドにおける再定住に関する問題の諸議論については以下を参照のこと。Jean Drèze and Veena Das, compilers, Papers on Displacement and Resettlement, presented at workshop at the Delhi School of Economics, *Economic and Political Weekly* (June 15, 1996), pp. 1453-1540.

〈12〉Partha Chatterjee, "Recent Strategies of Resettlement and Rehabilitation in West Bengal," paper presented at the workshop on Social Development in West Bengal, Centre for Studies in Social Sciences, Calcutta, June 2000.

〈13〉ラージャールハートにおいての用地取得の件は、そのプロジェクトの担当者の一人サンジャイ・ミトラ氏が最近、その詳細を以下において論じている。Sanjay Mitra, "Planned Urbanisation through Public Participation: Case of the New Town, Kolkata," *Economic and Political Weekly*, 37, 11（March 16, 2002）, pp. 1048–1054.

〈14〉Thomas Blom Hansen, *Wages of Violence: Naming and Identity in Postcolonial Bombay*（Princeton: Princeton University Press, 2001）; Aditya Nigam, "Secularism, Modernity, Nation: Epistemology of the Dalit Critique," *Economic and Political Weekly*, 35, 48（November 25, 2000）.

〈15〉Yogendra Yadav, "Understanding the Second Democratic Upsurge: Trends of Bahujan Participation in Electoral Politics in the 1990s" in Francine Frankel, Zoya Hasan, Rajeev Bhargava and Balveer Arora eds., *Transforming India: Social and Political Dynamics of Democracy*（Delhi: Oxford University Press, 2000）.

〈16〉たとえば以下を参照のこと。Nivedita Menon ed., *Gender and Politics in India*（Delhi: Oxford University Press, 1999）.

第4章

〈1〉Susobhan Chandra Sarkar, *Bengal Renaissance and Other Essays*（New Delhi: People's Publishing House, 1970）.

〈2〉Barun De, "Susobhan Chandra Sarkar" in *Essays in Honour of Professor S. C. Sarkar*（New Delhi: People's Publishing House, 1976）, pp. xvii–lvi.

〈3〉Susobhanchandra Sarkar, *Mahayuddher pare iyorop*（Calcutta: Uniersity of Calcutta, 1939）.

〈4〉Karl Marx and Frederick Engels, *The Communist Manifesto*（New York: Monthly Review Press, 1998）.〔マルクスとエンゲルス『共産党宣言』大内兵衛・向坂逸郎訳　岩波文庫〕

〈5〉以下の文面を書くにあたっては、以下のサスキア・サッセン氏による貴重なショフ記念講義の内容を大いに使わせていただいた。*Losing Control? Sovereignty in an Age of Globalization*（New York: Columbia University Press, 1996）.

〔『グローバリゼーションの時代』伊豫谷登士翁訳　平凡社〕

〈6〉Saskia Sassen, *The Global City: New York, London, Tokyo* (Princeton: Princeton University Press, 1991).〔サッセン『グローバル・シティ』伊豫谷登士翁監訳　大井由紀・高橋華生子訳　筑摩書房〕

〈7〉デリーの「ラッドゥー菓子」については、一八五七年のインド大反乱が起きた頃の話とされる、信憑性の疑わしいことわざがある。それはラッドゥー菓子が、どうやら、反乱の知らせを広めるために出回っていたらしいということにまつわる。ラッドゥー菓子を受け取ることは反乱支持を意味し、したがって英国の怒りを買うことになった。しかし仮に菓子を受け取らなくとも、それは反乱支持者の反感を買うことになったのだった。

〈8〉Antonio Negri and Michael Hardt, *Empire* (Cambridge: Harvard University Press, 2000).〔ネグリ／ハート『帝国』水嶋一憲ほか訳　以文社〕

〈9〉ここで言及されているのはラーマーヤナのなかのリスの話である。そのリスは、ラーマ王子への信愛から、海の向こうのランカ島への大橋をかけるための力になろうと、小石を運んだといわれている〔第一章訳注6も参照のこと〕。

〈10〉Ranajit Guha, *Dominance Without Hegemony: History and Power in Colonial India* (Cambridge: Harvard University Press, 1998).

第6章

〈1〉民族義勇団（Rashtriya Swayamsevak Sangh：RSS）の広報官、マーダヴ・ゴーヴィンダ・ヴァイディヤの二〇〇二年三月二七日に行われたデリーでの記者会見における発言。二〇〇二年三月二八日付の *Anandabajar Patrika*（Calcutta）で報道された。

〈2〉"Secularism and Toleration" in Partha Chatterjee, *A Possible India: Essays in Political Criticism* (Delhi: Oxford University

Press, 1997), pp. 228–262.

〈3〉*The Telegraph* (Calcutta), January 29, 2002.

〈4〉*The Times of India* (Calcutta), January 31, 2002.

〈5〉*The Times of India,* January 30, 2002.

〈6〉*The Times of India,* February 1, 2002.

〈7〉*The Times of India,* February 2, 2002.

〈8〉*The Times of India,* February 3, 2002.

〈9〉*The Times of India,* February 5, 2002.

〈10〉*Ganashakti* (Calcutta), February 5, 2002.

〈11〉*The Times of India,* February 7, 2002.

〈12〉*Ganashakti,* February 7, 2002.

〈13〉*The Telegraph,* February 8, 2002; *Anandabajar Patrika,* February 8, 2002; *Ganashakti,* February 8, 2002; *The Times of India,* February 8, 2002.

〈14〉*The Times of India,* February 12, 2002.

〈15〉Milan Datta, "Madrasar biruddhe prachar: Age satyata jene nin," *Anandabajar Patrika,* January 29, 2002; *The Telegraph,* January 30, 2002.

〈16〉*Anandabajar Patrika,* January 29, 2002.

〈17〉Anisur Rahaman, "Ladener roja," *Ganashakti,* January 29, 2002.

〈18〉*The Times of India,* February 1, 2002.

〈19〉*The Telegraph,* February 1, 2002.

〈20〉*Anandabajar Patrika*, February 1, 2002.

〈21〉Mainul Hasan, "Madrasah shiksha: bartaman samay o Muslim samaj," *Ganashakti*, February 6, 2002.

〈22〉*The Telegraph*, February 12, 2002.

〈23〉Letter by Fatema Bagum, Bagnan, Howrah, in *Anandabajar Patrika*, February 28, 2002.

第7章

〈1〉Dipesh Chakrabarty, *Rethinking Working-Class History: Bengal 1890–1940* (Delhi: Oxford University Press, 1989).

〈2〉一九六一年の国勢調査の結果に基づく統計的分析については、以下を参照のこと。Arabinda Biswas, Partha Chatterjee and Shibanikinkar Chaube, "The Ethnic Composition of Calcutta and the Residential Pattern of Minorities," *Geographical Review of India*, 38, 2 (June 1976), pp. 140–166.

〈3〉Nirmal Kumar Bose, *Calcutta, 1964: A Social Survey* (Bombay: Lalvani, 1968).

〈4〉Nirmal Kumar Bose, "Calcutta: A Premature Metropolis," *Scientific American*, 213, 3 (1965), pp. 91–102.

〈5〉Chakrabarty, *Rethinking Working-Class History*.

〈6〉Thomas Blom Hansen, *Wages of Violence: Naming and Identity in Postcolonial Bombay* (Princeton: Princeton University Press, 2001).

〈7〉Gyan Prakash, "The Urban Turn" in *Sarai Reader 02: The Cities of Everyday Life* (Delhi: Sarai, 2002), pp. 2–7.

〈8〉Ma [Mahendranath Gupta], *Srisriramkrishna kathamrita* (1902–32; reprint, Calcutta: Ananda, 1983).

〈9〉Bhabanicharan Bandyopadhyay, *Kalikata kamalalay* (1823; reprint, Calcutta: Nabapatra, 1987).

〈10〉たとえば以下における議論を参照のこと。Pradip Kumar Bose, "Sons of the Nation" in Partha Chatterjee ed., *Texts of Power: Emerging Disciplines in Colonial Bengal* (Minneapolis: University of Minnesota Press, 1995), pp. 118–144.

〈11〉ニュー・グローバル・シティに関しては今や多くの文献がみられる。たとえば以下を参照のこと。Saskia Sassen, *The Global City: New York, London, Tokyo* (Princeton: Princeton University Press, 1991).（サッセン『グローバル・シティ』）

〈12〉これらの数字はすべて一九九六年に実施されたCMDA調査から引用している。Nandita Chatterjee, Nikhilesh Bhattacharya and Animesh Halder, *Socio-economic Profile of Households in Calcutta Metropolitan Area* (Calcutta: Calcutta Metropolitan Development Authority, 1999).

あとがき

〈1〉二〇一三年三月一八日テレグラフ紙（カルカッタ版）に掲載。許可を得て転載。

訳注

第1章

＊1　「トライブ」は「部族」を意味するが、典型的な植民地主義的な用語である。アフリカ、中東、そしてインドにおいて、国家支配の外あるいは周縁に位置し、前近代的とみなされる血縁集団を指して用いられた。インドの「指定トライブ」については第3章訳注5を参照。

＊2　「ヴェーダ」は古代インドのバラモン教の聖典。ヴェーダの宗教は、動物供犠などの供物を神にささげ、それによって神の恩恵を受けようとする祭式主義を根幹とする。

＊3　低カーストが、バラモンの慣習をとりいれることでみずからの社会的地位の上昇を図る動きのこと。

＊4　イギリス首相R・マクドナルドの「コミュナル裁定 Communal Award」（一九三二年八月四日）は、高カースト、低カースト、不可触民、ムスリム、仏教徒、シク教徒、キリスト教徒、アングロ・インディアン、ヨーロッパ人に対して分離選挙を設定するものであった。これに対してガーンディーは、ヒンドゥーを分断するものと批判し、「死にいたる断食」を行って抗議した。ガーンディーの健康状態が悪化するのにともない、アンベードカルは妥協を余儀なくされ、一九三二年九月二四日にプーナ協定を結ぶ。この協定によって不可触民の分離選挙は撤回され、代わりに留保議席が与えられることとなった。

＊5　本来は矛盾するはずでありながら意味的なつながりのある、それらのカテゴリーのあいだを行ったり来たりしながら、どれも重ねあわせつつ用いるという状況。

＊6　ラーマーヤナで、ラーマ王子はランカ島へさらわれたシーター姫を助けるために、島へ橋をかけることを命じた。サルたちは、次から次へと石を海になげこんで橋を作ろうとした。そのとき、リスも砂浜にころがり、自分のからだに砂をつけて、積まれた石のあいだに砂をふるいおとして手伝おうとした。サルたちは笑ったが、これを見たラーマ王子は、そのリスの背中を右手の指でなでてほめた。そのなでたあとが今でもリスの背中には縞として残っている、という。

＊7　クイット・インディア運動は、イギリスに対し「インドを立ち去れ」と要求した反英民衆運動。第二次世界大戦中の一九四二年八月八日にインド国民会議派は、イギリスの即時撤退を要求する「クイット・インディア決議」を採択し、撤退がなされない場合、非暴力の民衆闘争を開始することを宣言した。政府は運動を厳しく弾圧し、多数が逮捕された。

＊8　これらは国民会議派のリーダーたちの名前である。

＊9　パキスタン決議とは、一九四〇年のムスリム連盟ラホール大会において採択された「ラホール決議」の別名。ジンナーはここで、「インド亜大陸のヒンドゥーとムスリムは互いに異なった民族である」とする二民族論を展開し、ムスリム人口が多数を占める北西部および東部の地域が、ヒンドゥー人口多数地域とは別の主権国家として独立すべきとする決議を採択した。

＊10　「ヒンドゥ」はペルシア語でもともと「インダス川」を指し、地域を意味する「スターン」と組み合わさって、「ヒンドゥスターン」は「インドの国」を意味する。中世よりこの言葉は用いられていたが、分離独立前の英領インドにおいて「ヒンドゥスターン」は、ムスリムの国となるべき「清浄なる国」としての「パーキスターン」（パキスタン）と対になる語としてよく用いられた。

＊11　一九一三年設立のヒンドゥー主義団体。一九二〇年代末からはヴィナヤック・ダモーダル・サーヴァルカルのもと、排他的なヒンドゥー主義による反会議派・反ムスリム的スタンスを強めた。一九四八年にガーンディ

ーを暗殺したナートゥーラーム・ゴードセーが同団体のメンバーであったことから批判が高まり、影響力を失う。

＊12　ここでチャタジーは、各集団を数えあげるセンサスを通じて、諸集団のアイデンティティは実体化される、という議論を念頭においている。

＊13　トゥルシーダースの『ラーマの行いの湖』の結末においては、ラーマはさらわれた妻シーターをランカー島から救い出し、王都アヨーディヤーへと凱旋する。そして王に即位したラーマは理想的な王国をつくりだす。ラーマ物語の大団円の「近代における不可触民版」とは、ドーライが別れた家族ともういちど一緒になり、不可触民にとって理想的な国家と社会が創られることを指す。なおより古く成立したヴァールミキ作とされる『ラーマーヤナ』においては、ラーマの即位後にシーターについてのよからぬ噂が世間で立ち、ラーマはシーターを追放する。最後はシーターが貞潔を証明して大地のなかに消えていく、という悲劇的結末があるが、これについては、『ラーマの行いの湖』は一切触れずに幸福な大団円で終わっている。

第2章

＊1　一八一五年に王政復古を果たしたブルボン朝は、一八三〇年七月二九日の七月革命によってふたたび打倒され、オルレアン家のルイ・フィリップを国王とする立憲君主制が成立した。これを七月王政という。国旗には三色旗が復活した。

＊2　市民でない馬やラバがみずからの政治的な代表を議会に送ることができないのと同様に、市民でない黒人は政治的権利をもたないということ。

＊3　コミュニティの価値を重んじる政治思想をコミュニタリアニズムといい、これを支持するものをコミュニタリアンという。コミュニタリアニズムは、個人の存在を所与の前提とするリベラリズムの考えを批判し、個人

および社会関係の構築におけるコミュニティの重要性を指摘する。

＊4　一九世紀後半の英領インド政庁は、植民地統治のために、人口諸集団をセンサスによって詳細に数えあげただけでなく、それぞれの生業、親族組織、社会的地位、宗教文化、性質などを民族誌的に詳細に記述した。民族誌的知識を統治権力と結びつけたこうした植民地国家のありかたを「民族誌的国家」とダークスは名づけた。

＊5　「サンターン・ダル」は直訳すると「子孫の教団」。当教団のウェブページによると、サンターン・ダルは「この世界のすべての子孫（たる人びと）を包摂するイデオロギーをもとに、科学、数学、論理、そして平等と調和という普遍的旋律に基づくヴェーダの永遠の真理を広める目的をもって設立された」という。

＊6　「ラーマ神よ、ナーラーヤナ神よ、ラーマ神よ」の意。いずれもヴィシュヌ神あるいはその化身の名前。

＊7　「無分別三昧」。すべての二項対立を越え、絶対存在と同一化した至上の境地。

＊8　アレクシ・ド・トクヴィルは、平等と自由の追求が多数による専制を生み出してしまうという、デモクラシーに内在するジレンマを指摘した。これがここでいうトクヴィル的問題である。平等原理を根幹とするデモクラシーの進展によって、人びとはより自由に活動できるようになり、社会は新たに活性化する。しかし、すべての個人が平等を追求してあらゆる差異が否定される結果、日常生活を支えていた社会体系や文化実践の基盤は崩壊し、社会は同質化していく。デモクラシーの平等原理によって諸個人が自由を求めた結果、人びとは同質的な大衆社会のなかにみずからとらわれることとなり、多数派の世論による専制が実現する。

＊9　一八二五―一九一七年。インド国民会議議長などを務め、スワラージ運動を提唱した政治家。パールシー。インドの貧困は「富の流出」によると主張。インド人初の英国下院議員。

＊10　一八六六―一九一五年。国民会議派における親英穏健派を代表する政治家であり教育家。帝国内インド自治の主唱者。

＊11　一八七六―一九四八年。「パキスタン建国の父」とされる政治家。南アジアのヒンドゥーとムスリムは別々

の民族であるという「二民族論」を展開し、パキスタン独立を導いた。初代のパキスタン総督。

＊12　第一次世界大戦後の英国の対トルコ政策に反対して、カリフ制擁護を掲げた運動。アリー兄弟やアーザードたちが結成したヒラーファト委員会に、ガーンディーが指導する民族運動が合流し、一時的にヒンドゥー・ムスリムの共闘が実現した。

＊13　会議派体制とは、政党内部において多様な利益集団の媒介・競争・交渉・妥協を可能にするメカニズムを国家・州・県の各レベルにおいて備えると同時に、それらを垂直的に統合することにより、弾力的で動態的かつ重層的な政治的合意を調達して、国民会議派による一党優位体制を維持する体制のこと。

＊14　大規模な反政府運動の展開に対して、インディラは市民権の一時停止を含む非常事態宣言を一九七五年に発令。非常事態終了後、一九七七年に総選挙を行うが、反政府で結集したジャナタ党に敗北し下野した。

第3章

＊1　「分離独立」とは、一九四七年八月に英領インド帝国が解体し、インドとパキスタンの二国に分かれて独立したことを指す。なおパキスタンは西パキスタン（現在のパキスタン）と東パキスタン（一九七一年にバングラデシュとして独立）の飛び地国家であった。分離独立の際には、インドのイスラーム教徒はパキスタンへ、パキスタンのヒンドゥー教徒およびシク教徒はインドへと移動した者が多かったが、その移民の数はおよそ一四〇〇万人であったと言われている。この過程で大混乱と悲惨な暴力が生じ、多数が難民化した。死者数は百万人に上ったとされる。

＊2　インド共産党は一九六四年に親ソ派の「インド共産党」と親中派の「インド共産党（マルクス主義）」に分裂した。前者のインド共産党は一九七〇年から一九七七年まで国民会議派と協力関係にあった。

＊3　保護者（パトロン）と庇護者（クライアント）の二者間関係。パトロンはクライアントに対して保護と恩恵を

与え、クライアントはパトロンに対して支持と協力で報いるという、相互的な義務に基づく。インドの都市や村々において、政治的リーダーたちはパトロンとして、支持者たちはクライアントとして行動する。そこでは、有力なリーダーを核とする派閥が形成され、派閥構成員たる支持者たちは選挙の際に票田となる。パトロン－クライアント関係は、政治的動員のためにきわめて重要である。

＊4　インドの被差別民（元「不可触民」）の行政上の範疇。インド憲法は、指定カーストに対してインド国民としての平等の権利を保障し、同時に優遇措置を講じるべきことを定めた。公的雇用、教育、地方議席についての留保および奨学金や補助金における優先措置が実施されている。二〇一一年の指定カーストの人口は二億一三八万人（総人口の一六・六三％）。

＊5　インドにおける少数民族集団の行政上の範疇。インド憲法は、指定部族《トライブ》に対して平等な権利保障と優遇措置を定めており、指定カーストとほぼ同様の優遇政策が実施されている。二〇一一年の指定部族《トライブ》の人口は一億四二八万人（総人口の八・六一％）。

＊6　結社。共通の関心をもつ市民が、その目的を果たすために自発的につくる団体。地縁や血縁などの原初的な紐帯に基づくコミュニティと対比される。

＊7　全インド草の根会議派の党首ママター・バナジー。インド人民党連立政権に協力し、一九九九年から二〇〇一年まで鉄道相を務めた。二〇〇九年に鉄道相に返り咲く。二〇一一年に西ベンガル州首相に就任。

＊8　「非組織部門」（unorganized sector）は行政・法律用語であり、統計上の定義としてはおおむね、従業員一〇人未満の民間企業を指す。

＊9　西ベンガル州においては、インド共産党（マルクス主義）が一九七七年から二〇一一年の長きにわたって州政権を握っていた。そのあいだに共産党は、村落部での多数の民衆の支持を確保するために、民衆に有利なかたちでの土地改革を推し進めるとともに、村落での地方自治の末端に至るまで共産党の組織を浸透させて、権力

と財の配分を上から下まで慎重に統御する、非常に強固な支配体制を作り上げた。その共産党支配体制を支持することで、民衆は一定の分け前を期待することができたのである。それはただし、民衆の支持を背景に、共産党以外の政治勢力を徹底的に排除し、必要な場合には暴力手段に訴えてでも共産党支配を貫徹しようとする、ポピュリスト的かつ抑圧的な政治体制でもあったと指摘される。

＊10　社会関係資本《ソーシャル・キャピタル》は、社会・地域における人びとのあいだの水平的な信頼関係や協調関係を指す概念。社会関係資本が蓄積されると相互の信頼や協力が得られるため、民主政治や経済発展において、社会の効率性が高まるとされる。

＊11　権原《エンタイトルメント》は、アマルティア・センが再定義した概念であり、当該社会において認められた方法で、ある財を手に入れたり使用したりすることのできる能力・資格を指す。権原は社会的に決定されるのであり、権利のように法的に決定されるのではない。

＊12　ケイパビリティとは、人がよい人生を生きるために選択できるさまざまな「機能」の組みあわせを意味する。ここでいう「機能」とは、ある人が価値を見出すことのできる状態や行動である。たとえば「十分な栄養をとること」「避けられる病気にかからないこと」「仕事を得られること」から「家族と共に暮らすこと」「コミュニティ活動に参加すること」まで多岐にわたる。ケイパビリティはこうした「機能」の集合からなり、個人が潜在的に何ができるのかという範囲を表している。そして、個人の福祉を、獲得した富ではなく、みずからが望む人生を「選択し達成するための自由」で評価しようというのが、「ケイパビリティ・アプローチ」である。なおケイパビリティは、潜在能力とも訳す。

＊13　財産とは、特定の法主体（個人、法人）に割り当てられ、その資産を構成する物である。そして、市民社会における個人と個人の関係は、財産をめぐる契約・取引・相続などによって形成される。つまり財産をめぐる権利と義務を定める法は、個人と個人の関係を規制する。このことを逆に言うと、財産とは、個人と個人の関

係を規制する法的概念であるということになる。

＊14　財産は、資本主義経済において資本として機能する一方、近代国家によって再分配される対象でもある。この意味で、財産において、資本の論理と近代国家の論理は重なり合う。市民法的なフィクションとしては、法的に平等な市民のあいだで自由な経済活動が行われることによって、経済合理性に応じて財産は移動するのだが、これは資本のユートピア的な論理に過ぎない。実際の社会においては、市場や資本の論理では是正されない不平等を緩和することが政治的に必要となる。国家は富の再分配を行うが、そこにおける分配のあり方の決定をめぐって政治社会が働く。つまり、近代世界において、個人間の関係の変化は、合理性を旨とする市場・資本の論理によってのみ起こるのではなく、国家の内部における政治的な闘争を通じても実現しているのである。この意味で、財産に着目することにより、人びとの関係の変容過程における資本と国家（あるいは市民社会と政治社会）の双方の働きを観察することができる。

＊15　シヴ・セーナーは、マハーラーシュトラ州を中心とする地域政党であるが、影響力の地域的な拡大をめざしている。マラーター・ナショナリストの政党として始まり、近年ではヒンドゥー・ナショナリスト的傾向を強めている。シヴ・セーナーは「シヴァージーの軍隊」の意で、シヴァージー・ボーンスレーは、マラーター王国の創始者（在位：一六七四—一六八〇年）。

＊16　ただしチャタジーが指摘する傾向性は、二一世紀に入って変化しつつある。二〇一四年の総選挙では、中間層および富裕層の投票率は貧困層より高かった。Sridharan, E. 2014. Class Voting in the 2014 Lok Sabha Elections: The Growing Size and Importance of the Middle Classes. *Economic and Political Weekly* XLIX（39）: 72–76.

第4章

＊1　植民地期に設立されたカルカッタのエリート校で、多くの著名人を輩出した。二〇一〇年にプレジデンシー

大学に再編された。

＊2　ベンガル・ルネッサンスは、一九世紀から二〇世紀初頭までベンガル地方に起こった社会・宗教改革運動のこと。インドの伝統を批判的に再構築して、新たな社会と文化を創造しようとした。

＊3　「大王」の意。英領インド帝国には六〇〇以上の藩王国が存在したが、ヒンドゥー系の支配者たちのなかで、ある程度以上の格の者には「マハーラージャ」の称号を使うことが許された。

＊4　ただし二〇一五年現在において、米国とキューバが国交正常化を図る方向で交渉が進んでいる。

＊5　小麦粉や豆粉を砂糖やスパイスなどとともにギー（精製バター）で熱して、丸く固めたお菓子。北インドでよく食べる。

＊6　ここでは国民国家の主権や市民権を相対化し、グローバル、リージョナル、ローカルなどのさまざまなレベルでのまとまりをより重視しようとする立場のことを指している。

＊7　マルクスは、既存の労働過程が資本の自己増殖（剰余価値の生産）の過程に取り込まれることを、「資本のもとへの労働の形式的包摂」と呼んだ。既存の労働過程においては、手工業的な労働や小農的な農業様式といった前資本主義的な要素が含まれるが、資本はそれらを形式的にみずからのもとに包摂する。しかし、資本主義的な生産様式が発展するにつれて、労働は大規模で単純化された分業へとその性格が変容する。この段階にいたって、資本への従属のもとで、労働はその現実の性質や過程を変えるのであり、ここに「資本のもとへの労働の実質的包摂」が実現する。

＊8　プロレタリアートのような同質性を前提としない、多様で多数の群衆。

第5章

＊1　アメリカ合衆国の愛国歌「リパブリック賛歌 Battle Hymn of the Republic」で、南米戦争時の北軍の歌。

＊2　「生死を問わず（dead or alive）」は西部劇などで指名手配書に書かれる文言。「お尋ね者」のポスターに描かれる。

＊3　「やつらをいぶり出してやっつけろ（smoke'em out and hunt'em down）」は西部劇などでアメリカ先住民を討伐する際に使われる決まり文句。

＊4　ポーランド出身で、アメリカ在住の国際政治学者。カーター政権時に国家安全保障問題担当大統領補佐官を務めたほか、レーガン、ブッシュ（父）政権時にも政府の各種委員を務めた。オバマ政権の外交アドバイザーの一人でもある。一九六〇年から一九八九年までコロンビア大学で教鞭を執り、国際政治、特に共産主義圏の政治・外交の研究を行った。

＊5　イスラームの聖戦士（ジハードを遂行する者）の意味。一九七八年に親ソのアフガニスタン民主共和国政権（共産主義政権）が成立すると、イスラーム武装勢力であるムジャーヒディーンは反乱を起こし、内戦状態に入った。アフガニスタン政府の要請によってソビエト連邦が一九七九年に侵攻すると、ムジャーヒディーンは反ソ闘争を展開した。アメリカ合衆国中央情報局（ＣＩＡ）は、アフガニスタン紛争中の一九七九年から一九八九年にかけて、ムジャーヒディーンに大量の武器や資金の提供を行い、その闘争を支援した。これは「サイクロン作戦」と呼ばれたが、この作戦の立案にはズビグネフ・ブレジンスキー氏も関わっていた。アフガニスタンには、アラブ諸国から多くのムジャーヒディーンが集結したが、ウサーマ・ビン・ラーディンもその一人であった。一九八九年にソ連が撤退した後には、イスラーム武装勢力は互いに争い、アフガニスタンはふたたび内戦状態に陥った。ターリバーンは内戦のなかで生まれた武装勢力の一つである。

第6章

＊1　「世俗主義」「政教分離主義」「多宗教共存主義」といった多重的な意味合いを有する。

＊2　一九九九年一〇月一二日のクーデターで、パルヴェーズ・ムシャラフ将軍は、ナワーズ・シャリーフ首相から実権を奪い、二〇〇一年には大統領に就任した。二〇〇二年の国民議会総選挙では、ムシャラフを支持する与党が勝利したものの、同年に結成されたイスラーム主義政党連合である統一行動評議会が全三四二議席中六三議席を獲得して注目された。本章のもととなった講演が行われた二〇〇二年頃には、米国の「テロとの戦い」に協力するムシャラフ大統領と、反米の立場に立つ統一行動評議会などのイスラーム主義勢力の対立が目立った。ただし、統一行動評議会はその後分裂し、弱小化している。

＊3　「王宮での異様な大虐殺」とは、二〇〇一年六月一日に起こったネパール王族殺害事件を指す。国王夫妻、シュルティー王女、ニラージャーン王子、王の妹や弟ら九人が射殺された。主犯のディペーンドラ王太子は、事件直後、自らを銃撃して自殺したとされる（父王の死後、自らが死に至るまでの三日間だけ意識不明のなか王位に就いた）。ただし事件の真相については謎が残ったままである。当時ネパールでは、「ネパール人民共和国」の樹立をめざす毛沢東派勢力によって、一九九六年二月一三日から内戦が断続的に進行していたが、王族殺害事件への関与の疑惑をもたれているギャネーンドラ国王は、内戦制圧を名目に、二〇〇一年一一月に国家非常事態宣言を発令して議会を停止し専制的な政策をとった。これは多方面から強い反発を招き、二〇〇六年四月の大規模な民主化運動へといたった。その後、内戦は、二〇〇六年一一月二一日の包括的和平合意によって終結し、二〇〇八年五月二八日の制憲議会で連邦共和制が採択され、王政は廃止された。

＊4　スリランカでは、一九八三年から二〇〇九年にかけてスリランカ政府とタミル・イーラム解放のトラ（LTTE）による内戦が断続的に展開した。本章のもととなった講演が行われた二〇〇二年四月は、同年二月二二日にノルウェー政府の仲介で第三次内戦の無期限停戦に合意した後であった。停戦中に和平交渉が六回行われたが合意にはいたらなかった。その後、二〇〇六年に第四次内戦が勃発し、政府軍は二〇〇九年五月にLTTE支配地域を制圧して、二六年にわたる内戦は終結した。

＊5　バングラデシュで二〇〇一年一〇月一日に行われた総選挙では、中道右派勢力バングラデシュ民族主義党（BNP）が与党アワミ連盟（AL）に大差をつけ勝利し、カレダ・ジアが首相に返り咲いた。連立政権には、イスラーム主義政党であるイスラーム協会（Jamaat-e-Islami Bangladesh : JI）が参加したが、連立政権成立後には、イスラーム主義勢力によるヒンドゥーへの暴力事件が多数報告された。

＊6　二〇〇二年のグジャラート暴動を指す。二月二七日にヒンドゥー主義の活動家や巡礼者が乗っていた列車に火が放たれ、五八名が死亡した。それへの報復として、ムスリムを標的としたヒンドゥー主義者による暴動が起こり、約二〇〇〇人が殺戮《さつりく》された。この暴動は組織化された計画的なものであった。

＊7　インド人民党連立政権下の二〇〇二年にテロリズム防止法が制定され、当局に捜査のための特別権限が付与された。二〇〇四年に国民会議派連立政権下で同法は破棄されたが、不法活動（防止）改正法（二〇〇四年）にその内容の多くは引き継がれた。二〇〇八年一一月のムンバイ同時多発テロ事件の後、不法活動（防止）改正法（二〇〇八年）はさらに強化された。

＊8　アタル・ビハーリー・ヴァージペーイー首相は、二〇〇二年四月一二日、次のようなことを述べた。「ムスリムがいるところではどこでも、彼らは平安に暮らすことを欲しない。……彼らは他の人とつきあわない。その代わりに、恐怖と暴力によって、自分たちの宗教を布教し広げたいと思うのだ」。グジャラート暴動があったばかりでのこの発言は、厳しい批判を含む大きな反響を呼んだ。

＊9　セキュラリズムの政治は、政教分離によって、国家からの宗教の自由を保障すると同時に、宗教的な利害や価値が公的な影響力を持たないようにすることをめざす。一方で、コミュナリズムの政治は、自己の属する宗教集団の、公的領域における権利と権益の拡大をめざす政治である。

＊10　「マドラサ」はアラビア語で「学ぶ場」「学校」を意味し、イスラーム世界における教育機関を指す。近代の世俗教育の普及にともない、「マドラサ」は宗教教育の専門機関を指すこととなった。

＊11　西ベンガル州の県。県庁所在地のムルシダーバードはムガル時代のベンガルの首都であった。

＊12　ヒンドゥー主義政党であるインド人民党元党首。一九九八年三月から二〇〇四年五月まで内務大臣を、また二〇〇二年二月から二〇〇四年五月まで副首相を務めた。

＊13　マラータ主義・ヒンドゥー主義政党であるシヴ・セーナーの創立者で党首を務めた。

＊14　インド・ウラマー協会（Jamiat Ulema-e-Hind）は、インドにおける有数のイスラーム組織。ウラマーとはイスラーム知識人を指す。本協会は一九一九年の設立で、パキスタンの分離独立に反対したことで知られる。インド憲法によって、ムスリムと非ムスリムのあいだに多宗教共存の契約が結ばれたのだと唱道する。

＊15　西ベンガル州では、マドラサ委員会に登録しているマドラサと、マドラサ委員会に登録せず個人やコミュニティや組織によって運営されている私立のマドラサがある。

＊16　ラシュカレタイバ Lashkar-e-Taiba（「善なる者の軍」）は、南アジアにおけるイスラーム主義過激派集団。一九九〇年に設立され、二〇〇一年のインド国会議事堂襲撃事件や二〇〇八年のムンバイ同時多発テロに関与した。

＊17　マドラサ委員会に登録しているマドラサには、通常の中高等学校とほぼ同じカリキュラムに従う中高等マドラサ（Junior High Madrasah と High Madrasah）の他に、イスラーム教育と近代的教育を組みあわせた教育を行うシニア・マドラサ（Senior Madrasah, 中高等課程相当から修士課程まで）がある。

＊18　インド北部ウッタル・プラデーシュ州のアヨーディヤーはラーマ神の生誕地とされ、ヒンドゥー教七大聖地のひとつである。ここには一五二八―一五二九年に建造されたバーブリー・マスジド（イスラーム教のモスク）があったが、これに対してヒンドゥー主義者たちは、これは元々あったラーマ生誕地寺院を破壊してその上に建てられたものだと十九世紀半ば頃より主張し、モスクへの攻撃を開始するようになった。とくに一九八〇年代より、世界ヒンドゥー協会（ＶＨＰ）や民族奉仕団（ＲＳＳ）などのヒンドゥー主義者の団体は、バーブリー・マスジドの破壊とラーマ生誕地寺院の再建を強く訴えるようになり、一九九二年一二月六日、ついにバー

ブリー・マスジドは数千人の暴徒によって破壊された。

＊19　伝統的アラビア医学を指す。古代ギリシャの医学を起源とする。中国医学、インドのアーユルヴェーダとともに、世界三大伝統医学のひとつとされる。

第7章

＊1　労働組合のリーダーで政治家。攻撃的で妥協をしないスタイルの組合活動で知られた。もともと会議派に所属していたが、後に袂を分かつ。一九八二年にはボンベイの繊維・織物工場で働く二〇―三〇万人の労働者のストライキを指導した。このストライキは一年以上に及んだが、工場所有者との交渉は決裂し、多くの工場は市外に移転された。これにより、多くの失業者が生まれただけでなく、ボンベイの産業に大きな打撃となった。

＊2　暴力革命を唱える共産党の一派。インド共産党（マルクス主義）から分派するかたちで一九六九年に設立された。一九六七年に西ベンガル州のナクサルバリ村で最初の武装蜂起が行われた後、インド共産党（マルクス・レーニン主義）はそこに新たな革命の可能性を見出し、武装闘争による社会解放をめざすナクサライト運動を展開する。

＊3　ナクサライト運動の指導者であるインド共産党（マルクス・レーニン主義）総書記のチャール・マジュムダールは、一九七一年頃から、革命闘争を農村だけでなくすべての場所で自発的に行うべきであると唱えた。そして「階級の敵」を抹殺する「殲滅路線」を遂行しようとした。これに対して、会議派の州首相シッダールタ・シャンカル・レイは、ナクサライト運動家に対して、過酷な拷問を含む徹底的な弾圧をもって応えた。これが「国家テロ」とここで言及されている。一九七二年にはマジュムダールは逮捕され獄死した。これ以降、ナクサライト運動は分裂し、いったんは低調となる。

＊4　ラーマクリシュナ（一八三六―一八八六）は近代インドにおける代表的聖者の一人。バクティ（信愛）、タント

ラ（神秘的行）、アドヴァイタ・ヴェーダンタ（不二一元論の智慧）などのインドの霊的諸伝統を体現的に統合したほか、イスラームやキリスト教の修行も行い、「あらゆる宗教・宗派において究極の到達点は一つである」ことを唱えた。彼のもとには、知識人層を含む多くの人が集まり、大きな影響力をもった。彼の弟子スワーミー・ヴィヴェーカーナンダ（一八六三―一九〇二）は、師の名を冠したラーマクリシュナ・ミッションを設立して組織的な伝道活動を行った。

＊5　ル・コルビュジエ（一八八七―一九六五）は、スイスで生まれフランスで活躍した建築家で、装飾性を廃し合理性を信条としたモダニズム建築で知られる。

＊6　インドの著名な社会科学者。近代主義を批判し、在来の民衆文化の積極的な可能性を論じる。

＊7　ヴァナキュラー（vernacular）は、「土着的な」「在来的な」と訳されるが、ここでは特に「民衆の生活形式に即した」ということを意味している。

＊8　ベンガル語では、カルカッタは以前から「コルカタ kalkātā」と呼ばれていたが（ベンガル語で短母音の a は「オ」と発音される）、二〇〇一年に英語名の Calcutta は Kolkata に変更された。これは植民地的な痕跡を消して地名をベンガル化する試みであった。さらに同年、ヒンディー語（ヒンドゥスターニー語）におけるデーヴァナガリー文字のつづりを、ベンガル語の発音および英語名のつづりにより近く「kalkātā」（カルカター）から「kolkātā」（コールカーター）に変更した。

あとがき

＊1　原題の“The Ides of March”（三月一五日）はシーザー暗殺の故事から、凶事を暗示する。

訳者解説

＊1　この歌詞はベンガルの国民的詩人ドゥイジェーンドララール・ラーエ（一八六三年―一九一三年）の詩に基づく。

＊2　Partha Chatterjee, 2011. *Lineages of Political Society: Studies in Postcolonial Democracy.* New York: Columbia University Press, p. 40.

＊3　オリエンタリズムについては、エドワード・サイード『オリエンタリズム』（平凡社、一九七八年）を参照。オリエンタリズムとは、「オリエントと（多くの場合）オクシデントとの間の存在論的・認識論的相違を前提とする思考の様式」で、「オリエントを支配し、再構造化し、それに対して権威を持つための西洋的様式である」（二―三頁）。オーナメンタリズムについては、D・キャナダイン『虚飾の帝国――オリエンタリズムからオーナメンタリズムへ』（日本経済評論社、二〇〇四年）を参照。オーナメンタリズム（名誉の体制）とは、イギリス帝国で共通の名誉と特権の体系をつくりあげ、人種を超えた儀礼的ヒエラルヒーと同階級内の平等と親密に基づき、それを儀礼的に表現し構築しようとする秩序体制のことである。

＊4　Partha Chatterjee, 1993. *The Nation and its Fragments: Colonial and Postcolonial Histories.* Princeton: Princeton University Press, p. 6.

＊5　E・ホブズボウム／T・レンジャー編『創られた伝統』前川啓治・梶原景昭訳、紀伊國屋書店、一九九二年。

＊6　大澤真幸『ナショナリズムの由来』講談社、二〇〇七年。

＊7　ベネディクト・アンダーソン『定本　想像の共同体――ナショナリズムの起源と流行』白石隆・白石さや訳、書籍工房早山、二〇〇七年。

＊8　ベネディクト・アンダーソン『比較の亡霊――ナショナリズム・東南アジア・世界』糟谷啓介訳、作品社、二〇〇五年。

＊9　「均質で空虚な時間」という表現は、もともとヴァルター・ベンヤミンによる（ベンヤミン「歴史の概念について」浅井健二郎編訳・久保哲司訳『ベンヤミン・コレクション1　近代の意味』ちくま学術文庫、XIII, XIV, XVII, XVIII）。だがベンヤミンはそこで、人類の進歩という観念と、歴史が「均質で空虚な時間」のなかを進むという観念の結びつきを指摘し、進歩主義的な歴史観の基盤にある歴史進行の考え方自体を批判的に乗り越える必要を論じているのである。アンダーソンがネーションの基礎に「均質で空虚な時間」があるというとき、それを近代において現実化したものとして論じているが、これは、ベンヤミンによる「均質で空虚な時間」観念批判そして進歩主義史観批判の無理解あるいは曲解にもとづく用法である。

＊10　Partha Chatterjee, 1993. *The Nation and its Fragments: Colonial and Postcolonial Histories.* Princeton: Princeton University Press, p. 5.

＊11　チャタジーの『ネーションとその断片』における議論に対しては、インド・ナショナリズムをあまりに一枚岩的に描いており、そのなかの多様性そして対立や交渉の契機を軽視しているのではないか、という批判があった。たとえば、チャタジーには女性の視点が見えていないというヴィスェースワランの指摘や、対西洋という差異化の契機のみを強調しすぎているというボースとジャラールの指摘である（K. Visweswaran, 1994. *Fictions of Feminist Ethnography.* Minneapolis: University of Minnesota Press; S. Bose and A. Jalal, 1998. *Modern South Asia: History, Culture, Political-economy.* London: Routledge.）。それらの批判は間違ってはいないが、やや性急なところがあったように思われる。どんな議論も複雑な現実のすべての側面をいっぺんにとりあげることはできない。本書においてチャタジーは、インド・ナショナリズムが「異種混成的なヘテロトピア」における多元的な対立と交渉を含んだものであり、近代西洋の普遍主義と葛藤しながら複雑にからみあう対話的過程にあることをはっきりと示している。

＊12　Partha Chatterjee, 1982. Agrarian Relations and Communalism in Bengal, 1926–1935. In Ranajt Guha ed. *Subaltern Studies I: Writings on South Asian History and Society.* New Delhi: Oxford University Press, 1982, pp. 9–38.

＊13　Partha Chatterjee, 1984. Gandhi and the Critique of Civil Society. In Ranajt Guha ed. *Subaltern Studies III: Writings on South Asian History and Society*. New Delhi: Oxford University Press 1984, pp. 153–195.

＊14　Partha Chatterjee, 1986. *Nationalist Thought and the Colonial World*. London: Zed Books. および Partha Chatterjee, *The Nation and its Fragments: Colonial and Postcolonial Histories*. Princeton: Princeton University Press, 1993.

＊15　M・フーコー「統治性」石田英敬訳、小林康夫・石田英敬・松浦寿輝編『ミシェル・フーコー思考集成Ⅶ 1978 知／身体』、筑摩書房、二〇〇〇年、二四六―二七二頁。

＊16　Chatterjee, 2011. *Lineages of Political Society*. p. 24.

＊17　Partha Chatterjee, 1998. Beyond the Nation? Or Within? *Social Text* 56: 57–69.

＊18　グローバル、ナショナル、ローカルが交差する現代世界のなかでは、制度的政治（代議制をめぐる政治）と非制度的政治（社会・政治運動の諸形態）を戦略的に組み合わせつつ、「市民的連帯」と「サバルタンによる抵抗」の双方の契機をさまざまなスケールにおいて展開することが求められよう。田辺明生「デモクラシーと生モラル政治――中間集団の現代的可能性に関する一考察」『文化人類学』七一巻一号、九四―一一八頁、二〇〇六年。なおチャタジーとアパドゥライの対立を超えることは、後述するフーコーとドゥルーズの違いを架橋するということでもある。その要諦は、「現実の内奥にある潜在性への気づきをもちつつ、他者性に基づく批判性を同時に持ち続けるということ」にあるのではなかろうか。田辺明生「〈史〉と〈詩〉のあわい――臼田雅之著『近代ベンガルにおけるナショナリズムと聖性』を読んで」『現代インド研究』五巻、一九一頁、二〇一五年。

＊19　藤倉達郎「訳者解説」アルジュン・アパドゥライ『グローバリゼーションと暴力――マイノリティーの恐怖』藤倉達郎訳、世界思想社、二〇一〇年。

＊20　アルジュン・アパデュライ『さまよえる近代――グローバル化の文化研究』門田健一訳、平凡社、第五章、

二〇〇四年。

＊21　Chatterjee, 2011. *Lineages of Political Society,* p. 50.

＊22　Chatterjee, 2011. *Lineages of Political Society,* Chapter 2. 'Five Hundred Years of Fear and Love'.

＊23　こうしたチャタジーの懸念は単に杞憂であると退けるわけにはいかない。経済的にも社会的にもグローバル化が非常に進んでいるタイにおいては、政治の合理性と効率性の名において反民主的な運動を繰り広げる中間層の政治集団が存在しており、この「黄シャツ隊」（反タクシン派市民団体である民主市民連合）は、二〇〇六年と二〇〇八年の二回において選挙で選ばれた政府を退陣に追い込んでいる。

＊24　Partha Chatterjee, 1998. Introduction — The Wages of Freedom: Fifty Years of the Indian Nation-State, in Partha Chatterjee ed. *Wages of Freedom: Fifty Years of the Indian Nation-state,* Delhi: Oxford University Press.

＊25　アルジュン・アパドゥライ『グローバリゼーションと暴力——マイノリティーの恐怖』藤倉達郎訳、世界思想社、二〇一〇年、一九四頁。

＊26　藤倉達郎「訳者解説」アルジュン・アパドゥライ『グローバリゼーションと暴力——マイノリティーの恐怖』藤倉達郎訳、世界思想社、二〇一〇年、二三〇頁。

＊27　ジル・ドゥルーズ『襞——ライプニッツとバロック』宇野邦一訳、河出書房新社、一九九八年。

＊28　ジル・ドゥルーズ『フーコー』宇野邦一訳、河出文庫、二〇〇七年、一八五頁。

＊29　広瀬浩司『後期フーコー——権力から主体へ』青土社、二〇一一年、一五頁。

＊30　なおネグリとハートの帝国論も、ドゥルーズと同じく、超越を否定し内在を重視するスピノザ的系譜に立つものである。現代世界に外部はなく、すべては〈帝国〉が覆い尽くした内在である。そこでネグリとハートは、ネーションはもう時代遅れだとして、内在のなかのマルチチュードという希望に賭けようとする。彼らも一種の魔法を夢見ているわけだが、その現実性にはチャタジーと共に首をかしげざるを得ない。

＊31　「他者の場所――混在郷について」工藤晋訳、小林康夫・石田英敬・松浦寿輝編『ミシェル・フーコー思考集成X　1984―88　倫理／道徳／啓蒙』、筑摩書房、二〇〇二年、二七六―二七八頁。
＊32　ミシェル・フーコー『性の歴史3　自己への配慮』田村俶訳、新潮社、一九八七年。ミシェル・フーコーほか『自己のテクノロジー――フーコー・セミナーの記録』田村俶・雲和子訳、岩波現代文庫、二〇〇四年。
＊33　エドワード・サイード『始まりの現象――意図と方法』山形和美・小林昌夫訳、法政大学出版局、一九九二年、五五三頁（適宜改訳）。

写真の所有者一覧

p. 1, p. 2 上

Ahmed Ali: Hitesranjan Sanyal Memorial Archive of the Centre for Studies in Social Sciences, Calcutta

p. 2 下, p. 3, p. 4, p. 11

Chitrabani; Hitesranjan Sanyal Memorial Archive of the Centre for Studies in Social Sciences, Calcutta

p. 5, p. 6, p. 7

Sabuj Mukhopadhyay

p. 8

Bikash Bose

p. 9 中下

Dilip Banerjee

書籍・記事

Bandyopadhyay, Bhabanicharan. *Kalikata kamalalay.* 1823; reprint, Calcutta: Nabapatra, 1987.

Bhaduri, Satinath. *Dhorai charitmanas* (vol. 1, 1949; vol. 2, 1951) in Sankha Ghosh and Nirmalya Acharya, eds. *Satinath granthabali,* vol. 2. Calcutta: Signet, 1973, pp. 1-296.

Datta, Milan. "Madrasar biruddhe prachar: Age satyata jene nin." *Anandabajar Patrika*, 29 January 2002.

Hasan, Mainul. "Madrasah shiksha: bartaman samay o Muslim samaj." *Ganashakti,* 6 February 2002.

Ma [Mahendranath Gupta]. *Srisriramkrishna kathamrita.* 1902-32; reprint, Calcutta: Ananda, 1983.

Rahaman, Anisur. "Ladener roja." *Ganashakti,* 29 January 2002.

Sarkar, Susobhanchandra. *Mahayuddher pare iyorop.* Calcutta: Univerity of Calcutta. 1939.

Sen, Asok. "The Bindery Workers of Daftaripara: 1. Forms and Fragments." Occasional Paper 127, Centre for Studies in Social Sciences, Calcutta, April 1991.

________. "The Bindery Workers of Daftaripara: 2. Their Own Life-stories." Occasional Paper 128, Centre for Studies in Social Sciences, Calcutta, June 1991.

________. "Life and Labour in a Squatters' Colony." Occasional Paper 138, Centre for Studies in Social Sciences, Calcutta, October 1992.

Shanin, Teodor. *Late Marx and the Russian Road: Marx and 'the Peripheries of Capitalism'.* London: Routledge and Kegan Paul, 1983.

Shourie, Arun. *Worshipping False Gods: Ambedkar, and the Facts Which Have Been Erased.* New Delhi: ASA Publications, 1997.

Singh, K. Suresh, ed. *People of India,* 43 vols.. Calcutta: Anthropological Survey of India, 1995–.

Skinner, Quentin. *Liberty Before Liberalism.* Cambridge: Cambridge University Press 1998.

Srinivas, M. N. *Social Change in Modern India.* Berkeley: University of California Press, 1966.

Trouillot, Michel-Rolph. *Silencing the Past: Power and the Production of History.* Boston: Beacon Press, 1995.

Viswanathan, Gauri. *Outside the Fold: Conversion, Modernity, and Belief.* Princeton: Princeton University Press, 1998.

Yadav, Yogendra. "Understanding the Second Democratic Upsurge: Trends of Bahujan Participation in Electoral Politics in the 1990s," In Francine Frankel, Zoya Hasan, Rajeev Bhargava, and Balveer Arora, eds. *Transforming India: Social and Political Dynamics of Democracy.* New Delhi: Oxford University Press, 2000.

ベンガル語の文献

新　聞

Ajkal (Calcutta).

Anandabajar Patrika (Calcutta).

Dainik Pratibedan (Calcutta).

Ganashakti (Calcutta).

Omvedt, Gail. *Dalits and the Democratic Revolution: Dr. Ambedkar and the Dalit Movement in Colonial India.* New Delhi: Sage, 1994.

Osborne, Thomas. *Aspects of Enlightenment: Social Theory and the Ethics of Truth.* London: UCL Press, 1998.

Pettit, Philip. *Republicanism: A Theory of Freedom and Government.* Oxford: Oxford University Press, 1997.

Poovey, Mary. *Making a Social Body.* Chicago: University of Chicago Press, 1995.

________. *A History of the Modern Fact.* Chicago: University of Chicago Press, 1998.

Prakash, Gyan. "The Urban Turn." In Ravi S Vasudevan, Jeebesh Bagchi, Ravi Sundaram, Monica Narula, Geert Lovink and Shuddhabrata Sengupta eds. *Sarai Reader 02: The Cities of Everyday Life.* Delhi: The Sarai Programme, 2002, pp. 2–7.

Putnam, Robert D., Robert Leonardi and Raffaella Y. Nanetti, *Making Democracy Work: Civic Traditions in Modern Italy.* Princeton: Princeton University Press, 1993.〔ロバート・D・パットナム『哲学する民主主義――伝統と改革の市民的構造』河田潤一訳，NTT 出版，2001 年〕

Rose, Nikolas. *Powers of Freedom: Reframing Political Thought.* Cambridge: Cambridge University Press, 1999.

Sandel, Michael, ed. *Liberalism and Its Critics.* New York: New York University Press, 1984.

Sarkar, Susobhan Chandra. *Bengal Renaissance and Other Essays.* New Delhi: People's Publishing House, 1970.

Sassen, Saskia. *Losing Control? Sovereignty in an Age of Globalization.* New York: Columbia University Press, 1996.〔サスキア・サッセン『グローバリゼーションの時代――国家主権のゆくえ』伊豫谷登士翁訳，平凡社，1999 年〕

________. *The Global City: New York, London, Tokyo.* Princeton: Princeton University Press, 1991.〔サスキア・サッセン『グローバル・シティ――ニューヨーク・ロンドン・東京から世界を読む』伊豫谷登士翁監訳，大井由紀・高橋華生子訳，筑摩書房，2008 年〕

Sen, Amartya. *Development as Freedom.* New York: Random House, 1999.〔アマルティア・セン『自由と経済開発』石塚雅彦訳，日本経済新聞社，2000 年〕

マルクス「ユダヤ人問題によせて」花田圭介訳，『マルクス=エンゲルス全集　第一巻』大月書店，1959年，384-414頁〕

________. *Capital,* vol. 1, tr. Samuel Moore and Edward Aveling [1868] Moscow: Progress Publishers, 1954, pp. 667-724.〔カール・マルクス「いわゆる本源的蓄積」『資本論　第一巻第二分冊』マルクス=エンゲルス全集刊行委員会訳，大月書店，1967年，932-996頁〕

________. "The British Rule in India." [1853] In Karl Marx and Frederick Engels, *Collected Works,* vol. 12. Moscow: Progress Publishers, 1979, pp. 125-133.〔カール・マルクス「イギリスのインド支配」『マルクス=エンゲルス全集　第9巻』大内兵衛・細川嘉六監訳，大月書店，1962年，121-127頁〕

________. *The Ethnological Notebooks,* Lawrence Krader ed. Assen: Van Gorcum, 1974.

________ and Frederick Engels, *The Communist Manifesto.* New York: Monthly Review Press, 1998.〔マルクス，エンゲルス『共産党宣言』大内兵衛・向坂逸郎訳，岩波文庫，1971年〕

Menon, Nivedita ed. *Gender and Politics in India.* Delhi: Oxford University Press, 1999.

Miller, Peter and Nikolas Rose, "Production, Identity and Democracy." *Theory and Society* 24 (1995), pp. 427-67.

Mitchell, Timothy. *Colonising Egypt.* Cambridge: Cambridge University Press, 1988.〔ティモシー・ミッチェル『エジプトを植民地化する――博覧会世界と規律訓練的権力』大塚和夫・赤堀雅行訳，法政大学出版局，2014年〕

Mitra, Sanjay. "Planned Urbanisation through Public Participation: Case of the New Town, Kolkata." *Economic and Political Weekly* 37, 11 (March 16, 2002), pp. 1048-1054.

Negri, Antonio and Michael Hardt, *Empire.* Cambridge: Harvard University Press, 2000.〔アントニオ・ネグリ／マイケル・ハート『帝国――グローバル化の世界秩序とマルチチュードの可能性』水嶋一憲ほか訳，以文社，2003年〕

Nigam, Aditya. "Secularism, Modernity, Nation: Epistemology of the Dalit Critique." *Economic and Political Weekly* 35, 48 (November 25, 2000), pp. 4256-4268.

英敬・松浦寿輝編，筑摩書房，2007 年，246-272 頁〕

Galanter, Marc. *Competing Equalities: Law and the Backward Classes in India.* Delhi: Oxford University Press, 1984.

Guha, Ranajit. “On Some Aspects of the Historiography of Colonial India.” *Subaltern Studies I.* Delhi: Oxford University Press, 1982, pp. 1-8.

________. *Dominance Without Hegemony: History and Power in Colonial India.* Cambridge: Harvard University Press, 1997.

Hacking, Ian. *The Taming of Chance.* Cambridge: Cambridge University Press, 1990.〔イアン・ハッキング『偶然を飼いならす——統計学と第二次科学革命』石原英樹・重田園江訳，木鐸社，1999 年〕

Hansen, Thomas Blom. *Wages of Violence: Naming and Identity in Postcolonial Bombay.* Princeton: Princeton University Press, 2001.

Hardiman, David. *The Coming of the Devi: Adivasi Assertion in Western India.* Delhi: Oxford University Press, 1987.

James, C. L. R. *The Black Jacobins: Toussaint L'Ouverture and the San Domingo Revolution.* New York: Vintage Books, 1963.〔C. L. R. ジェームズ『ブラック・ジャコバン——トゥサン=ルヴェルチュールとハイチ革命』（増補新版）青木芳夫訳，大村書店，2002 年〕

Kausar, Kabir. *Secret Correspondence of Tipu Sultan.* New Delhi: Light and Life, 1980.

Kaviraj, Sudipta. “The Culture of Representative Democracy.” In Partha Chatterjee, ed. *Wages of Freedom: Fifty Years of the Indian Nation-State.* Delhi: Oxford University Press, 1998, pp. 147-175.

Kumar, Ravinder. “Gandhi, Ambedkar and the Poona Pact, 1932” in Jim Masselos ed. *Struggling and Ruling: The Indian National Congress, 1885-1985.* New Delhi: Sterling, 1987, pp. 87-101.

Marshall, T. H. “Citizenship and Social Class” [1949] in T. H. Marshall and Tom Bottomore, *Citizenship and Social Class,* London: Pluto Press, 1992, pp. 3-51.〔T. H. マーシャル『シティズンシップと社会的階級——近現代を総括するマニフェスト』岩崎信彦・中村健吾訳，法律文化社，1993 年〕

Marx, Karl “On the Jewish Question” [1843]. In Karl Marx and Frederick Engels, *Collected Works,* 3. Moscow: Progress Publishers, 1975, pp. 146-174.〔カール・

________. "Community in the East." *Economic and Political Weekly* 33, 6 (February 7, 1998), pp. 277–282.

________. "Introduction — The Wages of Freedom: Fifty Years of the Indian Nation-State." in Partha Chatterjee ed. *Wages of Freedom: Fifty Years of the Indian Nation-State.* Delhi: Oxford University Press, 1998, pp. 1–20.

________. *A Possible India: Essays in Political Criticism.* Delhi: Oxford University Press, 1997.

________. "Recent Strategies of Resettlement and Rehabilitation in West Bengal." 2000年6月にカルカッタの社会科学研究センターで行われた西ベンガルの社会的発展についてのワークショップで発表された論文。

Cohen, Jean L. and Andrew Arato. *Civil Society and Political Theory.* Cambridge: MIT Press, 1992.

Collet, Sophia Dobson. *The Life and Letters of Raja Rammohun Roy* in Dilip Kumar Biswas and Prabhat Chandra Ganguli eds. 1900; reprint, Calcutta: Sadharan Brahmo Samaj, 1962.

De, Barun. "Susobhan Chandra Sarkar." In *Essays in Honour of Prof S. C. Sarkar.* New Delhi: People's Publishing House, 1976, pp. xvii–lvi.

Dirks, Nicholas B. *Castes of Mind: Colonialism and the Making of Modern India.* Princeton: Princeton University Press, 2001.

Drèze, Jean and Veena Das, compilers, Papers on Development, Displacement and Resettlement, presented at workshop at the Delhi School of Economics, *Economic and Political Weekly* 31, 24 (June 15, 1996): 1453–1545.

Foucault, Michel. "Different Spaces" in James D. Faubion ed. *The Essential Works of Michel Foucault,* vol. 2: *Aesthetics, Method and Epistemology.* New York: New Press, 1998, pp. 175–185.〔ミシェル・フーコー「他者の場所——混在郷について」工藤晋訳,『ミシェル・フーコー思考集成X　倫理／道徳／啓蒙』蓮實重彦・渡辺守章監修, 小林康夫・石田英敬・松浦寿輝編, 筑摩書房, 2002年, 276–278頁〕

________. "Governmentality" in Graham Burchell, Colin Gordon and Peter Miller eds. *The Foucault Effect: Studies in Governmentality.* Chicago: University of Chicago Press, 1991, pp. 87–104.〔ミシェル・フーコー「統治性」高桑和巳訳『ミシェル・フーコー思考集成VII　知／身体』蓮實重彦・渡辺守章監修, 小林康夫・石田

Avineri, Shlomo and Avner de-Shalit, eds. *Communitarianism and Individualism.* Oxford: Oxford University Press, 1992.

Balibar, Étienne. *Masses, Classes, Ideas: Studies on Politics and Philosophy Before and After Marx.* New York: Routledge, 1994.

Bhabha, Homi. "DissemiNation" in Bhabha, ed. *Nation and Narration.* London: Routledge, 1990, pp. 291-322.〔ホミ・バーバ「国民の散種——時間，語り，そして近代国家の周縁」大野真訳，『批評空間』1993 年 4 月号，52-83 頁〕

Bhattacharya, Dwaipayan. "Civic Community and its Margins: School Teachers in Rural West Bengal." *Economic and Political Weekly* 36, 8. (February 24, 2001), pp. 673-683.

Biswas, Arabinda, Partha Chatterjee and Shibanikinkar Chaube. "The Ethnic Composition of Calcutta and the Residential Pattern of Minorities." *Geographical Review of India* 38, 2 (June 1976), pp. 140-166.

Bose, Nirmal Kumar. *Calcutta 1964: A Social Survey.* Bombay: Lalvani, 1968.

________. "Calcutta: A Premature Metropolis." *Scientific American* 213, 3, pp. 91-102.

Bose, Pradip Kumar. "Sons of the Nation." In Partha Chatterjee ed. *Texts of Power: Emerging Disciplines in Colonial Bengal.* Minneapolis: University of Minnesota Press, 1995, pp. 118-144.

Cernea, Michael M. ed. *The Economics of Involuntary Resettlement: Questions and Challenges.* Washington, D. C.: World Bank, 1999.

Chakrabarty, Dipesh. *Rethinking Working-Class History: Bengal 1890-1940.* Delhi: Oxford University Press, 1989.

Chatterjee, Nandita, Nikhilesh Bhattacharya and Animesh Halder, *Socio-economic Profile of Households in Calcutta Metropolitan Area.* Calcutta: Calcutta Metropolitan Development Authority, 1999.

Chatterjee, Partha. "Two Poets and Death: On Civil and Political Society in the Non-Christian World" in Timothy Mitchell ed. *Questions of Modernity.* Minneapolis: University of Minnesota Press, 2000, pp. 35-48.

________. "Beyond the Nation? Or Within?" *Social Text* 56 (Autumn 1998), pp. 57-69.

参考文献

欧米語の文献

新　聞

The Record (Columbia University, New York).

The Statesman (Calcutta).

The Telegraph (Calcutta).

The Times of India (Calcutta).

書籍・記事

Abu-Lughod, Ibrahim. *Arab Rediscovery of Europe: A Study in Cultural Encounters.* Princeton: Princeton University Press, 1963.

Ambedkar, B. R. *Pakistan or the Partition of India.* 2nd ed. Bombay: Thacker, 1945.

________. *Who Were the Shudras? How They Came to be the Fourth Varna in the Indo-Aryan Society.* 1946; reprint, Bombay: Thackers, 1970.

________. *The Untouchables: Who Were They and Why They Became Untouchables.* New Delhi: Amrit Book Company, 1948.

Amin, Shahid. "Gandhi as Mahatma" in Ranajit Guha, ed. *Subaltern Studies III.* Delhi: Oxford University Press, 1984, pp. 1-61.

________. *Event, Metaphor, Memory: Chauri Chaura 1922-1992.* Delhi: Oxford University Press, 1995.

Anderson, Benedict. *Imagined Communities: Reflections on the Origin and Spread of Nationalism.* London: Verso, 1983.〔ベネディクト・アンダーソン『想像の共同体』白石隆・白石さや訳，リブロポート，1987 年〕

________. *The Spectre of Comparisons: Nationalism, Southeast Asia and the World.* London: Verso, 1998.〔ベネディクト・アンダーソン『比較の亡霊――ナショナリズム・東南アジア・世界』糟谷啓介・高地薫ほか訳，作品社，2005 年〕

ま行

や行

ら行

た行

な行

は行

さ行

索　　引

頻出する語については，重要なページのみ選んだ。

A to Z

あ行

か行

訳者プロフィール

田辺明生（たなべ　あきお）

京都大学大学院アジア・アフリカ地域研究研究科教授。博士（学術）。

東京大学法学部卒。東京大学大学院総合文化研究科文化人類学専攻修士課程修了。著書に『カーストと平等性――インド社会の歴史人類学』（東京大学出版会），共編著に『南アジア社会を学ぶ人のために』（世界思想社）など。

新部亨子（にいべ　きょうこ）

翻訳家。

京都大学法学部卒。グローバル総合金融サービス会社 J. P. モルガン＆カンパニー（現 JP モルガン・チェース・アンド・カンパニー）勤務を経て，主に産業翻訳に従事。

パルタ・チャタジー（Partha Chatterjee）
1947年カルカッタ（現コルカタ）生まれの政治学者・歴史学者。ポストコロニアル研究およびサバルタン研究の旗手の一人として世界的に名高い。現在，カルカッタ社会科学研究センター名誉教授（政治学）およびコロンビア大学教授（人類学および中東・アジア言語文化）。
主な著書に『ナショナリストの思想と植民地世界（*Nationalist Thought and the Colonial World*）』『ネーションとその断片――コロニアルとポストコロニアルの歴史（*The Nation and its Fragments: Colonial and Postcolonial Histories*）』『政治社会の系譜――ポストコロニアル民主主義の研究（*Lineages of Political Society: Studies in Postcolonial Democracy*）』などがある。

統治される人びとのデモクラシー
――サバルタンによる民衆政治についての省察

2015年9月30日　第1刷発行　　定価はカバーに表示しています

著　者　P. チャタジー
訳　者　田辺明生
　　　　新部亨子
発行者　上原寿明

世界思想社
京都市左京区岩倉南桑原町56　〒606-0031
電話　075(721)6500
振替　01000-6-2908
http://sekaishisosha.jp/

（共同印刷工業・藤沢製本）

ISBN978-4-7907-1669-3